冯天瑜

学述

何晓明 著

上海人民出版社

冯天瑜 (1942—2023)，著名历史学家，教育部社会科学委员会委员，武汉大学人文社会科学资深教授、中国传统文化研究中心原主任

冯天瑜（右）口授治学理路，何晓明笔录（刘同平　摄）

「封建」考论

晚清经世实学

新语探源——中西日文化互动与近代汉字术语生成

明清文化史散论

张之洞评传

中国文化近代转型管窥

辛亥首义史（下册）

辛亥首义史（上册）

中国文化生成史（下册）

中国文化生成史（上册）

中华元典精神

「千岁丸」上海行——日本人1862年的中国观察

人文论衡

《劝学篇书后》笺疏 附张之洞《劝学篇》

江河万古流——冯天瑜自选集 中华文明探研

解释之学——冯天瑜著述序跋自序二题附录二篇

上古神话纵横谈

中国是怎样称呼外方

月华集

中国学术流变（下卷）

中国学术流变（上卷）

《冯天瑜文存》，共 17 卷 20 册，湖北人民出版社出版

①

②

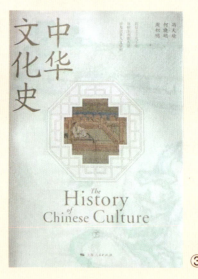

③

①《中华文化史》，上海人民出版社 1990 年版

②《中华文化史》，上海人民出版社 2014 年版

③《中华文化史》，上海人民出版社 2021 年版

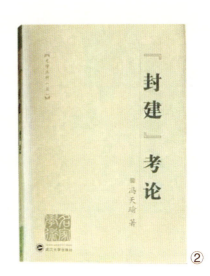

① 《"封建"考论》，线装书局 2020 年版

② 《"封建"考论》，武汉大学出版社 2006 年版

③ 《"封建"考论》（修订版），中国社会科学出版社 2010 年版

①

②

③

④

① 《辛亥首义史》，湖北人民出版社 2011 年版

② 《中国文化生成史》，武汉大学出版社 2013 年版

③ 《中国文化近代转型管窥》，商务印书馆 2010 年版

④ 《三十个关键词的文化史》，中国社会科学出版社 2021 年版

①

②

③

④

①《袭常与新变——明清文化五百年》，上海人民出版社 2018 年版

②《中华元典精神》，上海人民出版社 1994 年版

③《中国古文化的奥秘》，湖北人民出版社 1986 年版

④《明清文化史散论》，华中工学院出版社 1984 年版

①

②

③

④

①《日本对外侵略的文化渊源》，高等教育出版社 2017 年版

②《新语探源——中西日文化互动与近代汉字术语生成》，中华书局 2004 年版

③《晚清经世实学》，上海社会科学院出版社 2002 年版

④《解构专制——明末清初"新民本"思想研究》，湖北人民出版社 2003 年版

①

②

③

④

① 《张之洞评传》，南京大学出版社 1991 年版

② 《张之洞评传》，河南教育出版社 1985 年版

③ 《东方的黎明：中国文化走向近代的历程》，巴蜀书社 1988 年版

④ 《中国文化史断想》，华中理工大学出版社 1989 年版

①

②

③

④

①《黄鹤楼志》，武汉大学出版社 1999 年版

②《中国思想家论智力》，上海外语教育出版社 2017 年版

③《上古神话纵横谈》，上海文艺出版社 1983 年版

④《语义的文化变迁》，武汉大学出版社 2007 年版

目 录

1

"远权贵，拒妄财"

"冯氏三藏"体现高风亮节

"向着公民的无悔抉择"

第一章

从少年到青年

冯天瑜，祖籍湖北黄安（今红安）城关冯家畈。1942 年 2 月 8 日，出生于湖北罗田三里畈（母亲任职的湖北省立第二高中所在地），共有兄弟五人（天琪、天玮、天璋、天瑾、天瑜），他排行老幺。

父亲冯德清（1897—1979），字永轩，以字行，又字永宣，号无尘。出身自耕农家庭。入私塾，耕读八年，后入新式小学。小学毕业后，因家道清贫，受族人资助，方得以升入中学及河南省立第三师范，毕业后留校任教。1923 年考入国立武昌师范大学（武汉大学前身），师从文字学家黄侃（1866—1935）。1925 年，以同等学力考取清华学校研究院国学门一期生，与王庸、高亨、刘盼遂、方壮猷、徐中舒等为同学。受业启蒙思想家梁启超、国学家王国维、语言学家赵元任（国学家陈寅恪此时尚未任教清华）。冯永轩在国学院的研究题目为"诸史中外国传之研究"，毕业论文"匈奴史"由王国维指导。

清华国学院毕业后，冯永轩回鄂，在董必武主持的武汉中学任教。

1935 年春，受妻兄张馨（时任新疆教育厅长）之邀，率全家远赴新疆。其时割据新疆的盛世才以开明面目现世，与共产党人交往合作，又广为招纳内地进步文化人士（如茅盾、赵丹等），冯永轩也在其列。抵达迪化（今乌鲁木齐）后，盛世才委以迪化师范（当时新疆最高学府）校长、新疆编译委员会委员长等要职，礼遇甚隆。在与盛世才的交往中，冯永轩发现此人野心勃勃，阴鸷可怖，决计离新避祸。一年后，几经周折，终于设计脱身，妻子赴苏联塔什干师范大学学习俄语，冯永轩携子返回武汉，避免了后来的杀身之祸（几年后，张馨与中共驻新代表陈潭秋、毛泽民等被盛杀害）。①

1938 年秋，日寇即将侵占武汉。此时妻子已取道西伯利亚、海参崴回国。冯永轩率全家乘船东下，避难于鄂东山区。为维持家用，担任过私塾教师，又执教湖北省立第二高中，并任校长。1942 年，应聘安徽学院（安徽大学前身）历史系教授。抗战胜利后，全家返回武汉。1945 年至 1949 年，应聘国立西北大学历史系教授，其间完成《西北史地论丛》《商周史》《古文字学》《中国史学史》等著述。1949 年初，转任湖南大学教授。新中国成立后，任职湖北省文保会、武昌实验中学，后调入湖北师专（后改为武汉师范学院），任历史系教授，在较为安定的环境下，得以系统研究楚国历史，撰有《史记楚世家会注考证校补》等。

母亲张秀宜（1901—1971），原名张雅丹，号稚丹，湖北黄安（今红安）八里区人。9 岁入私塾，11 岁上小学，曾率百余女子反抗缠足。1918 年，不顾家人反对来到武昌，入学女师附小。后就读于国立武昌高等师范学校、中央军事政治学校武汉分校入伍生总队政治女生大队（俗称黄埔女兵），多年任教于小学、中学，1949 年后，到湖北省图书馆工

---

① 1948 年某日，冯永轩在西安街头偶遇盛世才，其时盛已被免去新疆实职，以农业部长空衔闲居西安。冯永轩当众痛骂盛世才，盛连声"对不起冯先生"，狼狈而逃。

作，直至 1962 年退休。

冯天瑜生长在辛亥首义之城——武昌。小学、初中和高中分别就读于武昌实验小学、实验中学和华师一附中，这三所学校都是享有赫赫声誉的顶流名校。几十年后回忆起来，他心中依然充满感激。冯天瑜常去看望小学班主任付广镶老师。对于中学老师李基姚、陈端等鼓励自己在作业和考试中，不受标准答案和分数的约束，自由发挥，也念念不忘。"如果当年老师们全然按'机械化'方式引导学生死背标准答案，以应付考试，我可能成为另一类人，不太可能走上富于创造性思维的学术研究之路。"①

20 世纪 50 年代的中小学教育，课业负担不重，天资聪颖的少年冯天瑜对考试分数又一向不大经意，课余时间便尽情地徜徉书海，广博地吸取各方面知识。而母亲张秀宜就职于湖北省图书馆，更为他提供了特别方便的阅读条件。从小学三年级直至高中，冯天瑜与母亲住在图书馆宿舍。每天放学之后，他就来到图书馆阅览室，尽情翻览。开始两年，多在儿童阅览室看小人书，《水浒传》《三国演义》《说岳全传》《说唐》以及《希腊神话》《三个火枪手》等一路读下来，兴味盎然。除了熟记那些引人入胜的故事，少年冯天瑜还因连环画的导引而迷上了人物白描，以至于在课本、练习本的空白处画满了从七剑十三侠到大仲马的火枪手等各路英雄豪杰的威武形象。

小学高年级以后，冯天瑜不再满足于小人书的滋养，转而成为成人阅览室的常客。图书馆馆长方壮猷先生，是父亲清华国学研究院的同学。他巡视阅览室，发现成群的成人读者中"混"进了一个小孩，便上前亲切询问，管理员介绍："这是张老师的儿子。"方先生马上用浓重的湖南乡音说："这不是永轩兄的公子嘛，好，好，这么好学，将来一定可以继

3

---

① 冯天瑜:《月华集》，湖北人民出版社 2018 年版，第 164 页。

承乃父的事业。"

这时，俄罗斯、法兰西、英吉利文学特有的魅力如磁石般深深吸引了中学生冯天瑜的注意力。大师作品展现的一个又一个广阔、深邃而又新奇的世界，给他带来无限遐想：

> 屠格涅夫（1818—1883）描绘的林中狩猎、转型时期父与子两代人之间的精神冲突、农奴木木的悲惨遭际；列夫·托尔斯泰（1828—1910）铺陈的俄法战争壮阔场景、安德烈公爵战死前仰望苍天的冥想，比埃尔苦苦的精神探讨，《复活》中聂赫留道夫的自我拷问；陀思妥耶夫斯基（1821—1881）抒写的彼得堡白夜飘荡的那些敏感而又病态的魂灵；契诃夫（1860—1904）对孤儿万卡一类底层人物的深切同情，对专制政治和市侩风气的揭露和鞭挞，都与我们得之中国传统的民本思想和忧患意识交相呼应。而肖洛霍夫（1905—1984）展开的顿河草原上葛利高里等哥萨克们在白红两营垒间的血战，阿列克塞·托尔斯泰（1882—1945）表现的十月革命前后知识分子的"苦难的历程"，则与当时从教科书上获得的革命概念颇有相异之处。巴尔扎克（1799—1850）精工细描的巴黎社会，葛朗台的吝啬、高里奥的凄苦、拉斯蒂涅的名利追逐，皆以艺术典型永记心际；司汤达（1783—1842）展开的法国王政复辟时期贵族与第三等级的矛盾冲突，于连的个人奋斗与牺牲；狄更斯（1812—1870）刻画的阴暗的伦敦下层，财产继承的惊心动魄；德莱赛（1871—1945）揭示的纽约金融界和艺术界的鏖斗；浮士德博士的渊渊哲思……不仅赢得美学感受，还多有社会史的认知收获。①

---

① 冯天瑜：《月华集》，湖北人民出版社 2018 年版，第 226 页。

尽管以后很少重读这些名著，但是早年从中获得的对于中西文化的感悟，大有裨益于日后冯天瑜对于社会历史问题的理解与把握。

少年冯天瑜特别喜欢读各类游记和地理书。足不出户，就可以遍历大江南北，长城内外，甚至深入亚马逊热带雨林，穿越撒哈拉沙漠戈壁。他常常沉迷于研究各种地图，以至于可以随手绘出中国各省及世界各国的版图轮廓，如数家珍般地罗列各省、各国的面积、人口、山川、物产、趣闻。他常将图书馆中的各种中外地图借来，铺在阅览室大桌上反复参看。"记得某馆员笑问我是不是有周游世界的计划？这真道出了我的心思，那时我的最大愿望确乎是周游世界。"① 这种生动而具体的空间感的培育，对于冯天瑜日后成为历史学家也有特别意义。这是因为，历史总是在特定的空间之内运行。史家必须同时具备清晰的时间概念和空间意识，才能真切把握人物、事件的质地感、度量感，才能对研究对象怀抱同情的理解。

青年以后，冯天瑜走上文史研究的人生之路，与文史之家的习染熏陶和他父亲的引导教诲有着直接的关系。

因为黄侃、梁启超、王国维与冯永轩的师生关系，家中多有三位大师惠赐的墨宝条幅。如梁启超于冯永轩毕业时所赠宋词集句条幅"遥山向晚更碧""秋云不语常阴"，王国维手书的陶渊明《饮酒诗》"羲农去我久，举世少复真……"，以及黄侃手书的对联"慈竹忘寒贞萱宜寿""长松多荫老柏恒春"。这些条幅常年悬挂在武昌矿局街老家堂屋。加之冯永轩常谈起先生们的道德义章、轶闻趣事，如陈寅恪戏称清华研究院诸生为"南海圣人再传弟子，大清皇帝同学少年"。"任公先生""王师""季刚先生"，是冯家兄弟耳熟能详的尊号。"故自幼我们兄弟对梁、王、黄三位

---

① 冯天瑜：《月华集》，湖北人民出版社 2018 年版，第 228 页。

有一种家中长老的亲切感"。①

冯永轩酷爱收藏，工资大半用于购置书籍、古董，以至"且不说我做老五的历来穿补旧衣裳，就是父母也没有一件完好的毛线衣。"②冯永轩在外地任教，寒暑假回到武昌家中，总是携带一口大木箱。众兄弟好奇，迫不及待打开箱子，冯永轩在一旁笑道："里面是好吃的'点心'——大块的是唐长安有字的城墙砖，雕花的是汉代瓦当，较小的长方形、圆形'糕饼'是战国时期及汉唐明清的青铜货币。"③欢笑声中，孩子们初识了夏、商的"贝币"，战国时期的"明刀""齐大刀"、赵国的"铲币"、楚国的"鬼脸钱"、秦国的"圆钱"，以及随后的"秦半两""汉五铢"，唐高祖以下的"通宝""元宝"。中学时代，冯天瑜的一项劳作是用粗针将古钱币以索线缝在马粪纸上。冯永轩偶尔会在一旁指点：这是魏国布币，这是楚国蚁鼻钱，那是王莽发行的货泉……至于清代的货币"乾隆通宝""光绪通宝"等更是熟悉。少年冯天瑜游戏所踢的鸡毛毽子，就是用这些"通宝"作为底板。

中学生活并非总是一片明媚春光，阴霾笼罩的时日终于降临。

1958年春天，冯永轩被错划为"右派分子"。高一学生冯天瑜每次回家，都会听到他父亲充满委屈和愤怒地诉说。他无法理解，一生辛勤治学，且在新中国成立前多次帮助过共产党人的父亲，怎么突然成了"反党反社会主义"的"右派"？这种不解当然无法对老师和同学述说。开朗活泼的冯天瑜变得沉默寡言，只好一头扎进文学名著的海洋，以排遣心头的郁闷和忧虑。他读了肖洛霍夫的《静静的顿河》，深为十月革命后错综复杂的历史场景所震撼。这与当时教科书上所赞颂的十月革命并不一致。这些文学作品使他认识到历史进程的曲折和社会生活的复杂，并因

---

① 冯天瑜：《月华集》，湖北人民出版社2018年版，第183页。
② 同上书，第186页。
③ 同上书，第205页。

此对他父亲的遭遇略有理解。

冯永轩发现幼子冯天瑜喜爱文史，很是欣慰。因为这正好弥补了他的四个哥哥均学习其他专业而带来的遗憾。20世纪60年代初，冯永轩摘掉了"右派"的帽子，心情稍稍宽松，有重操学术的打算，便连续几个寒暑假（1962—1965年），给冯天瑜讲授《论语》《孟子》全文和《史记》选篇。每日晨起，父子对坐，父亲手中不持片纸，不仅逐章逐句吟诵经典原文，而且引述二程、朱熹等先贤的各类注疏，又联系古今史事，议论纵横。冯天瑜则记录不辍，偶尔发问，冯永轩又申述铺陈，一一讲解。如此这般，由早及晚。母亲端来的饭菜，常常凉了又热，热了又凉。

对于中国典籍，由泛览进而精读，从浮光掠影于知识圣殿的边缘，到逐步升堂入室，如此重要的转折，发生在这段庭训之间。当时的冯天瑜并未认识到其意义。直至数年之后走上文史研究的道路，方才觉悟到其奠定基础的宝贵作用。

高中毕业前夕发生的变故，给冯天瑜重重一击。

高考之前，学生要填家庭情况表，作为"政审"材料。冯天瑜老老实实填上父亲"冯永轩"，政治面貌"右派分子"。表格交上去后，平时慈眉善目的班主任贾老师把他叫到办公室，十分严肃地说："你家里还有问题没填进表里。"冯天瑜非常吃惊，赶紧回答："除了父亲是'右派'，家里没有别的问题。"贾老师说："你的哥哥冯天璋是反革命。"冯天瑜解释："三哥在天津大学水利系读书，还是共青团员，怎么会是反革命呢？"贾老师斩钉截铁地告诉他："'上边'已经正式通知学校，现行反革命冯天璋，最近已被逮捕。"

冯天瑜这才想起来，三哥已经有三四个月没给家里来信，原来出了这么大的事。

直到两年之后，冯天瑜才知晓事情的原委。三哥与几位天津大学、南开大学的同学经常一起晚饭后散步，闲谈中对"反右""反右倾"多有批评。同行的一位女同学在日记里记录了这些谈话内容。当时这位女同学正与一位华侨男生谈恋爱，而"上边"怀疑华侨男生是外国派遣特务，突然查抄女同学日记，其中全无男友"特务"证据，却发现冯天瑜等人的批评"反右"言论。于是，意外抓到一个"大学生反革命集团"，送往农场劳教。

突然的变故，使冯天瑜失去了投考理想大学和专业的可能，而做起了作家梦——虽然是那么虚无缥缈。无数中外作家的经验告诉冯天瑜，念大学中文系与当作家，风马牛不相及。于是，高中的最后几个月，同学们夜以继日地"擂功"，他却继续泡在湖北省图书馆，读托尔斯泰的《复活》，狄更斯的《双城记》……精神也逐渐从沮丧中解脱出来：人类世界何其开阔，高考得失何足道哉。

出乎老师同学们的意外，高考发榜，冯天瑜被录取到武汉师范学院（后改制为湖北大学）生物系。生物系的课业较为轻松，冯天瑜在涉猎自然科学理论和方法（尤其是达尔文生物进化论），"多识鸟兽草木之名"的同时，有较为充裕的时间，继续攻读文史书籍并练习写作。大学四年间，他陆续发表了不少文章。这些文章大致分为两类：一是关于生命科学方面的科普类文章，二是历史人文类的散文随笔。在后一类中，冯天瑜发表的第一篇文章是《不要忘记帝国主义》。

1963 年暑假，冯天瑜去天津，看望因"反革命罪"在小站农场"劳教"的三哥冯天璋。路过北京，他游览了颐和园。秀丽的湖光山色和气派的皇家园林给他留下深刻印象。然而，深深刺激到他情感的是万寿山上，那些遭受八国联军野蛮破坏的大大小小佛像上的累累伤痕，优美与残缺，荣耀与罪恶，形成强烈的反差。冯天瑜很快写出《不要忘记帝国主义》并在《武汉晚报》上发表。晚报编辑非常欣赏他的文笔，继续向他约稿，文章也就接二连三地见诸报章。多年以后，一个偶然的机会，冯天瑜见到《武汉晚报》的报史资料，里面记录了高产作者的名录，"冯天瑜"位居其一。

1964 年大学毕业，冯天瑜被分配到武汉教师进修学院任教。生物系毕业生冯天瑜，怎么被分配到这样一个"专业不对口"的单位？

原来，武汉教师进修学院在接受新进教师的计划里，希望能进一位"笔杆子"，参加到总结"教育革命"经验的工作班子里，承担写作任务。冯天瑜正好符合这样的要求。在武汉师范学院生物系，他已经是"小有名气"的写家，发表过数十篇文章了。

不久，"文化大革命"爆发，学院里的"造反派""保守派"斗得不亦乐乎，"逍遥派"无所事事，每日打扑克消磨时光。冯天瑜对这些都不感兴趣，便"躲进小楼成一统"，在 11 平方米的斗室里好好读书。当时可读之书寥寥，无非是鲁迅著作、马列经典，偶尔也有《第三帝国的兴亡》等私下流传。冯天瑜认真通读了《鲁迅全集》。犀利的文笔之下，鲁迅对社会、人生的透彻剖析，对历史、文化的独创见解，特别是对"国民性"改造的痛切呼吁，给青年冯天瑜以深刻启发。另一方面，《德意志意识形态》《法兰西内战》《反杜林论》《家庭、私有制和国家的起源》等则给冯天瑜提供了历史辩证法的生动范本，使他开始受到理论思维的训练，并对哲学及哲学史发生兴趣。

青少年时代的冯天瑜，最先产生兴趣的是文学，紧随的是史学，其后则是哲学。文学提供的是形象，史学提供的是事实，而哲学则昭示着世间规律。

从少年到青年，冯天瑜的学习历程，预示着他必将走向文史研究的人生之路。

第二章

《孔丘教育思想批判》出版前后

1964 年夏天，冯天瑜从武汉师范学院生物系毕业，分配到武汉教师进修学院工作。

武汉教师进修学院属于武汉市领导。学院的任务有二：一是培训在职的中学教师，特别是政治、语文、数学、外语等"主科"教师；二是承担研究工作，探索、总结教育改革或曰"教育革命"的经验，提供给有关部门领导，用以指导教育实践。

来到武汉教师进修学院，冯天瑜认真负责地参加到教育改革的研究工作中，多次到各级各类学校去"蹲点"，实地调查，搜集例证，整理材料，撰写文章。当时，江西共产主义劳动大学作为教育革命的典型，闻名全国。根据领导安排，冯天瑜去那里学习经验，参加劳动，历时一年之久。几十年后，他回忆起与江西共大的师生一起上山砍毛竹的艰辛与痛快，仍历历在目、难以忘怀。

1966 年夏天，"文化大革命"爆发。冯天瑜从江西共大返回。学院正常的工作秩序完全被打乱。"革命群众"分成几派,天天争斗打派仗。冯天瑜既不是顽固的"保守派",也不是激进的"造反派",更无意参加形形色色的"文斗"和"武斗",正好利用充分的自由支配的时间,多多读书。学院图书馆的管理员邢老师,给他提供了很多方便。

几年间,冯天瑜反复阅读了《鲁迅全集》、马克思、恩格斯的《共产党宣言》《哥达纲领批判》《费尔巴哈和德国古典哲学的终结》《家庭、私有制与国家起源》等经典著作,还看了很多教育学、教育史方面的著作。联系参加工作以来,参与教育改革调研的思考,冯天瑜产生了研究、批判孔子教育思想的想法。

1973 年,冯天瑜完成了《孔子教育思想批判》的初稿。初稿以批判为主,对"有教无类"等也有所肯定。学院的汪艳标老师帮忙,刻钢板油印出来。同事和领导看过油印本后提出若干修改意见。其中一位教育局领导提出,既然是批判,就不要称"孔子"了,直呼其名"孔丘"。

1974 年底,《孔丘教育思想批判》完稿。没有太多的斟酌犹豫,冯天瑜决定投寄到人民出版社。他在大信封上写上"北京 人民出版社",交付邮局。结果,书稿被寄到了北京人民出版社(后来此社更名为北京出版社,从而彻底避免了这一极易产生的名称混淆),而不是人民出版社。后来,冯天瑜还不知道是谁帮忙,最终将书稿转到了人民出版社。

人民出版社很快给了回音,通知冯天瑜去北京,修改书稿,准备出版。1974 年底,冯天瑜来到位于朝内大街的人民出版社。社里安排刘元彦和另一位王姓编辑接待。他们提供了周到的生活服务,也提出了许多明确的修改建议。主要是从内容设置和文字表述方面,强化批判的力度,将原稿中肯定孔子教育观(有教无类、启发式、循序渐进等)的内容全部删去。这完全符合当时的形势要求,冯天瑜也表示认同。修改经历了大约一个月时间。

1975 年 6 月，《孔丘教育思想批判》出版，公开发行。冯天瑜在赴麻城劳动"拉练"的途中，得知这一消息，心中自然高兴。

《孔丘教育思想批判》是冯天瑜的第一部著作。全书对孔子持全盘否定的态度。认为孔子顽固维护奴隶制度，办教育的目的是挽救"先王之教"的衰亡，是为了"治民"而"教民"。孔子以后，儒学"礼教"成为强迫人们信奉的"宗教教条"，"学而优则仕"得以制度化，"闭门修养"的办学方式继续推行，"以儒者为师"的传统得到沿袭。

这本 8 万字左右的小书，竟然得到毛泽东主席的表扬，是冯天瑜万万没有想到的。

1976 年 3 月的某一天，学院组织学习传达中央文件。"文化大革命"期间，此类学习活动非常频繁，司空见惯。一般情况下，冯天瑜都是随手带上一本书，翻阅圈注，打发会议时间。此次也不例外，直到身后的同事使劲捅他，"快听快听，毛主席表扬你了！"冯天瑜这才回过神来，听到文件的内容。

毛泽东说，我建议一二年内读点哲学，读点鲁迅。读哲学，可以看杨荣国的《中国古代思想史》和《简明中国哲学史》。这是中国的。要批孔。有些人不知孔的情况，可以读冯友兰的《论孔丘》，冯天瑜的《孔丘教育思想批判》，冯天瑜的比冯友兰的好。还可以看郭老的《十批判书》中的崇儒反法部分。①

这是毛泽东 1975 年 10 月至 1976 年 1 月的几次谈话中所说，后被整理进中共中央 1976 年 3 月 3 日发出的《毛主席重要指示》中。

因为伟大领袖表扬了本单位的青年教师，学院领导特意把中央文件宣读了两遍。

---

① 《建国以来毛泽东文稿》第 13 册，中央文献出版社 1996 年版。又见陈晋：《毛泽东阅读史略（五）》，《中共党史研究》2013 年第 10 期。

在"文化大革命"这一特殊年代，毛泽东主席的点名表扬产生了重要的影响。于是，冯天瑜被调到武汉市委宣传部担任副部长。

1976 年 10 月，"文化大革命"结束。因为众所周知的原因，《孔丘教育思想批判》的写作、修改、出版过程，受到政治上的严格审查。几个月以后，武汉市委和宣传部的领导辛甫、李春鉴向冯天瑜通报审查结论：《孔丘教育思想批判》的写作、出版，完全是冯天瑜的个人行为。在其全过程中，与北京、武汉的任何群众造反组织、各级"文化革命领导小组"，没有任何思想上、组织上的丝毫关联。对此结论，辛甫书记特别感叹道："难得啊"。

以上就是《孔丘教育思想批判》出版前后的基本情况。至于此书中反孔、批孔思想的由来，将近半个世纪以后，冯天瑜本人有所分析、梳理。2019 年 11 月 24 日下午，与笔者的谈话中，他有这样的归纳：

其一，"五四"反传统精神的影响。

在思想史上，"五四"是与春秋战国时代"百家争鸣"相媲美的、对中国文化发展产生极其重大影响的激动人心的时期。"五四"时期对中国传统文化、对以孔子为代表的儒家学说的严厉批判，是推动中国社会完成从传统向现代转型的思想惊雷。陈独秀在《"新青年"罪案之答辩书》中宣称"要拥护那德先生，便不得不反对孔教、礼法、贞节、旧伦理、旧政治。要拥护那赛先生，便不得不反对旧艺术、旧宗教。要拥护德先生又要拥护赛先生，便不得不反对国粹和旧文学"，揭示了"五四"精英激烈反传统的基本理由和策略选择。对这一时期鲁迅、吴虞等人尖锐激烈的反孔言说，青年冯天瑜是基本认同的。认为儒学是统治阶级从精神上奴役人民的工具，儒学是现代化的阻力，应当受到批判。20 世纪60 年代末期到 70 年代初，通读了《鲁迅全集》以后，冯天瑜深深服膺鲁迅对社会、人生的深刻剖析，对历史、文化的独创见解，以及无与伦比的犀利文笔。鲁迅在《我之节烈观》《十四年的读经》《华德焚书异同论》《狂人日记》中对儒学经典、伦理纲常的尖锐批判，给冯天瑜以强烈的思想震撼。鲁迅在《在现代中国的孔夫子》里总结道："总而言之，孔夫子之在中国，是权势者们捧起来的。""不错，孔夫子曾经计划过出色的治国的方法，但那都是为了治民众者，即权势者设想的方法，为民众本身的，却一点也没有"①。在孔儒学说的浸润下，"中国的文化，都是侍奉主子的文化，是用很多的人的痛苦换来的。无论中国人，外国人，凡是称赞中国文化的，都只是以主子自居的一部分。""有些读书人说，我们看这些古东西，倒并不觉得于中国怎样有害，又何必这样决绝地抛弃呢？是的。然而古老东西的可怕就正在这里。倘使我们觉得有害，我们便能警戒了，正因为并不觉得怎样有害，我们才总是觉不出这致死的毛病来。因为这是'软刀子'。"②鲁迅的这些判语，青年冯天瑜深表赞同。

其二，马克思主义的革命理论，尤其是马克思、恩格斯所著的《共产党宣言》所表达的激情澎湃又逻辑严谨的社会批判思想，对自己产生深刻影响。

马克思主义是中国共产党革命事业的理论基础。新中国成立之后，执政的中国共产党一直非常重视对党员干部、人民群众，尤其是青年知识分子进行马克思主义的理论宣传和理论教育。"文化大革命"中，林彪事件发生后，学习"马列六本书"成为思想文化领域内的重要活动。这六本书是《共产党宣言》《哥达纲领批判》《法兰西内战》《反杜林论》《唯物主义与经验批判主义》《国家与革命》。除此之外，冯天瑜还熟读了《德意志意识形态》《家庭、私有制与国家起源》等经典著作。马恩著作里深邃的历史辩证法精神，锐利的社会批判理论，给青年冯天瑜以深刻启

---

① 《鲁迅全集》第6卷，人民文学出版社1957年版，第252、254页。
② 《老调子已经唱完》，《鲁迅全集》第7卷，第425—426页。

发。"批判的武器当然不能代替武器的批判，物质的力量只能用物质的力量来摧毁；但是理论一经掌握群众，也会变成物质力量。理论只要说服人，就能掌握群众；而理论只要彻底，就能说服人。"① 作为"批判的武器"，马克思、恩格斯豪迈地宣布："共产主义革命就是同传统的所有制关系实行最彻底的决裂；毫不奇怪，它在自己的发展进程中要同传统的观念实行最彻底的决裂。"② 在中国，所谓"传统的观念"，实质上就是以孔儒学说为主流、核心的纲常伦理系统。青年冯天瑜认为，中国的社会进步，中国文化的现代转型，也必须与旧学说、旧思想实行"最彻底的决裂"。

其三，"反对修正主义""防止资本主义复辟"思想的影响。

20 世纪 60 年代初，中国共产党与苏联共产党展开"反修""防修"大论战。论战持续数年，"九评苏共中央的公开信"等鸿篇巨论，脍炙人口，风靡一时。1966 年，毛泽东主席发动"无产阶级文化大革命"。其间一以贯之的理论逻辑和现实忧虑，是如何防止对马克思主义革命理论的"修正"，防止无产阶级政权发生"资本主义复辟"。其要害是警惕特权阶层篡夺党和国家领导权，从而改变政权性质，改变国家的发展道路。当时的苏联现状是，完全脱离广大人民群众的特权阶层已然形成且牢牢把持了国家政权。而在中国，毛泽东非常忧虑的是正在形成的"党内资产阶级""睡在我们身边的赫鲁晓夫"力量坐大，控制国家机器，改变政权性质。因此，必须发动群众，"自下而上"地将其打倒。这种对凌驾于人民群众之上的"权势者"的警惕、批判和打击，青年冯天瑜是一定程度上认同的。

晚年冯天瑜对这一段思想历程，有如下反省：

---

① 《黑格尔法哲学批判导言》,《马克思恩格斯选集》第 1 卷，人民出版社 1972 年版，第 9 页。

② 《马克思恩格斯选集》第 1 卷，人民出版社 1972 年版，第 272 页。

对于古人种种思想学说，当"兼怀同情之理解与历史扬弃之念"，"理解"不可缺，"扬弃"亦不可少，于儒学问题自然亦应如此。在时代浪潮的席卷下，当注意保持思想的独立性。1974年底，我去人民出版社修改定稿时，全盘接受"批林批孔"期间的孔子"复辟奴隶制""开历史倒车"等批判话语，这是惨痛的教训。1977年以后总结经验，坚持独立思考，慎认真理，服膺"不唯上，不唯书，只唯实"的哲言，在此后40多年中，以之作为自己的座右铭。①

数十年来，关于孔子，关于儒学，关于中国传统文化，冯天瑜有了更为深入的探究和分析。至于《孔丘教育思想批判》，作为记载特定历史时代信息、记载作者个人学术思想演进步履的文本，自有它保存本来面貌的理由，这也是不言而喻的。

---

① 冯天瑜：《文明思辨录》，华中科技大学出版社2023年版，第265页。

第三章

徜徉在神话世界里

　　神话是人类远古历史的折射，是人类早期文明的瑰宝。1983 年 6 月，冯天瑜的《上古神话纵横谈》由上海文艺出版社出版，由此开始了他延续四十年的中国文化史研究的生命历程。

　　神话是世界各国、各民族共有的文化现象、文学现象。但是，研究中国神话，有着特殊的困难。正如中国神话研究的前辈专家袁珂先生所论："神话，是一门较难研究的学科；中国神话，尤其有它特殊复杂的艰巨性。那艰巨就在于：材料琐碎零散，真伪杂糅，又每每搅混在谶纬和仙话的烟雾里，还常常和历史相混淆。要除去这些尘氛，用马克思美学观点加以审核，给予评述，实在是不大容易的。"[①]

　　针对这一难题，冯天瑜设计了纵向、横向两个维度，作为研究视角和全书结构方式。上编"上古神话总论"是一"横"，分诸方面讨论上古

---

① 　冯天瑜：《上古神话纵横谈》序，上海文艺出版社 1983 年版，第 6 页。

神话的来源、特色、传播、典籍和地域分布；下编"中国上古神话举要"是一"纵"，分诸主题讨论创世神话、自然神话、英雄神话、社会神话。最后，肯认上古神话在人类文化史上的崇高地位。

冯天瑜首先区分神话为两类。一是产生于原始社会和阶级社会初期，反映初民对自然现象和社会生活的原始理解，并以超自然的形象和幻想的形式表现出来的上古神话；二是人类社会进入较高级形态以后，由历代文艺家创作的、模拟古神话以讽喻现实的作品，如魏晋的志怪作品，明清的神魔、狐鬼小说、笔记。本书的讨论限于前一类别。

关于上古神话的产生，冯天瑜分析道：上古初民面对着一个错综复杂而又严峻无情的世界。日月递嬗、季节迁移、风云变幻、电闪雷鸣、洪水横流、野火燎原、瘟疫流行、猛兽伤人……这一切，在初民的脑海里引起无数的疑问，并试图加以解释。但是极端低下的生产力发展水平和生产方式严重限制了他们的精神生产的质量，"他们只能凭借感性的、质朴的思维方式，把握自然物的某些表象，把自然力加以人格化和形象化。"[1]

冯天瑜指出，神话产生的思想基础，是初民普遍信奉的"泛灵论"。所谓"泛灵论"，就是认为世界上的一切事物，都像人类一样有思想和情绪，各种自然现象的背后，存在着某种神秘的指挥者，他们拥有超自然的伟力，主宰一切，这就是有灵魂的"神"。于是，在中国神话系统里，太阳由御者羲和驾龙车奔驰，月亮由御者望舒驾天车飞跑，雷霆是天神在擂鼓，或天神的肚皮在轰鸣……这些就是追究宇宙万物来龙去脉的"推原神话"。此外，还有女娲补天、大禹治水、后羿射日、精卫填海等征服自然的神话，黄帝讨伐蚩尤、刑天与天帝争神等反映初期社会关系的神话。

---

[1] 冯天瑜：《上古神话纵横谈》，上海文艺出版社 1983 年版，第 6 页。

冯天瑜归纳道，神话中的角色和故事无论怎样离奇，总可以在初民的现实生活中找到原型。例如在中国神话系统中居于重要位置的腾云驾雾的龙，当然是非现实的，但从某种意义上讲，它又是现实的。龙的形象，不过是实际存在的几种动物如海马、蜥蜴、蛇、鹿等的拼合体。此外，龙还有实际的社会象征意义。龙的形象以蛇为主干，又加上鹿角、马鬃、马尾、鱼鳞、鹰爪，这正显示了以龙为图腾的华夏部族，合并了分别以蛇、鹿、马、鱼、鹰为图腾的若干个氏族。龙成为一种虚拟的综合性神灵，是华夏族走向大融合的标志。这生动地说明，"像其他艺术品一样，富于幻想色彩的神话也是现实生活的反映，不过是一种曲折的反映，正如凹面镜所显示的外在世界，虽然不免有些走样，但毕竟是对现实的一种映象。"①

关于上古神话的特色，冯天瑜梳理有五：

其一，神话是传袭的。神话在初民中口耳相传，代代相继。这导致内容很容易失真。大门尽管如此，传袭的神话依然保有若干原始成分的核心。如关于伏羲和女娲由兄妹变为夫妻的神话，至今仍流传于苗族，伏羲和女娲是苗族崇奉的始祖神。这个经历了漫长传袭过程的神话，真切地表现了氏族社会从母系制度向父系制度的转化，从杂婚向配偶婚转化的情形，具有宝贵的认识价值。

其二，神话是叙述的。神话一般都不发议论，也没有格外的抒情。关于神农氏、有巢氏的神话，叙述了农业、医药、住房的起源，为我们了解史前时代初民的生活方式和思想观念提供了宝贵线索。

其三，神话是拟人化的。限于文明发展的程度，先民对世界的认识偏于直观、感性和猜测。他们对于无法把握的自然现象，只能以自身有限的经验为依据，去假设、幻想。无论动物植物、河流山川、日月星辰，

---

① 冯天瑜：《上古神话纵横谈》，上海文艺出版社 1983 年版，第 16 页。

在初民看来都是有灵性、通人情的。总之，各种自然力被人格化，是神话的突出特点。

其四，神话是说明性的。神话的发生，通常是为了说明宇宙各种事物的起因，判断其性质，用初民的认识水平，解释自然、社会现象，以期把握、利用、改造。

其五，神话是初民确信的知识。神话的幻想，是初民根据已知的事物去推断和预见未知事物的一种思维活动，是切实的，是真诚的。许多神话的内容，在今天的常识范围看来，是荒诞不经的，或者说是野蛮的。但它所展示的质朴姿态和天然风韵，却使人想起儿童的天真。神话是初民社会实践的产物，因此是现实主义的；神话显示出初民发达的想象力和追求美好生活的理想，因此又是浪漫主义的。冯天瑜特别引述高尔基的名言，来评价神话兼而有之的这两种特质："神话是一种虚构。虚构就是从既定的现实的总体中抽出它的基本意义而且用形象体现出来——这样我们就有了现实主义。但是，如果在从既定的现实中所抽出的意义上面再加上——依据假想的逻辑加以推想——所愿望的、可能的东西，这样来补充形象——那么我们就有了浪漫主义，这种浪漫主义是神话的基础，而且它是极其有益的，因为它帮助激起对现实的革命态度，即实际地改变世界的态度。"①

上古神话是初民的集体创作。神话产生以后，在氏族内部和氏族之间口口相传，代代相传，并不断加工，注入新的内容。冯天瑜指出，在神话传播和改造的过程中，以下六类人起了显著作用。

其一，巫祝。巫祝是最早的文化人，是专业祭祀的宗教祭师，是祀神歌舞的表演者。祀神歌舞的主题，大多来源于神话，而祭祀等宗教活动又使神话得到传播和再创造。

---

① 冯天瑜：《上古神话纵横谈》，上海文艺出版社 1983 年版，第 24 页。

其二，弦歌诗人。弦歌诗人是氏族首领和贵族的私家乐工。他们在民间采风，把流行的神话编为可以弹唱的乐曲。

其三，建筑师和手工业匠人。他们在帝王、贵族的陵墓、神庙等建筑物的墙壁、石柱上，雕刻、绘画了许多神祇的事迹。新近出土的汉墓帛画，就有极为丰富的神话内容。东汉武梁祠石刻，描绘了人首蛇身的伏羲、女娲的交尾像，二者中间有一小儿，手拽伏羲、女娲之袖，表明三者的亲属关系。

其四，史官。中国官府记史开端很早，这固然是历史学的幸事，却给神话带来厄运。史官记史时，一方面排除了大量神话，另一方面又采纳了少数神话，并大加增删窜改，让人们误会其是真实的历史。

其五，哲学家和文学家。春秋战国时期，更高级形态的文化人哲学家和文学家出现。庄子、荀子、韩非子都在自己的著作中大量引用神话，借以表达自己的思想。文学家记载、整理神话的功绩更大于哲学家。屈原的《离骚》《九歌》等诗篇，就记录了许多优美动人的神话。另一位楚辞作家宋玉，在《高唐赋》中描绘凄婉的巫山神女的故事，至今广为流传。

其六，野史作家。古代官方史家往往忽视神话的认识价值和艺术价值，但是野史作者却大多对此关注留意。"盘古开天地""女娲造人"等神话得以保存、流传和再创作，都得力于野史作者的不懈劳作。

希腊、印度和中国同为文明古国。希腊有一部长达四十八卷、两万八千行左右的荷马史诗：《伊利亚特》和《奥德赛》，形成一个完整、庞大的神话传说体系。与此类似的印度史诗《玛哈帕腊达》和《腊玛延那》也系统详尽地保存了古印度大量的神话传说。对比之下，中国却没有出现这样的古神话巨著。从《山海经》《天问》等所透露的信息看，由黄河、长江滋润的东亚大地，也曾繁衍过精彩多样的众多神话，内容包括宇宙发端、人类起源、山河形成、器用发明等。但这些神话支离散乱，没有像古希腊、古印度那样形成规模严整的体系。

对于造成这一局面的原因，日本学者盐谷温认为有两个方面。一是中华初民生活在黄河流域，勤劳聪慧，重实际而黜玄想，不能"集古传以成大文"。二是孔子以后，士人追求修身齐家治国平天下，"不欲言鬼神，太古荒唐之说，俱为儒者所不道。"①

冯天瑜批评盐谷温的第一条理由"恐不能成立"。神话绝非热带、亚热带地域的特产。连北极圈内的因纽特人都富于玄想，更何况生活在温带黄河流域的中华初民。气候的寒热只能影响神话的内容、风格，而不能决定神话的繁荣程度。正如黑格尔所说："我们不应该把自然界估量得太高或者太低：爱奥尼亚的明媚的天空固然大大地有助于荷马诗的优美。但是这个明媚的天空决不能单独产生荷马。"

冯天瑜认为，中国上古神话没有得到充分发育的原因，不在气候，而在于物质生产方式的特点。上古神话被记载、加工的关键时期，是该民族刚跨入文明门槛的阶段。中国进入文明时代的初期，正当商、周两朝。商周社会保留浓厚的公社制残余，商品生产和交换不发达，没有独立的城市经济。这与古希腊发达的航海业、商品经济和人员交流情形大不相同。古希腊城邦国家孕育了繁荣的城邦文化，出现了史诗形式（如《伊利亚特》《奥德赛》），以及城市生活所特有的综合性艺术形式——悲剧（如《被缚的普罗米修斯》）。这些史诗和悲剧都以古神话为武库、土壤和素材，因而使得希腊上古神话得到记录、整理、加工和广泛传播。而在中国的商、周两代，早熟的、城市经济不发达的社会生活，形态比较单纯，这就限制了人们的眼界和艺术创作能力，于是没有出现像荷马那样的弦歌诗人，去对古神话加以荟萃熔铸为鸿篇巨制。

冯天瑜赞同盐谷温的第二条理由"是有道理的"。中国传统文化正宗

---

① 《鲁迅全集》第 8 卷，人民文学出版社 1957 年版，第 16 页。

的儒学，推崇"修齐治平"的政治伦理学说，当然不重视对神话的采录。孔子编辑《诗三百篇》，就少见神话，《周颂》虽有"百神""上帝"字样，但事迹不得其详。此外，中国古代祭祀十分发达，但东周以来的中原地区，主持祭祀的大多是"敬鬼神而远之"的儒者，他们在祭祀中极少使用形象的神话材料，主要运用抽象的道德概念，如天、礼、德等，去阐扬礼教精义，劝化人们敬天法祖。这也导致了神话的湮灭，残存者也发育不健全。

冯天瑜补充道：中国古神话发育不充分，还有一个原因，就是古时天神、地祇、人鬼往往混淆，后出之传说故事与原始神话混为一谈，以致后人仅识传说故事而不知原始神话。鲁迅就指出："如神荼、郁垒，为古之大神，传说上是手执一种苇索，以缚虎，且御凶魅的，所以古代将他们当作门神。但到后来又将门神改为秦琼、尉迟敬德，并引说种种事实，以为佐证，于是后人单知秦琼和尉迟敬德为门神，而复不知神荼、郁垒，更不消说造作他们的故事了。"[1]

关于上古神话的前途，冯天瑜概括为以下四种。

其一，湮灭。这是许多上古神话难以避免的历史命运。因为随着社会生产力的进步和人类智力的发展，神话失去了存在的物质条件。马克思论道："任何神话都是用想象和借助想象以征服自然力，支配自然力，把自然力加以形象化；因而，随着这些自然力之实际上被支配，神话也就消失了。"[2]

其二，演为传说。鲁迅说："迨神话演进，则为中枢者渐进于人性，凡所叙述，今谓之传说。"[3]故事中枢由"神性"趋向"人性"，是神话向传说转变的标志。如"牛郎织女"的故事，在《诗经·大东》里，本是

---

[1] 《鲁迅全集》第8卷，人民文学出版社1957年版，第316页。

[2] 《马克思恩格斯选集》第2卷，人民出版社1972年版，第113页。

[3] 《鲁迅全集》第8卷，人民文学出版社1957年版，第12页。

星辰拟人化的神话，后来在民间演变成富于人间情趣的爱情故事，显示了男耕女织小农经济的特色。这是神话演为故事的典型一例。

其三，被史官历史化。古代士人对待神话的态度不一。一方面，有人认为神话不能登大雅之堂，对其采取鄙弃态度。孔子"不语怪力乱神"，后儒也就却步于神话之前。另一方面，承担修史任务的史官们，苦于上古时代史料的缺乏，不得已将"不雅"的神话传说充作信史材料，写入正史。司马迁的《史记》开篇第一卷《五帝本纪》，便把黄帝、颛顼、帝喾、帝尧、帝舜、大禹等神话角色改造成历史人物，描绘成气象雍容的古代帝王，他们的事迹也随之演绎成历史事件。

其四，保留基本格局，流传下来。也有一些上古神话被典籍比较真实地记录下来。经过转述者的改造，质朴简短的故事，演绎得曲折有致，道德教化、哲理阐发的色彩也变得鲜明。这正如大自然中的钻石，被人们加工、装饰，成了华丽的吊坠、戒指。

冯天瑜分析道，在古代典籍经、史、子、集四部分类中，经书少有神话的痕迹；史书只记录了一些历史化的神话传说；子书中的《庄子》《荀子》《韩非子》《吕氏春秋》《淮南子》等有若干神话记载；而浩如烟海的集部，则是蕴藏神话宝物的富矿。

典籍中记载神话最多的，是《山海经》《穆天子传》《楚辞》《淮南子》《列子》。

《山海经》成书于战国时期到汉代初期，由多位无名氏集体创作的一部"奇书"。中国神话中许多重要角色，都出现在其中。如掌管瘟疫、刑罚的西王母，衔木石填东海的精卫，追日的夸父，杀死蚩尤的应龙，与黄帝争神的刑天等。《山海经》记载的并非是确凿可信的历史、地理常识。我们只有把它看作曲折地反映古代历史地理观念的神话集成，才能发现其中幽隐而绮丽的光辉。

《穆天子传》是我国第一部由文人有意识创作的神话小说。书中记载周穆王驾八骏西征，在昆仑山受到西王母接待。这里的西王母，已经不是《山海经》中那个"豹尾虎齿"、性别不明的怪神，而是雍容华贵的女性天神。

《楚辞》产生于巫风弥漫的楚地。屈原的《离骚》《九歌》《九章》等诗篇里，神话角色多彩多姿，有驾龙辀、张云旗的太阳神东君，日神羲和，月神望舒，抗争洪水的鲧、禹父子，还有雷神、雨师、风伯。宋玉《高唐赋》中的巫山神女，还进入毛泽东的诗词，"神女应无恙，当惊世界殊。"

《淮南子》由西汉淮南王刘安组织宾客撰写，属于道家作品。其中记录的神话材料有女娲补天、嫦娥奔月、后羿射日、共工怒触不周山等。

《列子》相传是东晋时人所撰的哲学著作，录入其中的神话有愚公移山、黄帝与炎帝战于阪泉之野，显示了神话向历史传说或寓言过渡的形态。

冯天瑜特别提示，宋太宗时编成的《太平御览》，辑录图籍1600余种，其中有丰富的采自野史和笔记小说的神话故事。这些野史、笔记小说大都已经湮灭在历史的尘埃中，其记载的神话资源有赖《太平御览》才得以留存，这是值得庆幸的书坛佳话。

中国地域辽阔，初民的活动足迹，遍布黄河、长江、珠江流域的广大地区。各地自然环境、风土物产、社会习俗多姿多彩。产生的神话也各有特色。冯天瑜根据茅盾先生的研究，将中国神话分为北部、中部和南部三大系统。在漫长的历史过程中，三大系统逐渐融汇而成中华民族的神话总系。

其一是黄河流域的北部神话。四五千年前，黄河中游出现华夏部落集团，包含黄帝、炎帝两支。他们是汉族的祖先。诸多迹象表明，华夏集团曾创造过许多神话。春秋战国时期，黄河流域战乱不已，人们迫于乱世下的生存压力，不得不"重实际而黜玄想"，导致幻想力不太发达。

表现在文学上，就是现实主义成为主流，浪漫主义发育不充分，《诗经》便是明证。著述丰厚的北方先秦诸子也很少言及神话，以致北部神话大多风流云散，只在《淮南子》《列子》等典籍中保留了一些片段，如女娲补天、愚公移山等。

其二是长江流域的中部神话。长江流域的文化发展，略后于黄河流域。这一地区的古代部族，总称"苗蛮"集团。苗蛮的巫祝文化发达，所谓楚人"信巫鬼，好淫祀"，所以盛产神话。产生于这种社会历史环境下的《楚辞》，洋溢着浪漫主义精神，神话记录，所在多有，美不胜收。在中国神话系统中居于重要地位的伏羲与女娲由兄妹变为夫妻的神话，就是中部地区的产物。

其三是珠江流域岭南山地的南部神话。相对于黄河、长江流域，珠江流域岭南山地的文化发展更晚一步。三国时期，孙吴势力扩展到岭南，南部神话北传，吴人徐整才有可能记录并加工出"盘古开天地"的绮丽神奇的故事。

冯天瑜介绍，与茅盾的分法不同，顾颉刚先生区分中国上古神话为西部昆仑系统和东部蓬莱系统。顾颉刚认为，"昆仑的神话发源于西部高原地区，它那神奇瑰丽的故事，流传到东方以后，又跟苍茫窈冥的大海这一自然条件结合起来，在燕、吴、齐、越沿海地区形成了蓬莱神话系统。"① 夸父追日、嫦娥奔月、共工触不周山等来源于昆仑系统，而鲲鹏之变，蓬莱、方丈、瀛洲三神山的传说，则来源于蓬莱系统。

完成"上古神话总论"后，冯天瑜转入"中国上古神话举要"。

上古初民虽然认识能力低下，但是好奇心理和探索精神强烈。他们试图追寻自然万物包括人类自身的生成由来，创造了丰富多彩的"推原神话"。这在中国神话系统里，表现为"盘古开天辟地""女娲造人"以及

---

① 顾颉刚：《〈庄子〉与〈楚辞〉中昆仑和蓬莱两个神话系统的融合》，《中华文史论丛》1979 年第 2 辑，第 31 页。

氏族祖先神话、器用文物创造神话。

关于"盘古开天辟地"，冯天瑜明确指认来源于南方神话系统。在五岭南北的瑶、苗、侗、黎等少数民族中，一直流行"槃瓠"的传说：远古高辛王时代，有一条神异的龙狗名叫"槃瓠"。他与公主成婚，生下四个子女，分别繁衍为蓝、雷、盘、钟四姓，相互婚配，子孙繁衍，奉"槃瓠"为共同祖先。以后"槃瓠"音转为"盘古"。

公元 3 世纪的三国时期，孙吴势力伸展到岭南，南方的"盘古"神话得以北传长江流域。徐整在传说的基础上整理、加工、引申，讲述如下：

> 天地浑沌如鸡子，盘古生其中。万八千岁，天地开辟，阳清为天，阴浊为地。盘古在其中，一日九变，神于天，圣于地。天日高一丈，地日厚一丈，盘古日长一丈。如此万八千岁，天数极高，地数极深，盘古极长。……故天去地九万里。[①]

徐整以后，有人托梁代任昉之名，进一步描绘了盘古的形象：

> 盘古氏，天地万物之祖也，然则生物始于盘古。
>
> 昔盘古之死也，头为四岳，目为日月，脂膏为江海，毛发为草木。秦汉间俗说：盘古氏头为东岳，腹为中岳，左臂为南岳，右臂为北岳，足为四岳。先儒说：盘古泣为江河，气为风，声为雷，目瞳为电。古说：盘古氏喜为晴，怒为阴。吴楚间说：盘古氏夫妻，阴阳之始也。[②]

---

① 《太平御览》卷二所引徐整《三五历纪》。
② 《述异记》。

冯天瑜指出，这种宇宙开辟者死后躯体化为万物的神话，在其他国家也可以找到。如印度神话里有一个名叫"自在"的天神，死后头为天，足为地，腹为虚空，发为草木，泪为江河，骨骼为山。北欧神话说，大神奥定杀死霜巨人伊麦，以其肉造成土地，血造成海，骨骼造成山，牙齿造成崖石，头发造成树木花草，脑子造成云。这类神话同中国盘古神话一样，都显示了初民那种创造世界的博大幻想。①

关于人类的起源，中国神话有多种传说，例如前引《述异记》所谓的"盘古氏夫妻，阴阳之始也"，还有《淮南子·精神训》说的"有二神混生，经天营地，……烦气为虫，精气为人"，等等。冯天瑜评论这些说法过于简陋，所以流传不广。中国真正影响深远的人类起源神话，是"女娲造人"的故事。

"女娲"最早见于文献是《楚辞·天问》中的"女娲有体，孰制匠之？"屈原的意思似乎是在问，人类的身体是女娲创造的，那么女娲的身体又是谁造的呢？据此推测，屈原生活的年代，荆楚之地已经流传女娲造人的神话。女娲的形象，在长沙马王堆汉墓绢画上表现为"人头蛇身"。她是古代长江流域普遍崇拜的始祖神。

关于女娲造人的具体操作情形，首见《太平御览》卷七十八所引汉人应劭所著《风俗通义》：

> 俗说天地开辟，未有人民。女娲抟黄土作人，剧务，力不暇供，乃引绳于絚泥中，举以为人。故富贵者，黄土人也；贫贱凡庸者，絚人也。

鲁迅根据这一记载，创作神话小说《补天》，描写女娲造人的细节

---

① 冯天瑜：《上古神话纵横谈》，上海文艺出版社 1983 年版，第 67 页。

场景：

> 伊接着一摆手，紫藤便在泥和水里一翻身，同时也溅出拌着水的泥土来，待到落在地上，就成了许多伊先前做过了一般的小东西，只是大半呆头呆脑，獐头鼠目的有些讨厌。然而伊不暇理会这等事了，单是有趣而且烦躁，夹着恶作剧的将手只是抢，愈抢愈飞速了，那藤便拖泥带水的在地上滚，像一条给沸水烫伤了的赤练蛇。泥点也就暴雨似的从藤身上飞溅开来，还在空中便成了哇哇地啼哭的小东西，爬来爬去的撒得满地。①

冯天瑜特别强调，"女娲造人"的神话有以下三点值得注意：

其一，人类的创造者是一位女性。这是史前时代母系氏族社会现实的必然反映。

其二，造人的原料是黄土，而不是任何其他较高级的产品。在西亚、北非、南欧、美洲和澳洲都出现过用泥土造人的神话。可以推想，初民在劳动时，身上常常产生汗泥，用手一搓，便出现泥条，这就容易使人产生"人类由泥土造成"的错觉。冯天瑜特别点明，中国神话里女娲用黄土造人更直接的因素，一是中国有广大的黄土区域，二是中国人的肤色与黄土接近。

其三，故事明显加入了阶级社会的思想意识。同是泥人，却有富贵和贫贱的区分，这在无阶级等次的氏族社会是不可能产生的。显然应劭在整理加工的过程中，掺入了阶级社会才有的等级观念和宿命论思想。

关于氏族祖先神话，在孔子编辑的《诗经》三百篇中，有两篇记录

---

① 《补天》，《鲁迅全集》第 2 卷，人民文学出版社 1957 年版，第 309 页。

了商人和周人发端的传说。冯天瑜评价："这显然是从上古流传到春秋的神话中的幸存者，具有宝贵的史料价值。"①

《诗经·商颂·玄鸟》记载："天命玄鸟，降而生商"。此外，东北满族先人女真人也有三姐妹之一的佛库伦吞食鸟卵而生子爱新觉罗·布库里（满族创始人）的神话。二者何其相似！冯天瑜分析："初民以为人类起源于卵生，显然是受到鸟类和爬行类繁殖方式的启发而产生的一种猜测。这种由粗略的感性认识导致的大胆揣测，竟暗合了一个生物学原理：胎生的哺乳动物是由卵生的爬行类动物发展而来的。"②

《诗经·大雅·生民》记载："厥初生民，时维姜嫄，生民如何？克禋克祀，以弗无子，履帝武敏歆，攸介攸止，载震载夙，载生载育，时维后稷。"据《史记》记载，这男孩生下来时是一个劈不开的肉蛋，被族人认为不祥之物，扔到野外。但是在恶劣的环境里孩子顽强地生存下来，姜嫄将他接回，命名为弃，成为周人的始祖。弃后来被尧、舜任命为农官"后稷"，所以也以"后稷"之名传世。

妇女感应受孕生子的神话中外多有。圣经故事及澳大利亚阿兰达部落都有此类说法。冯天瑜分析：就产生时代而言，"感生受孕"的神话可分为两个阶段。先是出现在母权制时期，人们只看到子女由母亲分娩，而没有意识到是"男女构精"的结果。而到了父权制和阶级社会，"感生受孕"的含义发生变化，统治者利用它来证明自己是神灵或老天爷的后代，如《说文解字》所谓"古之神圣母感天生子，故称天子"，以此博得民众的崇拜和敬畏。

中华初民关于器用文物创造的神话，涉及火、弓箭、制陶术、农业和文字的发明。

---

① 冯天瑜：《上古神话纵横谈》，上海文艺出版社 1983 年版，第 79 页。

② 同上书，第 80 页。

冯天瑜揭示，燧人氏钻燧取火的传说，比较真实地反映了初民发明取火的实际情形。燧，就是燧石。钻，就是一种尖锐的石器。用钻与燧石急剧摩擦或撞击，发生火星，从而取火，是初民在石器制作过程中受到启发而掌握的取火方法。但是，汉代儒生在注释《礼记》《论语》的过程中，把"钻燧取火"误解为"钻木取火"，这种以讹传讹的谬说应该得到纠正。

中国神话中，弓箭是射手后羿的发明。冯天瑜认为，这是把初民的集体创造归功于某一智者、神人的先例。显然，弓箭的发明是与狩猎联系在一起的。狩猎除了使用弓箭，还有其他方法，例如"伯益作井"。伯益是大禹的助手，也是一位有经验的猎手。以往人们往往把他作"井"解释为水井，其实是误解。古代"井""阱"二字通用。"作井"其实是挖捕捉野兽的陷阱。初民有了弓箭，又发明了陷阱，狩猎业才逐渐兴起。

在希腊神话中，制陶术是智慧女神雅典娜传授给人类的。在中国神话中，《列仙传》记载黄帝时代管理制作陶器的职官"陶正"宁封子，得到异人的指点，"积火自烧，而随烟气上升"，登为仙人。这里并没有关于制陶术发明的具体说明。冯天瑜引用袁珂在四川都江堰市搜集的民间传说，宁封子发现火烧以后，软泥可以变硬，从而悟出制作陶器的方法，这才被黄帝封为陶正。

农业的发明，使人类结束了靠无保障的采集业维持生存的被动局面，开始了有计划大规模生产生活资料的时代。冯天瑜指出，中国神话系统里，发明农业的大神有两位，神农和后稷。

神农创造了耒耜等原始农具，又发现五谷，带头耕作，劝化人们从事农业生产。古籍记载神农的形象是"人身牛首"，显然，这是掌握了牛耕技术的初民对农业之神的想象。神农在尝百草发现五谷的同时，还发现了种种能医治人们疾病的草药，其间历经艰险，《淮南子·修务训》说他曾"一日而遇七十毒"。冯天瑜评论："神农身兼农业之神和医药之神两重职责，显示了中国自古以来，医药学和农学是紧密相连的，它们都以大自然丰富的植物资源作为自己发展的前提和基础。"①

文字的发明是人类进入文明时代的标志。中国关于文字起源的神话传说很多，有庖牺氏观天象地貌"始作八卦"说、"神农作卦"说、伏羲"画卦结绳"说。而流传更广的是"仓颉造字"的故事。仓颉生有四只眼睛，他参照鸟兽足迹，发明了汉字。《淮南子·本经训》说他造字之时，"天雨粟，鬼夜哭"。冯天瑜解读道："仓颉造字的故事，曲折地反映了汉字产生的最初历程：单汉字发端于象形文字，初民是从模仿自然物和自然现象开始创造文字的。"②

在与自然界的抗争中了解、掌握、顺应自然规律，创造美好生活，中华初民这一艰辛的奋斗过程。通过神话故事生动地记录下来。其中最精彩的有女娲补天、夸父追日、精卫填海、愚公移山、后羿射日、嫦娥奔月、大禹治水。

关于女娲补天，有两种说法。一是说共工触倒了不周山，天地一片混乱，女娲出来补救。一是说女娲所补之天，是开天辟地时留下的缺陷。冯天瑜认为后说较为合理。记载女娲补天故事最详尽的是《淮南子·览冥训》："女娲炼五色石以补苍天，断鳌足以立四极，杀黑龙以济冀州，积芦灰以止淫水。"冯天瑜认为"女娲补天"的艺术特色是想象与实际生活联系比较直接。"断鳌足以立四极"，显然是从房屋有四柱得到的启发。"积芦灰以止淫水"，则是来源于日常的用灰铺垫积水。

夸父追日是一曲力量与勇气的赞歌。夸父为了追上太阳，狂奔于草原沙漠、高山峻岭。虽然他终于在虞渊追上了太阳，但渴热难当，喝干了黄河、渭水，又奔向北边的瀚海，但在途中就渴死了。临死之前，夸

---

① 冯天瑜：《上古神话纵横谈》，上海文艺出版社 1983 年版，第 94 页。
② 同上书，第 98 页。

父将手杖奋力掷出，化作数千里茂密的桃林。冯天瑜夸赞"夸父的死是积极的，这是一个在奋斗的中途倒下去的英雄的死。人们从这个故事中所得到的，是一种激励和振奋。"①

《山海经·北次三经》记载了精卫填海的故事。炎帝的女儿淹死于东海之后，化作一只娇小精美的精卫鸟。为了不让东海继续吞噬人们的生命，精卫鸟日复一日地从西山衔来树枝和石子，希图将东海填平。冯天瑜认为，精卫鸟体现了我们民族艰苦卓绝、锐意进取的浩然志气。所以顾炎武在抒发抗清意志时，以"精卫填海"自励："万事有不平，尔何空自苦？长将一寸身，衔木到终古。我愿平东海，身沉志不改！大海无平期，我心无绝时。"②

愚公移山是人们耳熟能详的励志神话。冯天瑜评论，愚公是中华民族坚韧顽强、锲而不舍精神的形象体现者。毛泽东用这个故事，鼓舞中国共产党人带领中国人民推翻帝国主义和封建主义两座大山，将愚公精神升华到新的高度。

后羿射日和嫦娥奔月是内容相关联的神话。《淮南子·本经训》描述：帝尧之时，十个太阳烈焰腾腾，"焦禾稼，杀草木"，初民苦不堪言。东方的天帝"帝俊"将神射手后羿派到人间。后羿张弓搭箭，一连射落九个太阳，剩下一个太阳，正好满足了人们的需求。冯天瑜评论，这个神话表现了初民对太阳的双重情感：既需要它带来光明和温暖，又害怕它造成酷热和干旱。

后羿为人类立下了不朽功业，成为万民崇仰的英雄。但是，他本人的结局却并不美妙。后羿射落的九个太阳，都是帝俊的儿子。儿子危害民间，帝俊同意给予一点教训。但后羿一下射落九个，使之跌入东海南

---

① 冯天瑜：《上古神话纵横谈》，上海文艺出版社 1983 年版，第 126 页。
② 同上书，第 131 页。

边的"沃焦"山，帝俊又非常生气。他不仅没有奖励后羿，反而将他和妻子嫦娥一道，从天庭贬谪到凡间。嫦娥抱怨自己由长生不老的天神沦落成寿命有限的凡人，逼着后羿长途跋涉，从西王母那里求得了长生药。嫦娥偷服了长生药，飘然升月，一去不返。后羿只有仰天嗟叹。而嫦娥到了月宫，凄清寂寞，十分惆怅。冯天瑜评论：神话并非全然谴责嫦娥，其中也包容着人类对离地球最近的天体——月球的种种美丽遐想。同时，奔月的故事还表现了妇女追求自由解放的强烈要求。这正是人们对嫦娥怀有同情的缘故所在。①

黄帝之时，洪水滔天。黄帝的孙子鲧央求黄帝收回洪水，遭到拒绝。他只好偷取了秘藏的神土"息壤"来堙塞洪水。黄帝勃然大怒，命令火神祝融将鲧杀死于羽山之郊。鲧遭受莫大的冤屈，死不瞑目。黄帝又令祝融用刀剖开鲧的腹部，鲧的儿子禹一跃而出。天帝得知这一消息，将息壤授给禹，命他下界治水，安定四方。

禹接受父亲治水失败的教训，疏导江河，垫高人们的居住之地。八年在外，三过家门而不入。终于治服洪水，人民安居乐业。

冯天瑜评论道：世界各国、各民族几乎都有洪水神话。例如著名的希腊神话"杜卡里翁方舟"、希伯来神话"诺亚方舟"等。这类神话强调的是上帝的神威和幸存者的侥幸。与之大不同的是，鲧、禹父子并不屈从于天命，也没有躲进什么"方舟"，而是带领民众奋起与洪水抗争，艰苦卓绝，前赴后继，终于取得完全胜利。

上古神话不仅反映了人类与自然界的矛盾关系，而且还曲折透视了初民世界的社会矛盾关系。冯天瑜列举了黄帝与炎帝的阪泉之战，黄帝与蚩尤的涿鹿之战，刑天与黄帝争神。对此，冯天瑜评论道，随着生产力的发展，社会阶层分化，出现了统治者和被统治者，压迫者和被压迫

---

① 冯天瑜：《上古神话纵横谈》，上海文艺出版社 1983 年版，第 164 页。

者。他们之间的斗争时有起伏，但无法止息。这必然会在神话中得到表现。以上神话"为我们留下了氏族社会末期人与人之间关系的简要图景：部族之间发生剧烈的冲突；部族内部上层与下层间也出现了无法止息的抗争。人类走到这一步，再向前跨越一个梯级，就要进入阶级社会——作为阶级压迫工具的国家，即将呱呱坠地。此后，上古神话就要让位给历史传说。"①

作为全书的总结，冯天瑜认为，上古神话在人类文化史上的地位体现在以下数端：

首先，神话在它产生的时代，对氏族公社的社会生活发挥过毋庸忽视的组织作用和鼓舞作用。神话体现着初民的生活习惯和集体意志。关于本族始祖的神话，可以团聚本族结成强固有力的劳动、战斗集体。初民还可以从盗火的普罗米修斯和追日的夸父、填海的精卫那里吸取力量，去同恶劣的生存环境抗争。

其次，神话反映了原始社会的生活情景，具有特殊的史学认识价值。在后人的记录、整理过程中，神话不可避免地打上了后世的某些烙印，但是毕竟保留了相当丰富的原始社会、阶级社会初期的遗风流韵。对于古神话，我们既不能把它看作无稽之谈，轻率摒弃，也不能把它当作信史，直接引用。正确做法是，通过科学的方法，透过扑朔迷离的外形，去探得它隐藏的史实和真理。

再次，神话还具有自然科学、宗教观念、哲学思想等方面的认识价值。神话作为人类童年时代的辉煌遗留物，反映了初民对外在世界和人类自身的认识，因而孕育着自然科学、宗教观念、哲学思想的萌芽。这也是各科学者重视神话的原因。

最后，神话对后世文学艺术的发展有着重大影响。毫无疑问，神话

35

---

① 冯天瑜：《上古神话纵横谈》，上海文艺出版社 1983 年版，第 209 页。

是文学艺术的发祥所在。尤其是后世的浪漫主义文学家，更是直接从上古神话里吸取题材、色彩和风格。例如屈原的《楚辞》和李白的诗歌，就是最好的证明。

冯天瑜以下面这段话，结束自己对上古神话的纵横巡礼：

> 总之，上古神话以它动人的情致、发达的想象，保有永久的艺术魅力；又由于它透露了远古时代人类生活的种种情形，从而具备宝贵的史料价值；同时，它还是人类文化的发轫，成为多门学科的源头。这一切，使神话被人们反复传诵和不断加工改造，并被多方面的学者从不同角度加以研究。这种情形将伴随着人类历史的进程永远延续下去。从这一意义而言，神话是垂之千古而不朽的。①

① 冯天瑜：《上古神话纵横谈》，上海文艺出版社 1983 年版，第 228 页。

第四章

思想家论智力

　　由于在教师进修学院的工作经历，特别是参与教育改革研究的实践，冯天瑜对教育过程中智力的开发问题产生了浓厚的兴趣。在思考这一问题的过程中，冯天瑜注意到，从先秦诸子到近现代思想家，都对智力问题发表过许多精辟的见解，总结了历代智力培养的经验。冯天瑜认识到，学习前哲的这些论述，并给予科学的评析，对于我们今天开展智力研究是大有裨益的。于是，他在 20 世纪 80 年代初开始搜集相关资料，编撰成《中国思想家论智力》，1983 年由湖北人民出版社出版。2017 年，《中国思想家论智力》的汉语、西班牙语双语版作为"中国文化精品译丛"的一种，由上海外语教育出版社推出，向海外学界介绍中国思想家的智力观。

　　在本书的"前言"中，冯天瑜回顾了中国探讨智力问题的历史，将其分为古代、近现代和当代三个阶段。

　　在古代中国，学术正宗儒家学派走的是"贤人路线"而非"智者路线"。他们的视野集中在社会政治和伦理道德方面，即所谓"修身、齐家、治国、平天下"的一套工夫，智力很少作为一个专门论题加以探究。但是，古代哲人在讲求"修齐治平"之道时，不同程度地顾盼"格物致知"之学，其思辨的触角往往延伸到智力的王国。例如，古代思想家反复论辩的人性善恶问题，本属伦理学范畴，但在探讨过程中，常常由人性善恶的成因，旁及人的智愚成因，这实际上就牵涉到先天素质、后天习染、个人努力诸因素在智力形成中的作用问题。另外，古代思想家关于认识论的丰富思想，包含了对智力结构诸侧面（如注意力、观察力、记忆力、想象力等）的描述。至于古代教育家有关启发式教学、因材施教、适时而教等教学原则的论述，更与智力培养直接相关。因此，尽管中国古代很少有智力研究的专门著述，但在经、史、子、集中仍然蕴藏着智力论的丰富宝藏。

在近代中国，向西方寻求真理的先进中国人，如严复、康有为、梁启超、孙中山等人，十分强调"开智"的重要性。他们意识到，中国要富强，首先要打破民众愚昧无知的局面。这种观念是中国古代重视智力培养传统与西方资产阶级思想启蒙相结合的产物。"五四"新文化运动提倡民主与科学，其中就包含着启迪民智的内容。马克思主义传入中国后，运用唯物史观探究智力问题产生了若干新成果。此外，教育学家、心理学家在介绍西方近代智力论的同时，也对智力问题做了一些试验和研究。对前人的这些工作，都应给予积极评价。

在当代中国，随着社会主义现代化建设事业的发展，人才问题显得十分紧迫，与此直接相关的智力培育问题，也就理所当然地提上议事日程。①

在"前言"中，冯天瑜概述了本书的内容编排结构：

---

① 冯天瑜：《中国思想家论智力》，上海外语教育出版社 2017 年版，第 4 页。

第一部分，总论，包括智力界说、发展智力的重要性、智力发展与德育的关系、智力内部的能力与知识的关系。

第二部分，影响智力形成的诸因素。

第三部分，智力结构诸侧面。

第四部分，智力培养的方法和途径。

第五部分，智力的检验与测验。

每一部分的开头，冯天瑜撰写一段提纲挈领的解说，概述要旨，提炼精华，作为导读。以下为思想家语录，每条都有现代汉语译文，有的还加以简要的注解。

一、在**总论**部分——

关于**"智力的界说"**，冯天瑜论道：中国古代的"智力"界说，散见于群籍之中。先秦时代，"智"与"知"通用，与"愚"相对。荀子在《正名》中给"智"下了定义："所以知之在人者，谓之知；知有所合，谓之智。"古代哲人意识到，智力不仅是一种个人现象，而且是一种社会现象。个人的智力是有限的，必须依赖众人之智，必须顺应历史趋势。这都是很宝贵的观念。①

关于**"开智与强国"**的关系，冯天瑜论道：我国思想家很早就认识到"开智"、育才是国家富强的条件之一。战国时代的《学记》提出"建国君民，教学为先"，近人严复、康有为、梁启超、鲁迅等强烈吁请社会注意，必须"开发民智"，国家民族才能自强，显示了启蒙思想的光耀。②

关于**"智与德"**的关系，冯天瑜论道：智与德是不能截然分开的。我国自西周时代即有德治主义，到先秦儒家更发展为"仁政""王道"学说，将德治主义全面运用于政治、教育领域，智力训练往往被纳入德行

---

① 冯天瑜：《中国思想家论智力》，上海外语教育出版社 2017 年版，第 13 页。
② 同上书，第 24 页。

熏陶的范畴之内。不过，重德主义把"智"归结为"德"的附庸，也失之偏颇。当然，也有思想家已经认识到智对德的能动作用，把智力看作伦理道德所依凭的东西，脱离了智力的发展，德的生长便会失去肥沃的土壤。科学社会主义者对德智关系有新的阐述，提倡又红又专，既反对空头政治家，又反对迷失方向的实干家，为教育工作确立了目标。①

关于**"才能与知识"**的关系，冯天瑜论道：知识不等于能力，能力也不等于知识。知识与能力之间不是简单的正比例关系。古代思想家看到了才能与学问之间既统一又矛盾的辩证关系。唐人刘知幾说，有学问无才能，好比拥有巨额财富却不会经营；有才能而无学问，好比高明的工匠没有工具，无法建造宫室。明人徐光启说，培养刺绣工人，不仅要给他鸳鸯图形，更要教他掌握运用金针的技能。当代生产力和科学技术突飞猛进，只有具备较强的能力，才有掌握、运用、创造新知识的本领，适应这个"知识爆炸"的新纪元。②

二、在**"影响智力形成的诸因素"**部分——

关于**"先天素质与智力的形成"**，冯天瑜论道：人的先天素质是智力形成的自然基础。现代生理学证明，一个人的大脑可以存储 1000 亿个信息单位。因此，人类智力发展的生理潜力是巨大的。墨子、孟子都把智力看作人的器官的本性。荀子提出，具有认识能力的人与客观对象相结合，才会产生知识，活动智慧。王夫之更指出，人的先天认识能力，必须在后天得到发展。③

关于**"后天习染在智力形成中的作用"**，冯天瑜论道：我国思想家在肯定人的生理素质为智力形成提供先决条件的同时，更强调"习染"即环境影响和教育力量对智力发展的决定性作用。无论主张"性善论"的

---

① 冯天瑜：《中国思想家论智力》，上海外语教育出版社 2017 年版，第 35 页。
② 同上书，第 52 页。
③ 同上书，第 59 页。

孟子还是主张"性恶论"的荀子，在这一点上认识是完全一致的。荀子更深入地谈到，人的先天材质区别不大，而之所以出现智力和品性的巨大差异，乃是环境影响、后天教育的结果。正因为如此，我国自古便有"择邻而处""游必就士"这样一类教育原则的实行。强调智力是环境和教育的产物，是可贵的唯物主义观点，但我们也不能忘记，"环境正是由人来改变的，而教育者本人一定是受教育的。环境的改变和人的活动的一致，只能被看作是并合理地理解为革命的实践。"（马克思：《关于费尔巴哈的提纲》）这更深一层的道理，是古代哲人所不可能明确意识到的。①

关于**"好学、敏求与智力的形成发展"**，冯天瑜论道：重视后天学习在智力形成中的作用，是古代思想家共同的认识。孔子虽有"生而知之"的唯心命题，但更多地肯定了"学而知之"。王夫之也说："才以用而日生，思以引而不竭"，深刻揭示了后天学习、锻炼和运用，对人的智力形成发展所起的能动作用。王充认为，所谓"神童"，并非"不学而知"，而是领悟力较强的孩子，"多闻见"，且有"家问室学"，自幼"受纳人言"，这才有"幼成早就"的表现。"神童"如果故步自封，拒绝学习，也会变得平常。"江郎才尽"的故事就是明证。②

关于**"意志、兴趣等非智力因素对智力发展的影响"**，冯天瑜论道：意志和兴趣是两种至关紧要的非智力学习心理条件。意志，是决定达到某种目的而产生的心理状态，是人的意识能动作用的表现。古代哲人把"立志"作为求学的先决条件，肯定意志对人的智力发展的能动作用。兴趣，是积极探究某种事物或进行某种活动的倾向。孔子说："知之者不如好之者，好之者不如乐之者"，便是强调兴趣在求学、获智中的积极功能。梁启超在肯定兴趣对智力发展的重要作用的同时又指出不应"纯用

---

① 冯天瑜：《中国思想家论智力》，上海外语教育出版社 2017 年版，第 68 页。
② 同上书，第 86 页。

趣味引诱",不可陷入趣味主义,这是相当深刻、完备的观点。①

三、在"**智力结构诸侧面**"部分——

关于"**集中注意力与智力形成的关系**",冯天瑜论道:注意力是心理活动指向和集中于一定对象的努力。注意是获得知识的窗口。荀子指出,只有"专心一志,思索孰察",方能"通于神明,参于天地"。古代思想家对于发展注意力的方法也有精彩论述。"虚壹而静"(《荀子·解蔽》),"心到,眼到,口到"(朱熹:《训学斋规》)都是至理名言。他们还十分强调学习的"专一"性,由博返约,由泛览到精读。这对智力发展方向的确定有着重要意义。②

关于"**发展感知力和观察力**",冯天瑜论道:感知—观察能力是智力结构的眼睛。古代思想家提出"多闻""多见"的主张,把闻见等感知活动作为获取知识,形成智力的起点。又主张在感知的基础上,发展有目的、有计划、较深入全面的认识能力——观察力。观察力是由感知向思维的过渡,是智力形成的必不可少的步骤。此外,还须善于借助外力,掌握工具,扩大和加深感知外物的范围。③

关于"**加强记忆力**",冯天瑜论道:记忆是人脑贮藏经历过的事物,并在以后再现。没有记忆,就没有智力的保留和积累。记忆力起着智力系统的信息储存器的作用。遗忘是记忆的敌人,而复习是战胜遗忘,巩固记忆的武器。孔子说"学而时习之",被理解为"学习了还要经常复习",这种约定俗成的用法,已经在历代教育实践中发生了作用。古代思想家还对记忆与理解的关系问题作过探讨。张载认为,对义理缺乏深入理解,就不易记住。梁启超指出,人有"记性"和"悟性","悟性"是

---

① 冯天瑜:《中国思想家论智力》,上海外语教育出版社 2017 年版,第 105 页。
② 同上书,第 120 页。
③ 同上书,第 128 页。

"记性"的基础，反对死记硬背。①

关于**"训练思维能力"**，冯天瑜论道：思维是人的理性认识过程，是在感性认识的基础上，大脑对客观事物间接和概括的反映。思维能力是智力的核心部分，是智力活动的组织者，也是人区别于动物的一个基本特征。"多思""深思""精思"是前哲的谆谆告诫。王充对思维的各种方式有所描述，包括今天所谓的分析、综合、比较、判断、推理等思维过程。王国维描绘求学的三境界，其中潜学深思、衣带渐宽的第二境界，实际上就是紧张的思维阶段，经历了这个阶段，方能柳暗花明，豁然开朗。②

关于**"让想象力张开翅膀飞翔"**，冯天瑜论道：想象，是在感性形象的基础上创造新形象的心理过程。想象能够冲破时间和空间的限制，达到"思接千载""视通万里"的奇妙境界。想象力在社会实践中产生和发展起来，是智力结构得以飞翔的翅膀。想象力的能动作用在古代文学创作活动中得到生动体现。如屈原在《天问》中关于宇宙成因、人类起源、星辰运行等复杂问题的想象描述，就包含着科学观念的萌芽。当然，想象力不仅是文艺创作的需要，也是科学思维和一切创造性思维所必要的。③

关于**"培养创新能力"**，冯天瑜论道：创新能力是智力结构的重要组成部分，创新能力的训练，是智力培养的关键环节。古代思想家认为，培养创新能力的起点，是鼓励大胆质疑，独立思考。他们又认为，只有在接受前人智慧结晶的基础上才能有所创新，这就是所谓"袭故而弥新"。④

---

① 冯天瑜：《中国思想家论智力》，上海外语教育出版社 2017 年版，第 141 页。
② 同上书，第 147 页。
③ 同上书，第 160 页。
④ 同上书，第 165 页。

关于**"锻炼实践能力"**，冯天瑜论道：智力转化为物质力量，有待于实践，而实践能力本身也是智力的一种综合表现。朱熹强调"躬行"，王阳明提出"知行合一"，王夫之还有"行可兼知，而知不可兼行"的卓越见解，指出实践能力包含着认识能力，而具有认识能力不一定就有实践能力。当然，古人所强调的"行"，只限于个人行为，与我们今天说的社会实践不能打等号。人的智力只有在社会实践活动中，才能转化为巨大的物质力量。①

四、在**"智力培养的方法和途径"**部分——

关于**"智力差异与因材施教"**，冯天瑜论道：古代思想家注意到人的智力水平是有差异的，如孔子便以智慧、能力、志向、爱好等方面的区别，对自己的弟子进行了分类。他们还认识到，人的智力有类型之别，在某一领域有很高智慧的人，在别的领域却可能不如普通人。这种分类在教育实践上具有重要意义，"因材施教""量力而教"的原则，正是在这种认识的基础上确立起来的。②

关于**"启发积极思维"**，冯天瑜论道：要使思维能力这个智力的核心部分得到健康发展，调动人的思维的积极性、主动性是关键的一环。我国教育史上源远流长的"启发式"原则，便是在解决这一重大课题中应运而生的。应当指出，古人启发思维的方式是比较粗略、简单的，主要采取相似性联想，类比推理、比喻推理，这属于"原型启发"。较完备、高级的启发方式，应是全面运用分析、归纳、综合、比较等各种思维方式，充分调动信号系统互相传递信息，达到激发人的积极思维的目的。③

关于**"智力培养的阶段性和节奏感"**，冯天瑜论道：人的智力的发生和发展，是随着年龄的增长而变化的。因此，培养人才应当考虑年龄特

---

① 冯天瑜：《中国思想家论智力》，上海外语教育出版社 2017 年版，第 189 页。

② 同上书，第 207 页。

③ 同上书，第 220 页。

征。一般而言，人的学习能力在 10—20 岁之间是高峰，30 岁以前脑力最好，以后逐渐迟钝。有鉴于此，《礼记·学记》提出了"适时而教""不陵节而施"的原则。此外，智力的增长是一个循序渐进的过程，不可能毕其功于一役，孟子曾用"揠苗助长"的故事，说明不能一厢情愿地加快发展过程。①

关于**"师承与智力的传递及发展"**，冯天瑜论道：一个时代的智力水平，绝不仅仅是孤立的个人或孤立时代的产物，而是历代智慧和能力积累、延伸的结果。智力的传承好比是接力赛跑，在此过程中，师生之间的授受、承袭是至关重要的。对于教师在智力传递中的作用，以及如何选择教师，古代思想家有很多精辟论述。更可贵的是，他们还提出，学生对于老师不仅有一个智力的承袭关系，还担负着超越前人已有的智力水平的责任。这便是孔子说的"当仁不让于师"（《论语·卫灵公》），荀子说的"青取之于蓝而青于蓝"（《荀子·劝学》）。②

五、在**"智力的检验与测验"**部分，冯天瑜论道：中国思想家很早就注意到智力检验问题。孔子常常用观察法、谈话法、调查法来判断弟子的智力水平和心理差异。韩非指出，应当通过实践效果来检验人的愚智。我国古代的七巧板测智法，早于世界上任何测定智力的机巧板。③

45

---

① 冯天瑜：《中国思想家论智力》，上海外语教育出版社 2017 年版，第 227 页。
② 同上书，第 238 页。
③ 同上书，第 257 页。

第五章

文化史研究的报春花

　　1986 年，冯天瑜与周积明合作，完成了《中国古文化的奥秘》(以下简称《奥秘》)，由湖北人民出版社推出。《奥秘》篇幅精炼，构思精巧，文字精美，问世之后，社会反响极为热烈。它宛如一株摇曳多姿的报春花，预示着沉寂多年之后，文化史研究繁花似锦的春天即将到来。

　　《奥秘》由"溯源篇"和"鸟瞰篇"组成。

　　"溯源篇"界定，中国古代文化与印度、希腊、罗马、阿拉伯古代文化相并列，同为世界文化史上富有特色的、影响巨大的文化系统，是今日中国文化之根。中国古文化不仅陈列在博物馆、蕴蓄在线装书里，更活跃在我们的现实生活中。中国文化的优良传统，诸如爱国主义精神、民本主义思想、经世致用的学术风格、无神论倾向等，曾经是并将继续是我们民族奋进不已的精神动力；而宗法观念、等级思想、义利对立、缺乏严密实证精神等弊端，长期以来纠缠着中国人，成为阻碍我们民族的沉重负担。冯天瑜强调，我们只有较深入地了解祖国悠久的文化传统，才能更真切地热爱自己的祖国、改造自己的祖国，使爱国主义升华到理性的高度。①

关于中国文化的生成机制，冯天瑜指出：其一，中国文化的来源是多元、多根系的。考古发现证明，我国旧石器时代的遗址分布在24个省市，新石器时代的遗址有6000多个，遍布全国各地。生活在中原地区的华夏民族在发展壮大的过程中，与周边少数民族彼此交往、相互融会，不断吸收新鲜血液，历数千年，方构成今日内容广博、气象恢宏的中国文化。其二，中国文化不仅在内部各族文化的相互融汇、相互渗透中得到发展，而且在与外部世界的接触中，先后吸收了中亚游牧文化、波斯文化、印度佛教文化、阿拉伯文化、欧洲文化。中国文化系统或以外来文化作补充，或以外来文化作复壮剂，使整个机体保持旺盛的生命力。冯天瑜强调，中国古文化从形成、壮大到晚期陷入停滞，又在近代历经磨难后终于获得新生命的漫长历程，深刻表明文化财富是不分国界的。没有交流的文化系统是没有生命力的静态系统，断绝与外来文化信息交流的民族不可能是朝气蓬勃的民族。今天，中华民族再次敞开国门，站在古今中西文化的汇合点上。抚今追昔，可以策励我们以更加开放的胸襟，大智大勇地走向世界，走向未来。②

"溯源篇"里的"中国文化的'土壤分析'"一章中，冯天瑜提出，半封闭的温带大陆大河环境、农业型的自然经济、家国一体的宗法社会三者构成中国古文化植根的土壤。这实际上就是他日后创立"文化生态"说的最初雏形。③

从学理上讲，中国文化史研究的核心任务是认识与把握中国文化特质。在《奥秘》中，冯天瑜提出，农业—宗法社会养育出来的中国文化，

---

① 冯天瑜、周积明：《中国古文化的奥秘》，湖北人民出版社1986年版，第20页。
② 同上书，第45页。
③ 同上书，第46—72页。

是一个以伦理意识为中心的系统。它的特质主要包括：

其一，道德学说成为维系社会秩序的精神支柱和各类观念的出发点、归结点。中国文化的道德型特色具有双重意义。从积极一面讲，它是鼓舞人们自觉维护正义、忠于民族国家的精神力量；从消极一面讲，它又有精神虐杀的效能，等级关系的伦理化、凝固化，成为卑贱者的枷锁。

其二，宗法社会提供了强大的传统力量，伦理学居于文化的核心部位又大大强化了文化的凝聚力，因此，中国文化表现出顽强的再生力与无与伦比的延续性。

其三，从历史发展脉络看，中国经历了由先秦时代的文化"多元化"到秦汉以后文化"大一统"的演进过程。

其四，中国的伦理道德观念所概括的主要是世俗社会人际关系的规范，并没有与宗教意识相混淆，而与政治学说相依存。这与欧洲的情形大相径庭。在中国，入世思想构成社会主导心理，从而避免了全民族的宗教迷狂。

其五，中国文化对人伦政治的高度关注，形成政治型文化，限制了自然哲学和科学技术的发展。

其六，中国文化在思维方式上的特点是趋于寻求对立面的统一，长于综合而短于分析。具体表现为朴素的整体观念，注重直觉体悟。这既反映了宏观把握世界的慧眼独具，也表明在科学实证精神和数量分析方面存在的缺陷。[1]

《奥秘》的"鸟瞰篇"分若干部类，铺陈了中国古文化的灿烂光华。

关于文字和书籍，冯天瑜认为，文字的发明和书籍的产生，是文化进程中具有深远意义的两大进步。经过结绳记事、刻木记事、图画记事

---

[1] 冯天瑜、周积明：《中国古文化的奥秘》，湖北人民出版社1986年版，第74—118页。

等方法，随着一些符号的反复使用及记事经验的积累，文字终于孕育而生。非拼音文字的方块汉字，是中国文化的一大特色。中国文字以形知意，"触目会心"，给人以强烈的直观刺激，这一特点对造就重直觉、重整体的传统思维方式有一定影响。随着文字产生，中华先民开始用各种材料、各种工具来记录人物、事件及思想活动。于是，书籍出现了。从书籍的材质看，中国古代书籍先后有甲骨的书、青铜的书、石头的书、竹木的书、丝帛的书和纸质的书。西汉年间纸的发明，极大地促进了图书事业的长足发展。公元 8 世纪前后，雕版印刷术的发明使书籍形式更加精美。冯天瑜特别强调，中国是世界上文化典籍最丰富的国家。以种类统计，历朝出书计 18 万余种。以史部文献为例，梁启超曾估计总量当在 10 万卷开外。巨型类书、丛书的修纂是古代文化事业的重要内容。类书是分类汇编各种资料以供检查的工具书，以明代《永乐大典》为代表，堪称中国文化的百科全书。丛书广泛网罗散佚书籍，将多种著作整部地编印在一起，对于保存文化遗产具有重要意义，以清代《四库全书》为代表，收集著录之书 3503 种，79337 卷；仅有提要而未录其书的 6819 种。《四库全书》997000000 字，是 18 世纪中叶法国狄德罗主编《百科全书》的 44 倍。①

关于中国古代科技、冯天瑜认为其特点一是具有强烈的实用性，二是经验色彩浓厚。指南针、造纸术、火药和活字印刷，是中华民族奉献给世界的伟大技术成果。古代数学对世界文化的重大贡献首推"十进位值制记数法"。在圆周率研究领域，古代数学家成果斐然。南北朝的祖冲之应用割圆术，推算出圆周率在 3.1415926 与 3.1415927 之间，领先欧洲 1000 多年。在天文学和地学方面，古代中国也有精彩表现，包括世界上

---

① 冯天瑜、周积明：《中国古文化的奥秘》，湖北人民出版社 1986 年版，第 124—137 页。

最早的太阳黑子记录、彗星记录和丰富的地震记录。元代郭守敬创制的《授时历》，以365.2425天为一年，与地球绕太阳公转一周的实际时间只差26秒。作为传统农业大国，古代中国的农业科技成就辉煌。2000年前就有大型水利工程都江堰、郑国渠、灵渠的修建。考古发掘表明，水稻种植已有约6700年历史。中国还是世界上最早饲养家蚕、织造丝绸和种植茶树的国家。独具民族特色的中医中药学理论，强调人体生理功能与自然环境的统一，注重人体生理机能的整体性和疾病过程的整体性，进行"阴、阳、表、里、寒、热、虚、实"的"八纲"综合辨证施治。当然传统中医学也有缺陷，其基本原理阴阳五行说缺乏实证基础，其含糊性与神秘性容易将治疗导入歧途。①

关于高峰迭起的文学，冯天瑜依次简述了神奇瑰丽的上古神话、"文之枢纽"——《诗经》、"炳曜垂文"的先秦散文、南中国的奇葩——《楚辞》、"铺彩摛文"的汉赋、风骨刚健的建安诗歌、光华万丈的唐诗、精彩纷呈的宋词、瑰丽璀璨的元曲和"极摹人情世态之歧"的明清小说。冯天瑜归纳道：数千年间，一种文学样式由盛而衰，另一种文学样式又由隐而显，此伏彼起，高峰迭见。这在世界文学史上可以说是绝无仅有的奇观。②

关于异彩纷呈的艺术，冯天瑜指出，中国哲学的精神是天人合一，追求人与自然的和谐统一，由此派生出中国艺术的独有特色。中国山水画注重人与环境的和谐共处；中国园林讲究借山水之景，中国书画强调"气韵""意境"，凸显的都是人与自然融为一体的美学意蕴。中华民族实践理性的心理特征体现在艺术上，便是追求情理交融，肯定神似而非模拟。儒家积极入世的精神渗透到艺术中，所以讲究"风骨"劲健。中国

---

① 冯天瑜、周积明：《中国古文化的奥秘》，湖北人民出版社1986年版，第148—198页。

② 同上书，第203—270页。

艺术的这些民族风格，体现在书法、绘画、雕塑、园林等艺术部类中，在社会生活的沃土上开出绚烂的花朵。①

关于传承不辍的史学，冯天瑜指出，《尚书》和《春秋》的出现，表明2400多年前，史学已作为一门独立学问卓然屹立于文化之林。冯天瑜分四个序列，整理了古代史学的辉煌成就。一是从《春秋》到《正续通鉴》——贯通古今的编年史；二是从《史记》到《清史稿》——列朝相承的纪传体史书；三是从《通鉴纪事本末》到《清史纪事本末》——以事为纲、按类编纂的纪事本末体史书；四是"十通"与"会要"——典章制度的渊薮。中国古代史学成果丰硕。《四库全书总目》所列史部典籍，包括存目在内，合计2714部，3700多卷。分为15个子目，极为丰富多彩。此外，经部、子部、集部典籍也有珍贵史料价值。冯天瑜强调，中国史学具有强烈的政治色彩，首先表现在考论得失、惩恶劝善的资政性上。在重伦理、重道德的文化传统熏陶下，史书以立德为先，着意褒扬德行优良的典型人物，同时史家也极为重视知识道德和自身品行修养。另一方面，农业社会的务实精神也给中国古代史学打下深深烙印。精于微观考据，欠缺宏观考察和理论探讨，不利于抽象思维的发展，又成为古代史学的一大缺陷。②

关于独具特色的哲学思维，冯天瑜揭示：殷周阴阳哲学—先秦诸子哲学—两汉神学—魏晋玄学—隋唐佛学—宋明理学，构成了中华民族哲学思维发展的历史主潮。在中国古代哲学中，我们可以触摸到民族思想的脉搏，探寻到民族思维的如下特色：

其一，发达的辩证思维。

中国哲学辩证思维早熟、丰富且深刻。殷周之际的原始五行说、阴

① 冯天瑜、周积明：《中国古文化的奥秘》，湖北人民出版社1986年版，第271—321页。

② 同上书，第322—351页。

阳说便透露出自发辩证倾向。水、火、木、金、土五种物质既相生，又相克。《易经》承认事物的矛盾对立，用变易思想看待事物的发展变化，还根据对自然界变迁和人类生活经验的总结，提出矛盾转化思想。在宋明理学中，整体和过程观点更明确。二程兄弟、朱熹以"理""太极"把天地万物统一起来，认为"天地之化，往者过，来者续，无一者之息。"（《论语集注·子罕》）当然，中国古代的辩证法也存在缺陷，没有自觉地把辩证法应用于认识论，特别是应用于概念的辩证本性的分析，因此中国极少出现柏拉图、苏格拉底、康德、黑格尔那样的哲学家。

其二，哲学伦理化。

中国哲学的伦理化首先表现在将"天"伦理化、人格化，天德对于世俗人事具有绝对性的影响。其次是社会生活的伦理化、道德化。讨论社会政治问题，无不以道德作为衡量的标尺。对人的价值的认定，更以伦理原则为绝对尺度。探讨知行关系，偏重道德实践，强调克己、修身。人性论更以伦理道德观作为讨论的起点。重血缘家族、重宗族社会，中国哲学的伦理化特色，长期支配国人的意识形态。这一文化传统使我们更多地享受了人间的温情，同时又压抑了人的自主性、独立性的发挥。

其三，鲜明的无神论倾向。

与欧洲中世纪不同，中国哲学独立于宗教之外而发展。殷周时期，鬼神迷信和敬天崇祖思想一度蔓延，但在春秋时代便失去权威，受到批判。郑国的子产提出"天道远，人道迩"，包含朴素唯物主义思想萌芽。孔子对鬼神取"存而不论"的态度，具有启发蒙昧的作用。东汉王充提出"气须形而知"，是战斗无神论传统的奠基人。南朝的范缜在著名的《神灭论》中论证"形神相即不离"，是典型的唯物主义形神一元论。范缜以后，柳宗元、刘禹锡、张载、王夫之等思想家也站在唯物主义立场上，坚持反对有神论，延续了中国哲学史的优良传统。

在《奥秘》全书的"结语"部分，冯天瑜梳理了中国近代文化从挫折中崛起的思想历程。中华民族以往数千年中，贡献过震惊全世界的文化，又没有在近代的挫折中甘于沉沦，而是顽强地摸索重新崛起的路径。冯天瑜预期，有着如此雄健生命活力的中华民族，一旦赢得新的生产力提供的丰厚土壤，并在科学世界观阳光雨露的滋润下，一定可以创造出无愧于古人，无愧于当下的新文化。①

与《中国古文化的奥秘》同样可视为文化史研究报春花的，还有冯天瑜与周积明合作的《从殷墟到紫禁城——中国七大古都》(以下简称《七大古都》)。这是电视系列片《中国七大古都》的文字脚本。1989年8月由武汉出版社推出。电视片由西安电视台拍摄，播出后大受欢迎。

从内容上看，《七大古都》其实就是以古代都城发展为演进线索的中国古代文化史。因为是电视片脚本，《七大古都》分为18集。依次讲述安阳殷墟、两周京邑、秦都咸阳、前汉长安、后汉雒阳、魏唐洛阳、六朝金陵、隋唐长安、北宋东京（上、下）、南宋临安（上、下）、金元帝都、明初南京、明清北京（上、中、下）和民国南京的盛衰兴亡，并以此观照中华文化跌宕起伏、浩荡奔流的壮阔历程。

冯天瑜写道：清光绪二十五年（1899年），一个非常偶然的机遇，在京城的国子监祭酒王懿荣发现，中药"龙骨"上有人为刻画的符号。他推测这应是一种古文字。王懿荣的推测得到罗振玉、王国维等专家的论证。震惊世界的甲骨文字就此发现。"龙骨"来自河南安阳。专家来到此地发掘，希望找到更多的甲骨文字资料。不意有了更大的收获——安阳殷墟这个古老王朝都城遗址，抖落历史风尘，展现在世人面前。②

安阳殷墟，是目前学术界公认的，全面发现宫殿基址、文字和青铜器的中国第一个古都。冯天瑜注意到：作为国家机器表征的监狱——羑

---

① 冯天瑜、周积明：《中国古文化的奥秘》，湖北人民出版社1986年版，第384页。
② 冯天瑜、周积明：《从殷墟到紫禁城——中国七大古都》，武汉出版社1989年版，第9页。

里城在殷墟出现。暴虐的纣王在这里囚禁周族领袖姬昌（即周文王）七年，但终究阻止不了朝气蓬勃的周人取殷而代之，建立新的王朝。①

关中平原是周人的生聚之地。这里黄壤千里，沃野弥望。周人在这里建立起自己的**都城丰镐**。冯天瑜指出，丰镐固然繁荣，但在周朝的疆域内似乎太偏于西方。雄才大略的周武王目光向东，注意到黄河中游的伊洛盆地，规划在这里建立第二都城，以居中驾驭天下。武王未及完成这一规划就去世了。他的弟弟、辅佐成王的周公旦继承了他的遗志。周公旦来到洛水畔，占卜方位，设计图样。在他的督促下，洛邑在今洛阳市洛水北岸建成。②

洛邑又称为"成周"，与称作"宗周"的丰镐相对应。冯天瑜特别提示：洛邑在东，丰镐在西。连接二者，我们可以看到一条清晰的东西轴线。它把伊洛盆地和关中平原通过函谷关、潼关联系起来，形成统治全国的政治枢纽和把握全国经济命脉的轴心。这种东西二京制的格局，自西周开始，一直延续至唐。这表明在周秦汉唐历史时段内，东西走向的黄河中游谷地是中国的核心地带，支配着中国的政治、经济和文化。③

在西周时代，洛邑只是"陪都"。公元前770年，周平王为避犬戎，由旧都丰镐东迁，洛阳就此成为以后500年间周王朝的正式国都，史称东周。它是建都于洛阳的9个王朝的端绪。

冯天瑜注意到，公元前518年，30多岁的孔子从千里之外的曲阜来到洛邑。周人礼文化的伦理精神深深感染了年轻的思想家，他仰慕周人的"郁郁乎文哉"，作出"吾从周"的毕生文化抉择。在传说中，孔子在洛邑曾向老子问学。"孔子入周问礼碑"便是后人为纪念两大哲人洛邑会

---

① 冯天瑜、周积明：《从殷墟到紫禁城——中国七大古都》，武汉出版社1989年版，第15页。

② 同上书，第18页。

③ 同上书，第19页。

面而刻立的。冯天瑜指出，无论这一说法是否确切，它所体现的儒道互补、文化融合，深刻影响了中国思想文化的两千年进程。[1]

周人退出关中平原之后，兴起于渭水上游的秦人成为这里的主人。公元前350年，在商鞅的规划下，秦人将国都从栎阳迁往咸阳。

商鞅变法给**秦都咸阳**的社会生活带来深刻变化，增强了国力、军力。秦国跻身于战国七雄的行列，秦都咸阳也随之成为公元前4世纪至前3世纪生命力最强劲旺盛的城市。关中沃土和咸阳风雨养育了一代雄杰嬴政。始皇帝气象阔大，咸阳也因而染上豪宕之气。在吞并列国的战争中，每灭一国，就仿效其建筑形式，建宫殿于咸阳北坡。六国宫殿组成庞大辉煌的建筑群，洋溢着战胜群雄的秦帝国的博大气象。秦始皇好大喜功，横征暴敛。修建骊山陵墓和阿房宫征用人力70万，北筑长城征用40万，对外用兵动辄数十万。冯天瑜指出：以一人意志支配千万双手臂，正是东方专制主义特有的强暴专横。

楚汉战争结束了秦帝国短暂的苦难辉煌。秦都咸阳被项羽焚毁殆尽。胜利者刘邦只得暂住栎阳，在今天的西安未央区一带建设起**汉朝的首都——长安**。

长安城面积36平方公里，是同期欧洲最大都城罗马的四倍。它有12座城门，每面3座。城门与城内干道相通。这些大街笔直宽广，可容12辆车并行。宫殿、武库、衙署等皇家机构占去全城面积的十分之九，居民区只占十分之一。冯天瑜注意到，长安是一个繁盛的城市，有约8万户籍，40万左右人口。这里有中国第一所国立大学——太学。石渠、天禄二阁，书积如山。

前汉末年，王莽篡夺国权，引发社会动乱。南阳豪强刘秀力克群雄，建立起一统新朝，仍名为"汉"，以示否定王莽政权而承继前汉国祚。刘

---

[1] 冯天瑜、周积明：《从殷墟到紫禁城——中国七大古都》，武汉出版社1989年版，第26页。

秀起兵中原，关东是他的龙兴之地。长安城已在战乱中破败残敝，因此刘秀决定定都洛阳。冯天瑜特别揭示，依据中国传统的阴阳五行说，"汉"属火行，火忌水。刘秀将"洛阳"之"洛"去掉水旁，右边加上"佳"，于是"洛阳"变为"雒阳"。①

雒阳故城在今洛阳东郊白马寺东，与早先西周的成周位置大致相当。东西六里，南北九里。宫城占去全城面积的三分之一，再加上皇家苑囿，贵族园宅，以致大部分居民只有住在城外郊区。雒阳建有国家天文台——灵台。

东汉末年以后的分裂与混战中，洛阳几度废毁，几度重建。从 220 年魏文帝曹丕从邺城迁都雒阳，并改"雒"为"洛"，到 312 年晋室南迁，洛阳相继为魏晋帝都。冯天瑜注意到，**曹魏洛阳**具有鲜明战时首都的特色，城墙加厚至 25 米到 30 米。西北角修建的金墉城，是一座坚固的军事堡垒，据全城制高点，人称"洛阳垒"。②

西晋建立后，在汉魏旧城的基础上重建洛阳。城内商业繁盛起来，有金市、马市和羊市。5 世纪中叶，崛起漠北的拓跋鲜卑统一北中国，史称北魏。493 年，北魏孝文帝以南征为名，将都城从今山西大同迁到洛阳。冯天瑜强调，这不是一般的都城迁徙，而是具有重大文化转型意义的历史举动。它既显示了北魏政权为中国正朔所在，又有利于加速对汉文化的吸收。魏孝文帝迁都洛阳，改变了拓跋鲜卑的生活方式，推动了洛阳的再次繁盛。

北魏洛阳城沿用东汉魏晋旧址，南北向的全城中轴线街道铜驼街，宽达 42 米，东西两侧分布着公署、宗庙、佛寺和贵族住宅区。谷水、阳渠水将洛阳内城环抱起来，内城之外是外郭城。外郭城内，坊里规整，每一坊里都是一个四面开门的小方城。

---

① 冯天瑜、周积明：《从殷墟到紫禁城——中国七大古都》，武汉出版社 1989 年版，第 44 页。
② 同上书，第 54 页。

隋唐两代，都曾以洛阳为都城。这与隋炀帝时期开掘南北运河有直接关系。运河修成后，自洛阳西到长安，南达杭州，北抵涿郡，东至海滨，水路运输畅通无阻。

西晋灭亡后，皇族司马睿南渡长江，立都建康（今南京），建立起偏安江左的东晋政权，开启了**六朝金陵**的都城史。冯天瑜揭示，相传楚国灭掉越国，在越地今南京石头山后筑起城池。为了镇压"王气"，楚威王在钟山和幕府山下埋金镇地，所建城池因此取名金陵邑。南京别称金陵，出典于此。212 年，孙权在此筑城，命名建业，作为吴国国都，与魏国的洛阳、蜀国的成都并为天下三大政治中心。吴后主孙皓一度将都城迁往武昌，但在朝野强烈反对下，不得不在一年后还都建业。"宁饮建业水，不食武昌鱼"，表明吴人对金陵的热切情感。①

从 4 世纪到 6 世纪末叶，金陵相继成为东晋与南朝的宋、齐、梁、陈的王都，连同此前的孙吴，总称六朝。300 多年间，金陵迅速发展，建康宫拥有 3500 多间殿宇，秦淮河两岸，商业繁盛，市屋栉比。隋帝国统一南北后，隋文帝杨坚下令将建康城邑宫阙荡平耕垦，以消灭六朝士大夫的生存基地。"六代豪华春去也，更无消息"。与此同时，西北长安重新成为古都历史的主角。冯天瑜论道：300 多年的隋唐帝国是当时世界上最强盛的国家。壮阔的时代精神在首都长安城得到充分体现。②

隋唐长安城的总体设计者是隋朝贵族宇文恺。他总结前代都城建设的得失经验，利用 6 条丘陵的自然特点，构思总体规划，奠定了唐代长安的基础。隋唐长安城分为外郭城、皇城和宫城三部分。巍峨的宫殿建筑于龙首原高地，皇宫更显威势逼人。随地势高下，长安城内建筑依住宅主人身份等级依次展开：皇宫最高，政府机关次之，寺观和官僚住宅

① 冯天瑜、周积明：《从殷墟到紫禁城——中国七大古都》，武汉出版社 1989 年版，第 67 页。

② 同上书，第 75 页。

又次之，一般居民处最下层。

冯天瑜特别强调，盛大的朝代，成熟的文化，将唐代长安造就成世界文明的一大中心。来自亚洲各国、远至波斯、大食（阿拉伯）的外国人侨居长安，数以万计。70多个国家的使节驻扎长安。来自东亚各国的留学生、学问僧求学于太学和国子监。一批又一批的"遣隋使""遣唐使"从日本渡海而来，学习中国文化。7世纪中叶，日本发生"大化改新"，改新以唐代制度、文化为楷模，策划者就是长安归来的留学生。兴建的长冈、平安等多座城市，完全是长安城的翻版。①

爆发于755年的"安史之乱"，给唐帝国致命一击。长安在天下大乱中趋于毁灭。冯天瑜指出，随着中国经济重心由西向东、由北向南转移，又由于农耕文明与游牧文明交会的重点部位由长城西段转向东段，偏处西北的关中不再是天下的腹心所在，由此完成了其作为国都所在地的历史使命。

当壮丽的长安化为一片废墟之时，地处豫东平原、北临黄河的开封，崛起为北中国的重心所在。五代十国期间，开封相继成为后梁、后晋、后汉、后周的都城。冯天瑜注意到：这是一个明白无误的信号——中国古都的重心已经从西向东移动。此后，中国再也没有在北京—开封—南京这条线以西建立过首都。②

周世宗柴荣，亲自规划和指挥了开封城的建设。他征调约10万民夫，从虎牢关运来黄土，版筑起周长48里的罗城，奠定了北宋开封城的基础。他还指令官员，对城内的街巷、军营、仓场、官府机构作出统一规划安排。960年，赵匡胤在开封东北10公里的陈桥驿发动兵变，黄袍加身，建立宋朝。赵匡胤行伍出身，深知立都城于无险可守的**东京开**

① 冯天瑜、周积明：《从殷墟到紫禁城——中国七大古都》，武汉出版社1989年版，第86页。

② 同上书，第90页。

封并不安全，所以决定驻扎数以十万计的禁军以拱卫京师。东京城分三重：外城、里城和宫城。外城十分坚固，墙高 4 丈，墙上又有矮墙 7 尺，设有各种防御工事，每隔 200 步，置一防城库，贮藏防守兵器。东京城内，居住了约 136 万人口。国子学、太学、武学、医学、算学等各类学校生气勃勃。瓦舍勾栏空前活跃，各种戏剧、曲艺样式吸引着市民趋之如潮。

1127 年，强弓劲弩的女真人攻陷东京，北宋王朝灰飞烟灭。康王赵构在商丘宣布登基，建立南宋。在金兵的追逼下，赵构逃到杭州，改州名为临安府。在五代吴越国都城的基础上，南宋王朝开始**首都临安**的建设。

赵构在吴越子城的宫址上建起皇城，极尽奢华，城门巍峨壮丽。皇城禁苑的景观模拟西湖美景，亭榭之华，绝无仅有。临安商业繁盛，夜市喧哗。酒楼歌馆通宵买卖，交晓不绝。同时，出现了流通于中国市场上的纸币——会子。这意味着商品经济和货币流通达到新的水平。冯天瑜认为，南宋是一个审美情趣纤细、文化心理内敛的时代。时代审美意识的变化，造就了精巧、工致的南宋山水画。柔美的西湖山水也在这样的时代氛围中进一步人文化。诗人范成大由衷赞叹"天上天堂，地下苏杭"，更使这里名扬天下。冯天瑜痛切指陈，在歌舞升平、灯红酒绿之中，南宋君臣乐不思汴了，只有以天下为己任的士子们忧心如焚。直到成吉思汗孙辈的铁骑踏过天堑长江，临安城挂出降旗，南宋最终灭亡。①

我们检阅古都的目光，重新转向北方。

12 世纪，当南宋王朝偏安东南一隅，女真人建立的金朝在华北平原西北边缘的古幽州，即今天的北京一带，建立起他们的政治中心——

---

① 冯天瑜、周积明：《从殷墟到紫禁城——中国七大古都》，武汉出版社 1989 年版，第 122 页。

中都。冯天瑜指出，女真人虽以半农半牧民族征服中国北部，却不得不沿袭中原固有的社会组织方式和文化传统。金中都的建筑就是"征服者被征服"的生动例证。汉族士大夫主持了金中都的设计和施工。金主完颜亮特令画工到东京开封摹写都城规划并按图施工。扼守京城咽喉要道的卢沟桥，也是金代建筑。"卢沟晓月"自金代即为"燕京八景"之一。

13 世纪，成吉思汗的矮脚蒙古马横扫欧亚大陆。1260 年，成吉思汗的孙子忽必烈夺得大汗之位。1271 年，他取《易经》"大哉乾元"之义，建国号为"大元"，又听取汉族谋士的意见，将政治中心从漠北的和林转移到南控江淮、北连朔漠的燕京。规模宏大的新京城在原来金中都附近矗立起来。忽必烈将其命名为"大都"。

元大都夯土筑城，设城门 11 座。设计者刘秉忠既是和尚，又精通儒家和道教典籍。三教合一的建筑师使大都城具有几分道教神仙的韵味。大都城呈棋盘式布局，中轴线的延伸十分清晰。皇城位于城南，祭祀祖先的太庙和祭祀土神、谷神的社稷坛位于皇城东西两侧。意大利旅行家马可·波罗来到大都，对精巧美观的城市布局赞不绝口，对繁盛的市容面貌感到震惊。《马可·波罗行纪》用梦幻般的语言，向西方人介绍了神秘的东方巨城。冯天瑜强调：长安——汴京——中都——大都，展现了中国历史的起伏跌宕。中国古都击碎后又修整，死而复生，不像欧洲的查理曼帝国、阿拉伯倭马亚王朝和土耳其奥斯曼帝国，分崩离析之后，再也无从恢复昔日的规模和荣光。

14 世纪中叶，出身草莽的朱元璋建立明朝。关于都城选址，朱元璋颇费踌躇。金陵的王气、富饶和形胜，促使朱元璋最终决定，以南京为京师。这是南京第一次成为全国性统一政权的都城。

南京是 14 世纪世界第一大城，周长 33.67 公里，把六朝的建康城、石头城和南唐的金陵城统统包含在内，并向东、北扩展，依山临江，气势雄伟。明代南京皇城、宫城的布局，为其后的北京紫禁城所继承。冯天瑜指出，朱元璋或许没有意识到，定都南京的抉择实际暗合中国自唐宋以来经济、文化重心南移的大势。但是，朱元璋的抉择仍有不甚周到之处。这是因为，唐宋以后的中国，军事、政治重心仍在北方。南京虽有财赋之源，但不利于从政治—军事上制衡全国，因此并非适宜的国都。这一切，恰恰成为朱元璋身后子孙争斗、朱棣迁都北京的隐秘动因。①

朱元璋的第四子朱棣，以藩王之身在时称北平府的幽燕之地经营多年，积蓄力量，发动"靖难之役"，夺取皇位。朱棣深知北平为兵家必争之地。若迁都北平，改"诸王戍边"为"天子戍边"，既可以威震长城以北蒙古人的进袭，也可防止藩王势力坐大，窃据边关。于是，朱棣刚刚在南京紫禁城登基，就宣布升北平为北京，这是"**北京**"一名之始。永乐十九年（1421年），明朝正式迁都北京。17世纪中叶，明灭清兴。来自东北的满族权贵，为了适应统治多民族国家的要求，依然定都北京。因为这里恰恰是中原的入口，且与爱新觉罗家族的龙兴之地——白山黑水近在咫尺。冯天瑜强调，明清500多年间的经营，奠定了今日北京城的基本规模。明清两代的文明精魂也凝聚于北京城的金碧辉煌之中。②

明清北京，最为震撼人心的无疑首推巍峨壮丽的紫禁城。从高空鸟瞰紫禁城，它雄踞北京中心，一条笔直的中轴线，从外城的永定门向北穿过内城的正阳门、紫禁城正中心和景山中峰，直抵城北的鼓楼和钟楼。紫禁城内的三大殿，象征着最高权力所在。北京城内的天坛、地坛、日坛、月坛，是明清帝王祭祀诸神的处所。冯天瑜强调，明清北京不仅是政治中心，而且是社会生活丰富多彩的繁华都市。今日"京味"十足的

---

①　冯天瑜、周积明：《从殷墟到紫禁城——中国七大古都》，武汉出版社1989年版，第137页。

②　同上书，第150页。

街道、集市、娱乐场所，如大栅栏、灯市大街、什刹海、琉璃厂等处，便是自明清时期传袭下来的。北京的四合院，包蕴着丰厚的文化内涵。封闭的合院配置，产生一种向心、凝聚的空间感。房间的位序，主次分明，体现了中国家庭制度特有的尊卑礼制轨范。①

明清时代是中国君主专制制度的尾声。冯天瑜注意到，京郊卧佛寺附近简陋的茅舍里，没落的汉军八旗子弟曹雪芹竭尽心血撰著《红楼梦》，为旧时代唱响了幽怨的挽歌。20世纪初叶，北京依然处在方生与未死之间，一再成为新生与腐朽搏击、决斗的场所。1919年5月4日，天安门广场上青年学生的呐喊，鸣奏起新北京的晨钟。②

1911年10月10日，武昌首义敲响了清帝国及整个专制帝制的丧钟。1912年元旦，孙中山抵达南京。狮子山炮台鸣礼炮108响。孙中山庄严宣告：中华民国临时政府成立。古城**南京**成为中国第一个非帝制的**共和首都**但南京作为民国临时首都仅一百余天。

南京东郊钟山山麓建有中山陵。冯天瑜强调：无论是长安的茂陵、昭陵和乾陵，还是南京的孝陵，北京的明十三陵和清东陵，着力体现的都是帝王的无上威仪，而中山陵却在气势雄伟中蕴含着安宁祥和。它以"铎"为形制，呈自由钟形式永久昭示人们：

革命尚未成功，同志仍需努力。③

---

① 冯天瑜、周积明：《从殷墟到紫禁城——中国七大古都》，武汉出版社1989年版，第171页。

② 同上书，第176页。

③ 同上书，第184页。

第六章

新中国第一部文化通史

1987 年初夏，冯天瑜应邀赴上海，参加在华东师范大学举行的国际王国维学术研讨会，笔者也随同前往。会议期间的某日晚上，上海人民出版社编辑王有为、胡小静二君来访，目的是邀约冯天瑜撰写一部通史性中国文化史。交谈良久，冯天瑜一再推辞，表示自己功力未逮，研究不够。王、胡二君紧追不舍，第二天又搬来出版社总编，恳切陈词。加之我们这些学生在旁边极力怂恿，冯天瑜才答应一试。

第二天，会务组安排全体代表赴浙江海宁，参观王国维故居，顺便观赏天下闻名的钱塘大潮。上海到海宁距离百余公里，汽车需跑一上午。笔者坐在后排，一路上，但见先生于颠簸之中，埋首思索，手不停书。中午时分，众人伫立堤岸，静候大潮到来。冯天瑜悄然递过稿纸数张，翻开一看，千余言的中华文化史写作构想已历历在目。正当此时，钱塘大潮奔腾而至，山呼海啸，壮观至极。笔者在惊叹大自然壮阔奇观的同时，也不禁为先生奔涌的才情与只争朝夕的敬业精神所深深感动。

回汉以后，考虑到文化通史篇幅较大，为争取在不太长的时间内完成写作，冯天瑜邀约笔者和周积明（笔者大学同班同学）参加，指导我们共同完成此书。"三位作者通力协作，每获切磋之乐"①。在共同商定全书宗旨、结构的基础上分工撰写。题记、导论、上编中华文化生态四章和结语由冯天瑜执笔，下编中华文化历程十二章由何晓明、周积明分别执笔。

1989 年底，经过近两年半的艰苦写作，90 万余言的《中华文化史》完稿。当时没有电脑写作，更没有电子邮箱，人工誊写的书稿塞满一个小旅行箱。为了避免邮寄失落或损坏的危险，书稿由笔者携带，专程乘船送到上海，交到王有为、胡小静二位手中。出版社以最快速度完成审稿后，冯天瑜又于 1990 年 3 月赴上海，住在出版社位于建国西路的招待所，根据审稿意见，修改完善，最终定稿。

此时，冯天瑜正经历非常艰难的处境。湖北大学徐章煌校长慨然担当，施以援手，助成《中华文化史》顺利问世。对此，冯天瑜在全书"题记"中特书一笔，以示深切感念。

1990 年 8 月，《中华文化史》出版。作为新中国第一部文化通史，《中华文化史》出版后，受到学界的称赞和读者的热烈欢迎，供不应求，一再重印，多次再版，至今已三十余年，仍然是上海人民出版社的长销书。台湾桂冠图书公司也出版了繁体字版，在宝岛发行。

《中华文化史》的内容，丰富且精彩。

在全书"题记"中，冯天瑜首先界定了"中华""文化"两个核心概念。

"中华"之得名，由来已久。华夏先民因建都黄河流域，四裔环绕，故自称"中华"。"中华"之"中"，意谓居四方之中，又有"以己为中"

---

① 冯天瑜、何晓明、周积明：《中华文化史》，上海人民出版社 1990 年版，第 7 页。

之意，与"以人为外"相对应。"中华"之"华"，意谓具有文化的民族，并不局限于种族意义。

随着疆域的拓展，民族融合范围日广，中国境内各族间的联系纽带愈益强化。近世以来，资本主义殖民侵入，中国境内诸族更增进了政治、经济、文化上的整体意识，形成自觉的民族观念。于是，20世纪初叶，"中华民族"渐渐演为组成全体中国人的诸族之总称。

冯天瑜在"题记"里指出，真切把握一个民族的文化特征，较之把握其体质性特征要艰巨得多。任何民族，包括那些有着漫长而复杂的发展历史的民族，其文化形态尽管纷繁多彩，都可以寻觅到给该民族文化确定特性的主色调、主旋律。唯其如此，才有英国人绅士风度说，德国人精确高效说，日本人善采异邦说，中国人勤谨中庸说，等等。之所以我们可以从芸芸众生中大致辨识各民族特性，是因为有着共同语言、共同地域、共同经济生活和共同历史渊源的民族，其内部固然存在着繁复多样的阶级、阶层、集团、党派及个人教养和性格的差别，同时也深藏着表现于共同文化上的共同心理素质，这便是所谓的"民族精神"。

基于以上认识，冯天瑜揭示出，我们研究中华文化史的目的，就是为着全面把握中华民族在数千年间物质文明和精神文明共同进步、交相推引的历程，尤其要着眼于中华民族精神是在怎样的文化生态环境中形成、发展起来的，又由于哪些内外因素致使其发生变异；这种民族精神一经形成，又如何外化于物态的、制度的、风俗的诸文化层面；而文化的诸外化层面在自己的运行过程中，又怎样多渠道作用于民族精神。考察文化形成发展的这一往复无穷的辩证过程，真切把握中华民族的文化生态和主体自身在这种文化生态环境中的变迁，方能获得对中华民族历史和文化的深刻认识，从而走向"究天人之际，通古今之变"的高远境界。

在全书"导论"部分，冯天瑜首先明确文化史的研究对象。

文化史是史学向宽阔领域拓展的产物。把人类文化的发生发展作为一个总体对象加以研究，从而与作为社会知识系统某一分支发展史的学科，如文学史、哲学史、科技史等相区别。文化史研究尤其注意人类创造文化时主体意识的演变历史，从而又与研究客观的社会状态的经济史、社会史相区别。因为主体居于文化史研究的中心位置，所以文化史家历来格外留意于主体色彩鲜明的领域。举凡人的认知系统、艺术语言文字系统、宗教伦理系统、习俗生活方式系统，尤为文化史家所注目倾心。即使是对那些主体性隐而未彰的领域，如科技器物系统、社会制度系统，文化史家也着力剖视潜伏其间的主体因素的创造作用，以及那些外化了的文化形态对主体的再造功能。

接着，冯天瑜引用《周易·贲卦》的《象传》："观乎天文，以察时变；观乎人文，以化成天下"，指出中国古代的"文化"概念，基本属于精神文明（或狭义文化）范畴，大约指文治教化的总和，与天造地设的自然相对称（"人文"与"天文"相对），与无教化的"质朴"和"野蛮"形成反照（"文"与"质"相对，"文"与"野"相对）。

在简要介绍了世界范围内十种类型的文化定义后，冯天瑜揭示了文化的实质性内蕴：

文化的实质性含义是"人类化"，是人类价值观念在社会实践过程中的对象化，是人类创造的文化价值，经由符号这一介质在传播中的实现过程，而这种实现过程包括外在的文化产品的创制和人自身心智的塑造。简言之，凡是超越本能的、人类有意识地作用于自然界和社会的一切活动及其产品，都属于广义的文化；或者说，"自然的人化"即是文化。主体与客体在实践中的统一，是我们的文化观的理论基点。①

在"导论"的最后部分，冯天瑜论及文化史在历史学科中地位的确

---

① 冯天瑜、何晓明、周积明：《中华文化史》，上海人民出版社1990年版，第26—27页。

立和发展。

史学是一门古老的学科，但在史学发展的漫长历程中，文化史获得独立地位的时间却并不久远。无论中外，古代史学都主要限于政治史，以及与之联系紧密的军事史。文艺复兴时期，人文主义崛起，史学家解释历史的神学气息渐趋淡化，世俗因素成为注意的中心，文化及文化人开始跻身史学著作。以西欧 18 世纪启蒙运动为端绪，文化史在历史学中渐次具有堂堂正正的地位。法国启蒙大师伏尔泰被西方学术界称为"文化史之父"。伏尔泰的史学实践，生动展示了文化史的丰姿，他的力作《路易十四时代》，反映了包括艺术与民俗、战争与外交、科学与技艺在内的社会生活全景，是近代文化史学的滥觞。

在中国，"五四"前后，随着中西文化论战的展开，现代意义上的文化史研究揭开序幕。陈登原、柳诒徵、钱穆、王云五等人的相关著述，显示了文化史研究的实绩。1949 年以后，由于各种因素的综合作用，文化史研究基本中断。广义的文化史被社会发展史所取代，狭义的文化史则被分解到思想史、哲学史、科技史、学术史之中，很少有人作宏观角度的文化史考察。20 世纪 80 年代以来，情况才有所改善。

总之，文化史研究能够确立在历史学科中的重要地位，是因为只有肯定"文化"在历史中本来所具有的旺盛活力，科学地阐释历史进程中文化与经济、政治的辩证关系，肯定历史的主体——实践着的人的创造性功能，肯定上层建筑、意识形态既受制于经济基础、社会存在，又具有独立性和巨大的反作用力，把人类的经济、政治、文化活动看作一个活生生的生命整体，只有这样，才能恢复马克思主义历史科学的完整形象，才能生动、丰富地描绘出历史全貌，准确、深刻地揭示历史自身的运动规律。[1]

67

---

[1]　冯天瑜、何晓明、周积明：《中华文化史》，上海人民出版社 1990 年版，第 41 页。

《中华文化史》上编含四章及余论几个部分。四章的标题分别为第一章"'文化生态'界说"，第二章"中华文化的地理背景"，第三章"中华文化植根的经济土壤"，第四章"中华文化依托的社会结构"。

《中华文化史》的下编十二章，由冯天瑜指导，何晓明、周积明分别执笔完成：

第一章　上古：中华文化的多元发生

第二章　殷商西周：从神本走向人本

第三章　春秋战国："轴心时代"

第四章　秦汉：一统的帝国与统一的文化

第五章　魏晋南北朝：乱世中的文化多元走向

第六章　隋唐：隆盛时代

第七章　两宋：内省、精致趋向与市井文化的勃兴

第八章　辽夏金元：游牧文化与农耕文化的冲突与融汇

第九章　明：沉暮与开新

第十章　清：烂熟与式微

第十一章　近代：蜕变与新生（上）

第十二章　近代：蜕变与新生（下）

冯天瑜执笔的"结语"，是《中华文化史》重头篇章。"述往事，思来者"是中国史学的优良传统。冯天瑜论道："前人的足迹，今人已可从容纵览，并发表种种评议。这并非单单出于怀古之幽情，乃是由于今人无可旁贷地承接着前人，因而前人足迹所指示的方向，正是今人所要寻觅的。"①关于中华文化的未来前景，冯天瑜有如下思考：

其一，文化的自我保持与自我更新。

冯天瑜强调，一个民族或国度的文化系统只有在其生命运动中不断

---

① 冯天瑜、何晓明、周积明：《中华文化史》，上海人民出版社1990年版，第1159页。

实现自我保持和自我更新，求得延续与变异、稳定与动态的对立统一。文化保持只有通过与范围不断扩大的自然—经济—社会环境进行新陈代谢，才能得以实现。文化的自我更新即在生命运动中不断通过自调节和被调节，取人之长，补己之短，以大化流行的勃勃生机，开创文化的新生面。

其二，"古今之辨"与"中外之辨"。

冯天瑜指出，中华文化要完成好自我保持与自我更新，必须妥善处理"古今之辨"与"中外之辨"这两对矛盾关系。"古今之辨"即文化的时代性转化。"中外之辨"即文化的民族性比较。拒绝外来养料滋补、故步自封的文化，必然沉沦衰亡；同时，不能在本土扎根的外来文化，也不可能垂之久远，必然萎黄凋零。只有在亿万民众实践的基础上兼采中外、贯通古今的文化，才能根深叶茂、苍劲挺拔、万古长青。

其三，"冲击—反应"模式与"中国文化本位"模式评析。

关于中华文化的未来发展，长期以来存在"冲击—反应"模式与"中国文化本位"模式的对立争鸣。前者认为，中华文化停滞不前，缺乏内部动力以突破传统框架，只有当西方文化的巨大外力对之发起冲击，中华文化才被迫作出反应，一步步向近代演进。后者认为，中华文化既无可能也无必要向西方学习，中华文化传统无须改造，其固有价值体系的全面弘扬便能给中国甚至世界带来美妙前景。冯天瑜评论此两种模式，认为"虽然各自包含部分真理，却又分别从一个极端陷入独断论，不能深刻、全面地阐明中华文化的现代化路径。"[1] "总之，中华文化的现代化既不是全盘西化，也不是中国传统文化的整体沿袭，而是传统文化的再造与新生，是西学与中学在体与用、内与外诸层面相互渗透，既相冲突又相融汇的再生历程。这一历程伴随着自然经济解体，大生产兴起，封

69

---

[1] 冯天瑜、何晓明、周积明：《中华文化史》，上海人民出版社1990年版，第1167页。

闭状态逐渐打破，社会革命和变革此起彼伏这样一种时代的际会风云而渐次展开。"①

其四，中华文化前瞻。

冯天瑜前瞻中华文化，理性而乐观：

未来的中华文化将是"世界的"与"民族的"二者的统一；

未来的中华文化将是"现代的"与"传统的"二者的统一；

未来的中华文化将在迎接生态环境严峻挑战中前进；

未来的中华文化是在资本主义与社会主义两种社会制度并存的世界环境中发展的社会主义文化。

冯天瑜充满激情与希望：

> 中华民族在以往数千年的历史中贡献过震惊全人类的文化，又没有在近世的挫折中甘于沉沦，而是顽强地摸索重新崛起的路径。可以确信，有着雄健的生命力与悠久灿烂文化传统的中华民族，在新的世界条件下，垦殖新生产力的丰厚土壤，汲取科学世界观的阳光雨露，一定可以重新赢得文化的原创性动力，创造出无愧于古人、无愧于现代世界的新文化。
>
> 诗云："周虽旧邦，其命维新"。古老的中华文化的维新之命，寄寓在全体中华儿女的努力之中。②

---

① 冯天瑜、何晓明、周积明：《中华文化史》，上海人民出版社 1990 年版，第 1174 页。

② 同上书，第 1180 页。

第七章

中国学术源流的梳理

学术史研究的前提是详尽地占有资料。这些资料大略可分为两类，一类为历代学术著作，另一类为历代学人论述学术流变的论著。这一类论著表述了先贤对学术流变的看法，为我们今天从事学术史考辨提供了直接参考。20世纪80年代末，因为研究的需要，冯天瑜萌生了编写一部历代学人论述学术流变的文字结集的想法。1988年，他与彭池、邓建华合作，编写了40多万字的《中国学术流变——论著辑要》，1991年由湖北人民出版社出版。此后十余年间，本书佳惠学林，供不应求。2002年，增补至72万字，由华东师范大学出版社重新出版。2013年，上海人民出版社再次提议修订，增至80万字，再版发行。2014年，本书收入《冯天瑜文存》，借此契机，冯天瑜增补民国学术部分，全书90万字，由湖北人民出版社出版。

在长篇"序言"中，冯天瑜诠释了学术、学术资料、学术流变等关键词的内涵。

"学术"是一个联合结构的双音节词。"学"的本义为觉悟，引申为仿效、认识、学问、学习、学科；"术"的本义为古代城邑的道路，引申为权术、手段、技术。中国典籍中的"学术"，统指一切学问。特别是指"即器以明道"的形而上认识。20 世纪初，梁启超在广泛接触学科分类明晰的近代西方学术文化后，不满意古来学与术相混淆的笼统旧说，分析"学"与"术"的内涵："学也者，观察事物而发明其真理者也；术也者，取所发明之真理而致诸用者也。""学者术之体，术者学之用。二者如辅车相依而不可离。"① 冯天瑜认为，梁启超的辨析是对以认知的综合性、学科的融通性为特征的中国传统学术作出一种超越尝试，昭示了中国学术从"通人之学"演为"专家之学"、从古典综合迈向近代分疏的方向。②

文化史、学术史研究应当致力于对历史过程中所发生的一系列文化学术现象的整合，以形成一种显示规律的记述。构成这种记述的基本材料，是"已知文化资料的整体"，它包括"俗文化"资料和"雅文化"资料两大部类。"俗文化"主要依赖于民间生活习俗的递嬗和大众间口耳相传的方式保存其文化资料，而"雅文化"则主要以经过认真加工的、精致的形态贮存其文化资料。"雅文化"资料的渊薮是汇合为经、史、子、集四大部类的学术著作。

冯天瑜指出，中国自古便有重视学术的传统。学术积累代代相传。就经学论，有五经、六经，乃至七经、九经、十三经的确立和反复疏解；就史学论，有前四史、十七史，乃至二十四史、二十五史的代代编纂。中国学术得以延绵不绝、传统未坠，成为世界文明史上罕见的连续性学术文化。在注重学术积累的基础上，中国学人又追求学术的"因时

---

① 《饮冰室合集》文集之二十五（下），《学与术》。
② 冯天瑜：《中国学术流变》（上册），湖北人民出版社 2021 年版，第 2 页。

制宜""袭故而弥新",加之中国本土学术不断吸纳外来学术（如南亚佛学、欧美西学），彼此融会，更添源头活水，使历代学术各具风采、前后辉映、气象万千。

冯天瑜强调，中国学术史因其漫长复杂而带来研究的艰辛，同时也因其丰富多彩而引人入胜。先秦、秦汉之际撰著的《庄子·天下》《荀子·非十二子》《韩非子·显学》《吕氏春秋·不二》，以及《礼记》中的《学记》《儒行》等篇章便是对晚周学术的讨论评议，成为学术史研究的发端。

冯天瑜注意到，就总体而言，中国古代学术的发展是从多元走向一元，在一元中又包蕴多元因子。先秦时代的学术史研究，呈多元并存气象，如《庄子·天下》，对先秦各学派并无特别的推崇和贬抑。《史记·太史公自序》中的"论六家要旨"，虽然偏爱道家，先黄老而后六经，但对于各家学说还是给予客观、平正的论列。两汉以降，"儒学独尊"日趋明朗。到唐宋时代，更形成流行于士林的儒家"道统"说。"道统"说以孔孟学说，尤其是思孟学派为学术正宗，具有强烈的宗派性和排他性，漠视儒、释、道三教共弘的事实，甚至未能公正评判思孟学派之外的儒家各派的历史价值。冯天瑜欣喜地看到，晚明以降，黄宗羲突破"道统"说轨范，撰写《明儒学案》，又奠定基础，由其子黄百家、后学全祖望完成《宋元学案》，不拘泥于"正统"标准，清洗韩愈、朱熹等人在学术统绪上涂抹的神秘色彩和僵化理念，对宋、元、明各代各学派的产生、发展加以公允考辨，有意陈列"一偏之见""相反之论"，使"学者于其不同处，正宜著眼理会""这就把学术流变的考察置于理性主义的基础之上。而尊重中国学术的多元潜质，敢于穷原竟委，博采兼收，正隐约预示着挣脱学术大一统格局的时代趋势。"①

① 冯天瑜:《中国学术流变》(上册)，湖北人民出版社 2021 年版，第 7 页。

汲取前贤研究的宝贵启示，冯天瑜将中国学术流变划分为前后衔接的七个阶段：先秦诸子学——两汉经学——魏晋玄学——隋唐佛学——宋元明理学——清代朴学——近代新学。根据这一历史脉络，《中国学术流变》的结构设计为九个单元，即中国学术综论、论先秦学术、论秦汉学术、论魏晋南北朝学术、论隋唐五代学术、论宋元学术、论明代学术、论清代学术、论民国学术。冯天瑜为每个单元撰写了言简意赅的提要。各个单元辑录的先贤论述，按一代学术流变的总论在前，各学派、学者的分论在后编排。

在**"中国学术综论"提要**中，冯天瑜简笔勾勒了中国学术的大致路径①：

一、元典及诸子学兴起。

殷商巫、史的神本文化和西周德治初萌的官学文化是先秦诸子的思想渊源。春秋以降，孔子、墨子、老子为代表的思想家创造性总结了前代文化，元典初成。先秦诸子连同元典，在范畴、命题、理论体系、思维方法诸方面奠定了中国学术发展的基石。

二、经学发展与今古文之争。

秦代严刑峻法，二世而亡。汉初吸取其教训，清静无为的黄老之学流行。汉中叶以后，儒学独尊，经学成为学术主流。西汉盛行今文经学，西汉末至东汉初，古文经学渐趋昌盛，与今文经学热烈争鸣。东汉末年，郑玄以古文家注"三礼"，兼采今古文学，二者呈融合之势。

三、玄学、佛学、道教并盛，道统说初起。

魏晋之时，玄学以经学之反动的面目出现。同期佛教传入中国，中国本土学术与外来学术进行了一次大规模交流。中国本土宗教——道教也在此时勃兴。儒、佛、道三教鼎立并相互融会。隋唐佛学特盛，以儒

---

① 冯天瑜：《中国学术流变》（上册），湖北人民出版社 2021 年版，第 12—14 页。

学为主体精神的学术重组，韩愈、李翱提出"道统"说，在排佛的旗号下，蕴藏着佛学的影子。

四、理学与经世实学论难互摄。

进入宋朝，中国学术迎来了精密深邃的理学时代。宋初胡瑗、孙复、石介三先生开其端，周敦颐、二程兄弟、张载奠定基础，朱熹集其大成。与朱熹闽学并立的是陆九渊心学。朱学与陆学反复驳难，互为补充，理学达于极境。另外，陈亮、叶适树立事功经世旗帜，与朱学多有论辩。元代至明初，朱熹之学占学坛统治地位。明中叶，王守仁提出"心学"，风靡朝野。明清之际，社会激烈动荡。士人对王学末流痛切反思，经世实学应运而生。明后期，欧洲耶稣会士来华，由此开始西学东渐的曲折历程。

五、学术三变。

清初学术气象博大，黄宗羲、顾炎武、王夫之开辟了实证经世新学风。乾隆、嘉庆年间，"朴学"独占鳌头，学术归于考据一途。道光、咸丰年间，内忧外患相逼，学者一反朴学琐碎、理学空疏，提出经世致用，倡导今文经学，同时又吸纳西学。至清末，严复、康有为、谭嗣同、章太炎、梁启超诸人综汇儒佛，融合中西，开辟学术新路。

六、现代学术确立。

以清末"新学"为桥梁，民初学术初步实现由传统向现代的转换。中国现代学科分类体系初步建立。章太炎、梁启超、王国维、胡适以西方人文社会科学分析工具与中国传统考据方法相结合，探讨国学，树立起新的研究范式。"五四"以后，新儒家、"西化"派、"古史辨"派、考古派、马克思主义学派相互论难又相互融摄，现代学术获得长足发展。

"中国学术综论"单元辑录了方以智、纪昀、曾国藩、章太炎、刘师培、康有为、梁启超、罗振玉、周予同、冯友兰、谭其骧、唐君毅、李约瑟等人的论述 41 则。

在**"论先秦学术"**提要中，冯天瑜概括此一时期学术的特征：夏及商前期是先秦学术的胚胎阶段。先民的自然神、祖先神崇拜，对宇宙、社会、人生的种种幻解，蕴藏着学术萌芽的因子。从殷到西周是先秦学术的萌动阶段。巫、史、祝、卜作为中华第一代学人，构建起宗天、尚鬼的价值框架。殷商学术有神本主义的深刻烙印。周承商祚，学风为之一变。一方面，天人一体的卜筮系统，蕴藏着朴素辩证思维方式，透露出神本向人本转变的征兆。另一方面，随着封建邦国及宗法制度的建立，"礼"文化初步形成。围绕"礼"而展开的政治—伦理学，涵盖此后两千余年间诸多学术门类。春秋战国是先秦学术的全盛期。此时社会动荡，士阶层崛起，中国学术迎来第一个发展高峰。以孔、墨、老、庄、孟、荀、韩为代表的大师，理性总结此前文化，构建自己的学术体系。各派思想辩难争鸣，共同构筑学术家园。此期学术发展有两大起伏。一是孔、墨、老三学争胜；二是由三家推引出其他诸家。先秦诸子主要代表有儒家、墨家、道家、法家、名家、阴阳家、纵横家、兵家、杂家。[①]

"论先秦学术"单元辑录了庄子、孟子、荀子、韩非子、司马谈、欧阳修、朱熹、王夫之、章学诚、戴震、胡适、傅斯年、钱穆、熊十力、成中英、庞朴、杜维明等人的论述 52 则。

在**"论秦汉学术"**提要中，冯天瑜概括此一时期学术的特征：秦汉学术略分三个阶段。第一阶段是从秦汉之际到西汉中叶，对先秦诸子学选取和综合，以寻求安邦定国的路径。鉴于秦朝的二世而亡，学者总结教训，融儒家"仁义"于道家"无为"，形成黄老之学。淮南学派以《老子》《庄子》为基本资料，建立起以新道家为主旨而总统百家的思想体系。武帝时，董仲舒以儒家纲常伦理学说为主旨，杂以谶纬之术，提出儒学独尊主张，为武帝所采纳。第二阶段是西汉中叶以后，经学成为学术宗

---

① 冯天瑜：《中国学术流变》（上册），湖北人民出版社 2021 年版，第 150 页。

主，今文经学与古文经学争胜。西汉时，今文经学占主导地位。西汉末，古文经学在刘歆的倡导和王莽的扶持下异军突起，与今文经学并立官学。刘秀光复汉室，古文经学大师辈出。东汉末，郑玄博采今、古文诸说，遍注群经，今古文之争告一段落。第三阶段，汉末道家复兴，谶纬迷信盛行，方仙道术复活，成为道教创立和发展的温床。魏伯阳著《参同契》，将老子修身养性之学融入道教之中，奠定道教理论的基础。东汉末，小乘佛典和大乘佛典相继面世，从此展开佛教中国化的漫长历程。[①]

　　"论秦汉学术"单元辑录了司马迁、班固、王充、郑樵、朱熹、顾炎武、魏源、皮锡瑞、刘师培、顾颉刚、钱穆、周予同、黄仁宇等人的论述 57 则。

　　在**"论魏晋南北朝学术"提要**中，冯天瑜概括此一时期学术的特征：魏晋是学术文化的多元互动时代。魏晋玄学以老庄之学为主体，以《易》学为构架，又吸纳佛学精神。其渊源有三：一是汉末道家的复兴和《易》学的发展；二是汉末的清议之风；三是魏初学术杂取先秦儒、道、名、法诸家的影响。魏晋南北朝也是道教发展的重要阶段。葛洪整理神仙方术思想，加以理论化，形成以神仙养生为内，以儒术应世为外，儒道双修的新道教学说。魏晋以降，佛教势力渐盛。名僧辈出，门徒遍布国中。此一时期，儒学、佛教、道教之间既有悄悄地融合，也有公开地论争。三教鼎立的大格局形成，对立之中的大规模融合拉开帷幕。魏晋南北朝还是"文学自觉"的时代，文学摆脱经学束缚，自成格局。曹丕《典论·论文》、陆机《文赋》、刘勰《文心雕龙》的问世，提升了文学的独立品格。[②]

　　"论魏晋南北朝学术"单元辑录了颜之推、程颐、欧阳修、苏辙、朱

---

① 　冯天瑜：《中国学术流变》(上册)，湖北人民出版社 2021 年版，第 150 页。
② 　同上书，第 307 页。

熹、赵翼、章太炎、王国维、鲁迅、钱穆、唐长孺等人的论述 76 则。

在**"论隋唐五代学术"**提要中，冯天瑜概括此一时期学术的特征：隋唐学术于儒学衰败之后出现复兴气象。佛学流派形成，佛学中国化基本完成。道教借鉴儒佛学说，完善自身理论体系。隋朝重新统一中国，此前儒学"师说纷纭，无所取正"的乱局稍有改观。王通力倡儒、释、道"三教可一"说，儒学一统苗头初显。唐初统治者更着意统一儒学。孔颖达撰《五经正义》，朝廷颁行天下。初中唐之际，儒学走向刻板，"安史之乱"也影响了儒学的发展。唐后期，韩愈、李翱意图重振儒学。韩愈推崇孟子心性说，提出儒学传承序列，即尧、舜、禹、汤——文、武、周公——孔子、孟子的"道统"说。隋唐佛教进入双向融合轨道，一是佛教内部各派相互融合，二是与儒、道相融合，进而形成唯识宗、天台宗、华严宗、净土宗、禅宗等派别。禅宗是彻底中国化的佛教。弘忍以后，禅宗一分为二，神秀居北，慧能居南。慧能所传禅法为正统，主张"顿悟成佛"，修持方法简便易行，流行日广。唐代文化氛围宽松。李唐王室偏好道教，道教依此扶持风行天下。隋唐时期，儒、释、道在"三教并重"的文化氛围中相互推引、融会，经过五代的消长变异，为宋明理学的形成提供了丰富的思想资料。①

"论隋唐五代学术"单元辑录了李世民、白居易、刘知幾、柳宗元、武则天、玄奘、皮日休、李翱、马端临、朱熹、陆九渊、叶适、宋濂、纪昀、冯友兰、成中英等人的论述 67 则。

在**"论宋元学术"**提要中，冯天瑜概括此一时期学术的特征：宋代学术的主要形态是吸收了佛学成果的"新儒学"——理学。元代承其统绪。北宋理学肇始于"宋初三先生"胡瑗、孙复、石介。他们力倡道统论，"以理解经"。随后周敦颐以《周易》为宗，创濂溪学派，混合道家

① 冯天瑜：《中国学术流变》（上册），湖北人民出版社 2021 年版，第 377 页。

无为和儒家中庸，阐发"心性心理之精"。与此同时有邵雍的象数学，以象数图示解释宇宙生成。程颐程颢兄弟师事周敦颐，创立洛学，援佛入儒，改造经学，成理学正宗。张载创立关学，其本体论基础是气一元论。王安石创新学，为变法提供理论依据。二程兄弟反对变法，进而反对新学。南宋朱熹集北宋诸子之大成，开创闽学，建立庞大的理一元论体系，理学自此成熟。与朱熹同时的陆九渊，"发明本心"，创心一元论思想体系。朱、陆二说并出，理学内部门户之争日盛。但心学一直居于下风。到明代后期王守仁出，心学才并肩朱学，蔚为大观。理学是中国学术发展的一座高峰，论究精深微密，超迈前古，儒学因之而得新鲜活力。南宋与理学对峙的有叶适的永嘉学派和陈亮的永康学派。这两派均反对理学家空谈心性命理，重视事功之学。元代定天下于一统，赵复传程朱理学于北方。至此，理学成为官学，其稳固地位一直持续到明清两代。①

"论宋元学术"单元辑录了朱熹、黄宗羲、全祖望、钱大昕、戴震、江藩、章学诚、纪昀、严复、钱穆、张舜徽、岛田虔次等人的论述44则。

在**"论明代学术"提要**中，冯天瑜概括此一时期学术的特征：明代学术承宋学统绪，主潮仍为理学。明代初期，程朱理学一统天下，科举考试以朱熹注疏为旨归。后陈献章创白沙学派，重视"心性"之学，开明代心学先河，是学术主潮由朱学转向王学的桥梁。明代中期，王守仁崛起姚江，发展陆九渊心学，主张"致良知""知行合一"。自正德至万历中，百余年间，王学风靡天下，成为学术大宗。王门后学衍为七派，其中影响较大的一是浙中学派，主张本体即工夫，近于"顿悟"，将良知引向禅学；二是江右学派，主张由工夫达本体，倡导"渐修"。与

---

① 冯天瑜：《中国学术流变》(下册)，湖北人民出版社 2021 年版，第 437 页。

此同时，陈献章弟子湛若水创甘泉学派，与王学各立门户。万历中期以后，王学发生变态。泰州学派发挥王守仁"人皆可为圣人"思想，提出"百姓日用即道"，肯定人欲的合理性。此派进一步发展王学的禅学倾向，导致王学末流的空疏学风。东林学派等起而纠正王学末流，回到程朱之学，反对通禅，但肯定"致良知"。至此朱王合流，拉开清初批判总结宋明理学的序幕。明朝末年利玛窦等欧洲耶稣会士来华，与徐光启等合作译介西方宗教、科技、哲学著作，开西学东渐和东学西渐之风。①

"论明代学术"单元辑录了黄宗羲、顾炎武、唐甄、钱谦益、孙奇逢、章学诚、阮元、李颙、梁启超、王国维、王重民等人的论述31则。

在**"论清代学术"提要**中，冯天瑜概括了此一时期学术的特征：清初之学，气象博大，总以经世致用为旨归，各有所成。黄宗羲修正王学，抨击君主专制，开浙东学派之先。顾炎武提出"经学即理学"，发展汉儒治学方法，考证精详。王夫之学通六经，发展气一元论，建立朴素唯物主义和辩证法理论体系，达到中国古代哲学的高峰。此时理学仍占官学宗主地位，但从学理言之，已成强弩之末。清中叶乾隆嘉庆间，学风一变，考据学成学术主流。朴学大盛，其间又有吴派、皖派之分。吴派保守汉人学说，整理考订汉儒经说，旁及史地、典章、音韵等学。皖派以文字学为基础，从训诂、音韵、典章制度等方面阐明经典义理，敢于突破汉人成说。乾嘉考据学"实事求是""无征不信"，与近世实证主义研究方法颇相契合，对民国学术有重要影响。道光咸丰年间，龚自珍、魏源等力倡今文经学，经世致用，"师夷长技以制夷"，是传统学术向近代新学转变的桥梁。同治、光绪之际，洋务运动兴起，冯桂芬、郭嵩焘、郑

---

① 冯天瑜：《中国学术流变》（下册），湖北人民出版社 2021 年版，第 504 页。

观应等开晚清新学之先河。甲午以后，康有为、梁启超等倡言新学，变法图强。严复系统译介西方经济学、政治学、法学、社会学经典，译作《天演论》，风靡一时，进化论成为中国学术界最具震撼力的学说。从此掀开中国现代学术学科建设的序幕。[1]

"论清代学术"单元辑录了章学诚、江藩、曾国藩、王国维、梁启超、章太炎、徐世昌、刘师培、胡适、钱穆、周予同等人的论述 51 则。

在**"论民国学术"提要**中，冯天瑜概括此一时期学术的特征：晚清、民国鼎革之际，近代学术分科体系确立，新的研究范式初步形成。自然科学全方位吸纳西方近现代成果，逐渐从传统经史之学中分离出来，由附庸而蔚为大观，成为与人文社会科学相并立的独立学科。人文社会科学方面，文、史、哲各成专门之学，政治学、宗教学、经济学、法学、社会学、逻辑学、心理学等新兴学科得以萌生。与此同时，实证和分析为特征的研究范式应时而生，开拓者是梁启超、章太炎、王国维。杨文会、欧阳竟无的佛学研究，蔡元培的伦理学、美学研究，刘师培的经学研究，也有重要影响。"五四"新文化运动兴起，猛烈冲击传统思想、学术，中西文化论战、科学与玄学论战、社会史论战渐次展开，各种学术思潮、派别纷纭迭出，交错嬗变。胡适在文学革命、古典小说考证、哲学史研究等方面成绩卓著。顾颉刚大胆"疑古"，倡"层累地造成中国古史"说，掀动学界一大巨澜。与"疑古"派学术路线迥异的考古派或称"史料派"，其代表傅斯年、李济、董作宾，建立中央研究院历史语言研究所，开掘、研究殷墟遗址，推进了文化人类学和现代甲骨学的建设。在古今中西大交会中，"现代新儒家"崛起，梁漱溟、熊十力、冯友兰等以"返本开新"的学术姿态，因应时代文化的巨变。陈寅恪、陈垣、钱穆的史学研究均有开创性贡献。"五四"以降，马克思主义学派出现。郭

---

[1] 冯天瑜：《中国学术流变》(下册)，湖北人民出版社 2021 年版，第 561 页。

沫若、侯外庐、吕振羽、范文澜、翦伯赞等人力图用唯物史观阐释中国历史文化，取得重大进展。①

"论民国学术"单元辑录了蔡元培、王国维、陈寅恪、胡适、顾颉刚、钱穆、贺麟、戴逸、刘梦溪、李泽厚、杜维明等人的论述 51 则。

---

① 冯天瑜：《中国学术流变》（下册），湖北人民出版社 2021 年版，第 650 页。

第八章

元典精神重光

在完成了《中华文化史》的相关事宜后，冯天瑜又投入《中华元典精神》的研究与写作中。1992年元旦正式动笔，1993年元旦迎新爆竹声大作之时完稿。这是他研习中华民族最富有"元精神"的典籍——《诗》《书》《礼》《易》《春秋》以及《论语》《墨子》《老子》《庄子》的心得结集。

在中华文化研究领域，作为核心概念之一，"元典"作为一个整词出现，是冯天瑜的创制。

"元典"不同于一般典籍的区别是：只有那些具有深刻而广阔原创性意蕴，又在某一文明民族的历史上长期发挥精神支柱作用的典籍，方可称之为"元典"。

冯天瑜曾以"原典"称呼此类文本。某次讲座后，听众之一、湖北大学图书馆青年馆员胡明想致函"冯先生"，建议以"元典"取代"原典"。冯天瑜认为"胡君陈义甚高"，欣然接受。

"原典"之"原"，有初原、原始含义。而"元典"之"元"，内蕴更为丰厚。在古汉语系统中，"元"有：（1）起始、开端；（2）首，头；（3）本，原；（4）长；（5）正嫡；（6）大；（7）善；（8）美；（9）上；（10）宝诸义。汉儒董仲舒将"元"看作万物所系的根本和本原，其恒久性与天地共始终。因此，"元典"有始典、首典、基本之典、原典、长典、正典、大典、善典、美典、上典、宝典等意蕴。

冯天瑜规划，元典研习的内涵包括：

首先，基础工作是元典文本的阐释。第一步，发现文本本义；第二步，对文本作价值评判；第三步，从现代视角对文本意蕴加以引申和发挥。

其次，因为典籍的价值不单由文本自身的性状决定，还须经由阅读者的理解和重铸方能实现，所以元典研究不能仅限于文本探讨，还要观照文本的阐释全过程。

最后，在以上工作的基础上，参酌解释学、文化传播学、比较文化学、接受美学的理论与方法，去追究元典阐释诸路向的秘密，运用辩证思维，尤其是以"否定之否定律"作运思指针，再现螺旋式上升的人类精神历程。[1]

在汗牛充栋的中国古代典籍中，《诗》《书》《礼》《易》《春秋》不仅问世较早，而且是学界公认的中国传统文化各个分支的经世之源，是当之无愧的"元典"。

中国最早的典籍目录刘歆的《七略》，分天下典籍为六部三十八类。六部之首是"六艺"，即《易》《书》《诗》《礼》《乐》《春秋》这"六经"。其中的《乐》未见流行于世。其原因有二说：古文经学认为《乐》毁于秦火，今文经学认为"乐"本无经，不过是与诗、礼相配合的曲调，并无文字。冯天瑜比较二者，以为后说较为合理。

---

[1]　冯天瑜：《中华元典精神》，上海人民出版社 1994 年版，第 3 页。

关于这"六经"的排列顺序，今文经学从教育学的循序渐进原则出发，按六经内容的深浅排列为：《诗》《书》《礼》《乐》《易》《春秋》。古文经学则从历史主义原则出发，按六经产生先后排列为：《易》《书》《诗》《礼》《乐》《春秋》。但现有研究表明，这一排列顺序，并不能真正反映诸元典的发生先后。

冯天瑜简要阐述了除《乐》之外的五部元典的基本内容、结构及文化意义：

关于《诗经》的元典意义，冯天瑜将其分为两方面。一是从文学价值看，《诗经》是一部从内容到形式都富于首创性的文学杰作，他的思想倾向与艺术风格影响后世文学至远至深，一部中国文学史，可以说是在《诗经》的引导下得以发展的。而是从教化功能看，《诗经》是古代中国首席政治—伦理教材，担负着教化万民的任务，即所谓"诗教"。长久以来，《诗经》被视为"经夫妇，成孝敬，厚人伦，美教化，移风俗"（《诗大序》）的最好文本。

关于《尚书》的元典意义，冯天瑜分析：其一，《尚书》存留了王官典籍中十分罕见的关于氏族民主的记述。《尧典》《舜典》记述尧逊位于舜，舜却"让于德"，生动再现了氏族民主制度首领推举的情形。其二，《尚书》贯穿"天命"思想，强调"以德配天""惟命不于常""敬德事天"，引导出"仁政""王道"说，开启民本思想先河。其三，《尚书》首创统一思想，是大一统帝国建立前后社会现实的反映。其四，《尚书》的若干哲学思想垂之久远。如《周书·洪范》的"水、火、木、金、土"五行观，奠定了中国传统宇宙论的基石。

关于《礼》的元典意义，冯天瑜分析：其一，"礼"是"人禽之辨"的分水岭，是"人道之始"，体现人的社会本质，规定人的社会关系的准则。其二，"礼"是"华夷之辨""文野之别"的标志。其三，"礼"的各项具体制度，稳定等级名分，建立社会秩序。其四，"礼"深蕴的内在精神，把礼制的外在形式转化为人的内在要求，将二者统一，达到自觉"非礼勿视，非礼勿听，非礼勿言，非礼勿动"的境界。其五，"礼"通过制定的一系列制度规范，成为统治者整治民众、确立社会秩序的高妙手段。

关于《周易》的元典意义，冯天瑜认为它"通过建立完备的理论框架，创造独特的概念、范畴系统，而成为一部渊深博大的哲学书"，《周易》既"蕴含精到的哲理，又向政治、伦理、军事、经济、科技等各种人生实务开放，并被各行各业所运用。"冯天瑜特别指出：仅以《周易》的二进位制对微积分创立者、德国哲学家莱布尼茨的启示一例，即可证明"《周易》的贡献并不限于一国一时，《周易》是一座属于全人类的垂之久远的思想宝库。"①

《春秋》文字极简约，以 16572 字，记载 240 余年间鲁国及列国史事。为了便于人们读懂《春秋》"经"文，为其作解读之"传"的著述多有问世，其中影响较大的是《春秋左氏传》(《左传》)、《春秋公羊传》(《公羊传》) 和《春秋穀梁传》(《穀梁传》)，合称"《春秋》三传"。冯天瑜评论：《左传》拓展了《春秋》作为编年史的侧面，成为史学巨著，而《公羊传》和《穀梁传》则发挥《春秋》"微言大义"笔法，成为政治学的特别文本。

关于中华元典的创制——

冯天瑜注意到，不仅是中国，而且世界各古老民族都有属于自身文化系统的元典。如印度元典"吠陀本集"、《奥义书》、波斯元典《古圣书》(《阿维斯陀》)、希腊元典《荷马史诗》。希伯来元典《圣经》。令人惊异的是，这些中外元典的创作时段大体接近。它们都酝酿于公元前 1000 年左右，成书的决定性时期是公元前 600 年至前 200 年间。其时各创作

---

① 冯天瑜：《中华元典精神》，上海人民出版社 1994 年版，第 81 页。

元典的古老民族所达到的文明水平也颇近似。

冯天瑜指出，关于这一历史现象，早有思想家关注、研究，并提出富有启发性的理论观点。德国哲学家卡尔·雅斯贝尔斯认为，以公元前500年为中心，从公元前800年到前200年，人类的精神基础同时而又是独立地在中国、印度、波斯、巴勒斯坦和希腊开始奠定。他称这一时期为"轴心时代"①。中国学者闻一多也指出："对近世文明影响最大最深的四个古老民族——中国、印度、以色列、希腊——都在差不多同时猛抬头，迈开了大步，约当纪元前1000年左右，在这四个国度里，人们都歌唱起来，并将他们的歌记录在文字里，留传到后代，在中国，《诗经》里最古部分《周颂》和《大雅》，印度的《黎俱吠陀》（Rig-veda）、《旧约》里最早的《希伯来诗篇》，希腊的《伊利亚特》（Iliad）和《奥德赛》（Odyssey）——都约略同时产生。"②

接续先贤的思辨，冯天瑜归纳道："在公元前后的一千年间，由于生产力水平的提高，造就了一系列必要的物质条件；又由于阶级矛盾、等级差异、民族交往、宗教教派之争、学术门别之辩，形成复杂错综的社会生活和精神生活，从而给思维主体发出挑战，提供纵横驰骋的广阔天地。而这一历史时段因种种条件的聚会，为人类精神的自由发展创造一种千载难逢的'和而不同'的环境，人类理性十分幸运地在这一时期首次赢得真正的觉醒，激发精神文明的一次伟大的突破。"③

冯天瑜特别点明，"轴心时代"发生的一个与元典创制有关的重要变化是，解释世界的专利权从"诗人"（指那些运用感性和形象进行思维的人们）转移到观察者、实践者和思想者手中。人类开始拥有第一批哲学家。这些人不同于此前人类以"集体表象"为基础的"原始思维"，能够

---

① 田汝康、金重远：《现代西方史学流派文选》，上海人民出版社1982年版，第39页。

② 《文学的历史动向》，《闻一多全集》第1卷。

③ 冯天瑜：《中华元典精神》，上海人民出版社1994年版，第103页。

进行自主性、独立性的"文明思维"，其特点是：第一，情感退居次位，理性上升到主位；第二，抽象概念渐趋明确、固定，分类也愈益清楚；第三，原始思维中那种不受任何规则制约的想象力，逐渐受到一定的科学及哲学法则的规范；第四，具有从前人积淀的思想资料出发，自觉地进行知识重组的能力；第五，具有从纷繁错综的、偶然的外在因素中抽象出一连串基本问题，并对这些问题作出系统解答的能力。①

冯天瑜肯认，中华元典滥觞于殷周之际的文化变革。西周的王宫，正是元典制作之所。以周公为代表的周初统治者以夏亡、殷灭为鉴，着力革新政治，并提出"天命靡常""以德配天""敬德保民"等思想，奠定了中华文化精神的基石，中华元典的德治主义、贤人作风由此开其端绪。西周近三百年，"学在官府"。王官之学礼制为基本内容。巫、史、祝、卜之类的文化官员不仅参与元典的撰述，而且致力于元典成书的搜集和编纂。在"以吏为师""官守其书""师传其学"的制度下，周王宫成为中华元典的制作作坊。《诗》《书》《礼》《易》《春秋》先后在这里成篇、合册。孔子所谓周代"郁郁乎文哉"，正是对此番功业的赞誉。

春秋战国时代，"士"阶层崛起。"士"从附属于王宫的文化官员转变为拥有个体自觉和独立人格的文化人。中华元典的制作由此进入新阶段，即由职业的文化专门家带着学派意识加工整理、阐释利用元典的阶段。

春秋晚期，周王室衰微，礼崩乐坏，列国兼并。"国学"和"乡学"有倒闭之势。宫廷文化官员纷纷下移，走向民间，以寻求生计。"日后诸子竞出，端赖与此"②。关于诸子起源，历来有"诸子起于王宫"与"诸子起于救时之弊"二说。冯天瑜认为："二说并不相互排斥，而是可以并存

---

① 冯天瑜：《中华元典精神》，上海人民出版社 1994 年版，第 104 页。

② 同上书，第 126 页。

的。前者讲的是诸子产生的纵向历史渊源，后者讲的是诸子产生的横向环境条件。如果将历史渊源和环境条件结合起来加以考察，可以较完备地说明诸子学说应运而兴的缘故，也可以得见中华元典在晚周发展与定型的真实因由。"① 官学下移，官守文书流散民间，正是在这宫廷文化与民间文化融汇的潮流中，《诗》《书》《易》《春秋》等中华元典得到系统整理，并经哲人阐释，赢得新的生机。

关于孔子在此过程中的作用，历代学人颇多争议。汉代以来的传统说法把孔子视作《诗》《书》《易》《春秋》的删定者和著述者。但唐宋以降，尤其是清代，也有学人对此表示怀疑。冯天瑜分析了历史实情和各家意见，认为"生当春秋末造的孔丘，在《易》《诗》《书》《春秋》等元典形成史中的地位，不是创作者，也不是严格意义上的编辑者，而是传述者。他对流散民间的周代王官典籍着力搜集，将其应用于平民教育，并在与门人及时贤的论难中，对这些典籍加以诠释，赋予新的意义，从而第一次使元典精神得到系统的阐发，建立起以'仁学'为核心的体系。"②

战国时代，百家争鸣。中华元典在此间渐趋系统完备。今本《易》《诗》《书》、三《礼》(《仪礼》《周礼》《礼记》)、《春秋》诸书，大体都是在战国年间形成完整的文本。

公元前 221 年，秦始皇结束了战国分裂局面，完成统一大业。一统的帝国施行文化一统战略，推崇法家思想，焚毁《诗》《书》等旧典。中华元典遭遇一次空前的大灾难。秦火之后，《诗》《书》等尚能传之于后世，一是出于汉初传经大师的记忆，二是民间藏匿的各种版本，汉以后陆续面世。

汉初文、景、武、昭诸代，一批专科经师重新整理元典。司马迁在

---

① 冯天瑜：《中华元典精神》，上海人民出版社 1994 年版，第 128 页。
② 同上书，第 135 页。

此方面也功不可没。他把"六经"的各种传本融合起来，吸收进《史记》的文本，开"援经入史"的先河。武帝时代，推崇儒学，《诗》《书》《礼》《易》《春秋》诸元典由私家书斋登上帝国庙堂，被正式尊为"五经"。中国传统文化系统中地位崇高的经学从此诞生。

冯天瑜归纳道：从殷周之际到秦汉约一千年间，中华元典经历了一个由"王官之学"到"私家之学"，又由"私家之学"到"帝王之学"的螺旋式发展，即"从一到多"，到"从多到一"的否定之否定过程。截至汉武帝，中华元典终于完成从酝酿、创作、修订、经典化的全过程。①

关于中华元典的精神要旨——

冯天瑜分"天人之辨""发展观""伦理—政治论"和"君民之辨"四个方面，阐发了中华元典的精神要旨。

天人之辨，内涵分两翼：一曰"循天道，尚人文"；二曰"远鬼神，近俗世"。

发展观，内涵亦分两翼：一曰"通变易，守圜道"；二曰"追先祖，垂史范"。

伦理—政治论，内涵亦分两翼：一曰"重伦常，崇教化"；二曰"觅治道，求经世"。

君民之辨，内涵分左右两翼：左翼曰民本主义；右翼曰尊君主义。

关于中华元典的阐释历史——

元典在历史及现实的生活中能够发挥何种作用，既由元典的文本属性所决定，又与这些文本的阐释史密切相关。正是元典文本自身的特质与元典文本不断被阐释这两个方面的有机结合，共同决定着元典的社会功能。

冯天瑜指出：关于元典文本本身的特质，实际上就是元典阐释的前

---

① 冯天瑜：《中华元典精神》，上海人民出版社 1994 年版，第 153 页。

提性问题——元典文本究竟是"神"或"圣人"传递先验真理的圣书，还是经受社会实践历练、承袭前代文化积淀的人们的编创之书？

从世界文化史的范围看，元典创作之初，并未被视作绝对真理的载体。但中古以降，元典神圣化成为一种世界性现象。在西方，是元典的经院化，亦即盛行于公元9世纪至15世纪的基督教经院哲学。在中国，则是元典的经学化，亦即从两汉直至明清、作为文化正宗和主干的经学。"如果说，《圣经》《佛经》《古兰经》被基督徒、佛教徒、穆斯林所'神化'，那么，《诗》《书》《礼》《易》《春秋》则被中国的儒士所'圣化'。"①

冯天瑜分析道："神化"与"圣化"都有一种使元典获得超越性的倾向，但二者又各具特色。所谓"神化"，是将《圣经》《古兰经》直接看作神的授意；所谓"圣化"，则是将《诗》《书》《礼》《易》《春秋》看作效法天意的圣人的制作。神化的元典演为宗教典籍，而圣化的元典则演为世俗的人文典籍。

冯天瑜强调，在中国，与元典神圣化、神秘化倾向相抗衡的，是古已有之的对元典做理性解释的传统，其主要表现是打破"经""史"之间的壁垒，力倡"以经为史"。在《史记》中，司马迁屡屡将"经文"作"史事"使用，开创"以经为史"的先河。《汉书》也明确地将《春秋》作为纪事之史，《尚书》作为记言之史。自此以后，有识之士将经书还原为历史典籍的努力不绝如缕。

在明确元典的文本特质后，冯天瑜分析了中华元典的阐释史，从中提炼出三条阐释路向：

其一，"本义"的确认与"引申义"的发挥——"我注六经"与"六经注我"之辨。冯天瑜指出："元典作为历史文献，自有存在的客观内蕴，揭示这种客观存在的内蕴（即文本的'本义'）及其在原时代的价

---

① 冯天瑜：《中华元典精神》，上海人民出版社1994年版，第329页。

值，是一种'我注六经'的过程；元典作为后世反复研读、阐释的文本，又必然要不断注入一代又一代晚出的阅读者和解释者的感受和理解，不断被重新铸造和再度刻勒，从而以更新了的精神被后人所利用，这又是一种'六经注我'的过程。而元典正是在人们反复地'我注六经'和'六经注我'的双向过程中，赢得历史典籍的客观地位和生活教科书的常青性。"①

其二，现实的评判与历史的估量——今文经学与古文经学之辨。冯天瑜认为，经学，即中国的元典阐释学。一部中国经学史，便是一部中华元典阐释史。经学阐释元典，有今文经学"现实的评判"和古文经学"历史的估量"两种视角。

其三，文本的笺释与义理的开掘——汉学与宋学之辨。冯天瑜指出：汉学与宋学这两种诠释元典路向，至清代呈综合之势。曾国藩以宋学为本，兼宗汉宋。张之洞则以汉学为本，综采两家之长。但他们的努力不出传统经学的窠臼，并未能引起深刻的学术进步。

关于中华元典与"文化重演律"——

在把握中华元典精神的古典形态之后，需要进一步回答的问题是：作为农业—宗法社会"轴心时代"的文化产物，中华元典有无可能在新的历史条件下，开放其价值体系和思维模式，吸纳新时代的雨露阳光，实现近代化转换？如果有可能，那么，其转换机制是什么？

对此问题，冯天瑜的回答思路是从"文化重演律"中寻求答案。

世界各民族的近代史一再昭示，民族传统的反思和人类当代意识的追寻，是建设现代文化的两大依据，是新文化成长的两个相反又相成的必要条件。换言之，新文化的构建，遵循"文化重演律"方得以运行。

---

① 冯天瑜：《中华元典精神》，上海人民出版社 1994 年版，第 347 页。

冯天瑜强调，"文化重演律"是"否定之否定律"的一种表现形态，指文化的演进不是直线式的，而是呈螺旋状的"回复"与"重演"。中国哲人常以"返本""复性""复其初""复如归"一类文辞概括这种现象。在西方，文艺复兴和宗教改革就是"文化重演律"的典型范例。在中国，"文化重演律"也有精彩表现。

关于近代中国回溯元典，"文化重演"的因由，冯天瑜归纳有三：

其一，中国是一个文化传统悠久的国度，中国人的民族情结不是种族主义的，而是文化主义的。因此，用"寻根"方式弘扬传统，是激发国人民族情感、唤起爱国主义热忱的有力方法。这便是章太炎所说的："用国粹激动种性，增进爱国的热肠"。

其二，清末民初，西学涌入，长期处于封闭状态下的国人缺乏承受力。在这种情势下，致力于推介的西学者便引经据典，倡言"西学源于中学说"，以缓和人们对于外来文化的抵制心理。

其三，与此相关，介绍西学者还反复论证近代西学与中国古学的精神相通性，这是更加富于历史洞察力和理性精神的见解。

冯天瑜小结道：得益于元典精义的启迪，是中国近代化运动的普遍现象。中华元典一再被近代中国先进人物所重新阐释和发扬，既是近人借古意以证新义，又是近人以新的时代精神改造古经精义的一种双向性过程。这种运作说明，元典作为"文本"具有被后人一再解释，不断赋予新义的巨大潜能。这便是元典常读常新的奥秘所在。①

关于中华元典精神的近代转换——

中华元典是距今两三千年前"轴心时代"的创作物，包藏着中华民族在后世逐步演绎出来的各种精神性状的基元。冯天瑜强调，在近代中国，与近代社会运动相切近的那一部分元典精神苏醒并活跃起来，在历

---

① 冯天瑜：《中华元典精神》，上海人民出版社 1994 年版，第 425 页。

史的演进中，迸发出巨大的能量，放射出灿烂的光华。冯天瑜将它们归纳为：其一，从忧患意识到近代救亡思潮；其二，从"穷变通久"到"更法—自强"思潮；其三，从"汤武革命，顺天应人"到近代革命论；其四，从"华夷之辨"到近代民族主义；其五，从原始民主和民本思想到近代民主主义。

第九章

袭常与新变：明清文化五百年

在冯天瑜有关中国文化史研究的宏阔视野中，明清文化五百年是他特别瞩目的一个阶段。其原因是这一阶段的中国，"已居于不得不变之势"①。此前历史上发生的汉晋更革、唐宋更革，都是在农耕经济与君主集权政治相结合的稳固格局内部的调整，而明清之变则具有完全不同的时代背景和社会意义。

冯天瑜看到，在明代及清朝前中期，西方近代文化初入中国，激起阵阵涟漪；国内经济领域里，资本主义萌芽破土而出，文化领域里，早期启蒙思想发出新声。然而，"萌芽"幼弱，"启蒙"声希，明清文化的主流依然延续着秦汉已降的常态，扬弃性的文化变革在潜滋暗长，正所谓"常"中寓"变"，"变"中有"常"，因此，他认为明清文化宜以"袭常与新变"概括。"袭常与新变"历史内容的逻辑推演，导致清代末年突

---

① 顾炎武：《军制论》。

破两千年固有格局、以工业文明—民主政治为根本目标的大变革正式展开。至此，明清文化在中国历史上，由"古代"推进到"近代"的"文化转型期"相貌的昭然若揭。

关于"明清处于历史发展的特别节点"，冯天瑜认为以下诸点不可忽视①：（1）秦汉以后诸多王朝，"近古"的明清是与当下最为切近的王朝。（2）明清两朝五百余年是中国历史上连续统一时间较长的阶段。（3）明朝是最后一个汉人王朝，清朝是继元以后第二个少数民族入主中原的大一统王朝。（4）明清两朝皇权制度完备，达到君主专制集权制的极峰。（5）明清两朝进入地主—自耕农经济成熟期，达到农业文明的最高水平。（6）国际环境异于往昔，晚清更面临"三千年未有之大变局"。

聚焦到文化领域，冯天瑜认为，明清五百年间，"集古"与"萌新"的双重特点各自显明：（1）中国古典文化进入总汇期。（2）程朱理学主导精神世界，继之心学崛起，又复归程朱，构成明清形而上学的圆圈。晚清新学勃兴，方才突破此圆圈。（3）伴随城市经济发展，市民文学蓬勃兴起。（4）"西学东渐"与"东学西渐"双向互动。

根据研究对象的内在逻辑关系，冯天瑜的明清文化转型研究重点有三：即明清社会风尚及西学东渐、明末清初新民本思想和晚清经世实学。②

关于明清社会风尚及西学东渐，冯天瑜的首批研究成果是1984年由华中工学院出版社出版的《明清文化史散论》（以下简称《散论》），由17篇论文集成。研究时段起自明初，迄于辛亥革命，凡五百四十四年。邱汉生先生在《散论》序言中概括，书中所论，包含哲学思想（明初朱学、

---

① 冯天瑜：《袭常与新变——明清文化五百年》序言，上海人民出版社2018年版，第3页。

② 参见谢贵安：《冯天瑜明清文化转型学术思想研究》，载《中国文化探究集》，中国社会科学出版社2011年版，第74页。

明中叶王学、明末清初顾黄王思想）、文学现象（复古运动、"三言""二拍"）、科学技术（传教士带来的西方新知、徐光启的会通中西及王夫之的自然观）、文化政策（类书丛书编纂、文字狱），"这样，就清晰地勾勒了明清时期文化发展的轮廓"。①

石泉回忆在陈寅恪先生门下受业时，先生有"以小说证史之论点"，大意谓：有些小说中所叙之人和事，未必实有，但此类事，在当时历史条件下，则诚有之。"先师称之为个性不真实，而通性真实。"②《散论》所收《"三言""二拍"表现的明代历史变迁》，正是这种"以小说证史"的佳作。

冯天瑜辨析道："三言""二拍"所囊括的近200个短篇中，相当大一部分的主题并没有跳出纲常名教，但确有四分之一左右的作品，已在试图越过中世纪思维范畴的固有轨道，描绘了资本主义生产方式萌芽给社会的经济生活、政治生活以至习俗礼仪带来的种种微妙变化。"三言""二拍""成为反映明代中后叶社会动向的一面多棱镜"③。

冯天瑜看到，在"三言""二拍"里，新兴的市民阶层作为文学的新主角粉墨登场了。他们中有手工工场主小机户施复，有卖油商贩秦重、海外发财的"转运汉"文若虚、弃学经商的杨八老、弃官经商的刘东山、丝绵铺小业主吴山、酒店掌柜刘德、当铺老板卫朝奉，还有"团头"金老大、屠夫陆五汉、赌徒沈将士、游民宋四公、浮浪子弟阮三郎，以及妓女、嫖客、媒婆、鸨母等。

冯天瑜敏锐地察觉到，"三言""二拍"的故事题材多采自唐宋传奇、宋元话本，但作品主人公的身份却在悄悄地演变、更换。例如：《白娘子

---

① 冯天瑜：《明清文化史散论》序，华中工学院出版社1984年版，第1页。

② 《先师寅恪》先生治学思路与方法之追忆（补充二则），胡守为编：《陈寅恪与二十世纪中国学术》，浙江人民出版社2000年版，第157页。

③ 冯天瑜：《明清文化史散论》，华中工学院出版社1984年版，第113页。

永镇雷峰塔》中关于白蛇的故事，最早见于唐人小说《白蛇记》，南宋时演变成《西湖三塔记》，再到冯梦龙改编时，不仅故事内容发生本质改变，由恐怖的神怪故事变换为反对礼教，追求婚恋自由，而且主人公的身份也由仕宦之子、将门之后，变为"生药铺主管"。同类现象在《卖油郎独占花魁》《李秀卿义接黄贞女》里也可见到。

冯天瑜揭明，这种文学作品主人公的身份转换，背后隐藏着深刻的社会历史意义。秦汉以后的古代中国，"重本抑末"是一贯国策，商业为"末业"，商人也位列"四民"之末备受歧视。在社会舞台上活跃表演的是帝王将相、英雄豪杰，他们也就自然而然成为文学作品着力描绘的主角。即便是市民为主要读者的小说（包括《三国演义》《水浒传》等），也未能越出这一窠臼。

冯天瑜指出，明中叶以后，上述情形开始发生变化。随着资本主义萌芽的滋生和市民阶层的壮大，他们渴求文学作品反映自己的喜怒哀乐、追求理想，欣赏趣味也由对英雄神道的钦慕，转换为对日常生活、人情世态的关心。这种趣味变迁说明了市民自我意识的觉醒，这种觉醒又促进了中国古典小说从英雄小说、神魔小说和讲史小说向描绘世俗社会的世情小说转变。

当然，此前的唐宋传奇中，也并非完全没有商人形象出现。但那些作品中偶尔出现的商人，多是一种可怜虫形象。作为鲜明对比，冯天瑜指出在"三言""二拍"中出现的商人形象，再也不是受人欺凌的下等人，他们以正面形象扬眉吐气地站在读者面前。在《杨八老越国传奇》中，作者塑造了一个被倭寇掳去，几经艰辛，终于返回祖国的爱国商人的形象。在《施润泽滩阙遇友》中，作者赞扬了小手工业者拾金不昧、助人为乐的品德，并且评论道："当下夫妇二人，不以拾银为喜，反以还银为安，衣冠君子中，多有见利忘义的，不意愚夫愚妇倒有这等见识。"

针对长期以来对商人、商业的轻贱，"三言""二拍"还公开为商人、商业"正名"。冯天瑜指出，"三言""二拍"中文学人物的言行，表明了"市民登上社会舞台，逐渐改变着中世纪传统的价值观念和生活理想"[1]。有人弃农经商，有人弃官经商，读书人也不再皓首穷经，"读书不就"时另图门路，"凑些资本，买办货物，……图几分利息。"地主、官僚、读书人加入工商业者队伍，表明商人的社会地位发生了变化。

从业观念的改变，刺激着更多的人走上经商致富的人生道路。冯天瑜指出，"三言""二拍"的某些作品表现了有别于中世纪传统的经营地主的发财方式。在自然经济居统治地位的格局下，农产品的主体部分不进入市场进行交换。但是明代中后期，长江中下游某些地区开始出现经营地主，他们大规模改种经济作物，产品投入市场以赢利。《青楼市探人踪》里，四川新都杨姓地主，种植一千多亩红花，设有主管，专门负责红花买卖，每年收入八九百两出息。不仅此一家，"新都专产红花"，可见当地从事商业性农事耕作，已成规模。《卢太学诗酒傲王侯》里，卢楠"田产广多"，雇工上百人，且可预领"来岁工银"，其时还有酒饭接待。可见主人与雇工之间是没有人身依附关系的。这些都具有近代经营方式的特点，与传统的地租剥削和农民对地主的依附关系大相径庭。

冯天瑜观察到，作为资本主义生产方式萌芽状态的工场手工业情况，在"三言""二拍"里也有表现。《施润泽滩阙遇友》里，施复夫妇俩按商品生产规律办事，养蚕缫丝，十分讲求质量，"省吃俭用，昼夜营运"，在激烈的市场竞争中，利用竞争对手的失败扩充自己的实力，由"妻络夫织"的小机户发展成拥有三四十张织机、雇佣若干"小厮"的大机户，亦即手工工场主——近代资产阶级的前身。

冯天瑜认为，"三言""二拍"透露出新的时代消息的另一个亮点是表

---

[1] 冯天瑜：《明清文化史散论》，华中工学院出版社1984年版，第120页。

达了市民阶层突破礼教桎梏，追求真挚爱情的婚恋观念。《乐小舍拼生觅偶》里的商人弟子乐和，如痴如狂地爱慕顺娘，两人私下结为夫妇。成年后，两人被迫分开。但乐和非顺娘不娶，顺娘非乐和不嫁。一次钱塘观潮，两人意外相遇，分外亲热。顺娘不慎落入江水，乐和本不会水，"只是为情所使，不顾性命"，跃入波涛之中，在潮王的帮助下，救起顺娘。这才感动了顺娘父母，有情人终成眷属。《金明池吴清逢爱爱》里，爱爱与吴清一见钟情，因不得结合，抑郁而死。爱爱成鬼后，依然追求吴清。吴清的父母只得请来道士皇甫真人斩鬼驱邪。尽管道士法术高明，但还是被爱爱识破击败，那"皇甫真人已知斩妖剑不灵，自去入山修道去了"。

以上作品一写爱情得到神圣潮王的帮助，一写爱情战胜卫道者的法术，将作者颂扬真挚爱情的旨意，深刻表现出来。

《杜十娘怒沉百宝箱》是"三言""二拍"里最撼人心魄的篇章。敢爱敢恨的杜十娘发现心上人的背叛后怒不可遏，带着"百宝箱"一起葬身东流之水，显示了刚烈女子对礼教的愤怒控诉。冯天瑜论道："这个出人意料而又在情理之中的故事结局，彻底打破'大团圆'的俗套，把读者的思绪引向了社会批判的深远境界。《杜十娘怒沉百宝箱》不仅是'三言''二拍'中婚恋题材的悲剧杰作，而且也是我国古典文学中少有的悲剧小说高峰。"[1]

《散论》中，如果说《"三言""二拍"表现的明代历史变迁》反映的是社会民众层面的观念更新的话，那么，《徐光启的学术路线》及有关王夫之、黄宗羲、顾炎武的几篇论文，则揭示了明末士大夫阶层的具有特殊时代意义的思想异动。

冯天瑜在《徐光启的学术路线》中，从三个方面揭示了这一学术路

---

① 冯天瑜：《明清文化史散论》，华中工学院出版社1984年版，第137页。

线的时代意义。

——力主"经世致用"，反对空疏学风。

徐光启历经万历、泰昌、天启、崇祯四朝，其时社会危机，政治腐败，学风僵化、空疏。徐光启却与一般士大夫大相径庭，从青年时代起，徐光启就厌恶八股文的呆板和理学的空疏。他的眼光，总是向着经世致用的实际问题和理论问题。他终身致力于研究农业、军事、历法等关系国计民生的实务。

——博采外域知识，会通中西。

徐光启与利玛窦合作，翻译了《几何原本》等西方数学经典，推动"西学东渐"的展开。在此基础上，他力争中西会通，将中国传统文化与西方先进科技融会贯通并主张"西法不妨于兼收，诸家务取而参合"。他主持修订历法，"熔西人之精算，入大统之型模；正朔闰月，从中不从西；定气整度，从西不从中。"冯天瑜认为，"博采外域先进文明，熔中西学说于一炉，成为徐光启学术路线的一大特色。在这一点上，其他明代著名科学家李时珍、宋应星、徐霞客因对西学涉猎较浅，而显得大为逊色。"①

——数学语言和实证道路。

冯天瑜指出，近代科学方法有两个显著特征：一是实证道路，二是数学语言。这两者，尤其是后者，在徐光启那里都有所展现。徐光启高度重视数学在科学发展中的地位和作用。他还把数学方法引入社会科学领域。在《农政全书·田制》中，徐光启分析人口增长概率："生人之率，大抵三十年而加一倍，自非有大兵革，则不得减。"这是我国乃至世界历史上较早明确提出人口增长率的概念。徐光启重视数学语言的运用，重视原理和规律的探索，同时也不忽视实验手段。他在天文观测和农学

---

① 冯天瑜：《明清文化史散论》，华中工学院出版社 1984 年版，第 171 页。

实验方面都做了巨大努力。他的巨著《农政全书》，就是在亲自实验、观察取得大量实验材料后才完成的。

冯天瑜总结道："在中国古代文明发展的历程中，晚明是一个群星璀璨的时期。李时珍、徐霞客、宋应星、徐光启、方以智、熊勖等杰出的科学家各以自己的成就为中国早期启蒙思想准备了科技前提和科学思想材料，成为中华优秀传统文化思想的继承者和发扬者。在这批杰出人物中，徐光启所沿以前进的学术路线，尤其鲜明地指示了中国科学朝着近代方向发展的道路。"①

徐光启在科学观方面突破了中世纪的牢笼，王夫之则在历史观方面开出新局面。

冯天瑜在《王夫之理性主义历史观探微》中，肯定了王夫之的两大贡献。一是运用 17 世纪新的学术成果，对形形色色"命定论"历史观开展了范围广泛的大扫除；二是在扬弃旧说，吸取前人史论成果的基础上，提出了"势、理、天合一"的历史哲学，将我国古代史论提高到一个新的水平。

在扫除"命定论"历史观方面，冯天瑜注意到，王夫之的批判视野非常宽广，将邹衍的"五德终始说"、董仲舒的"三统循环论"、三国时期开始流行的"正统说"、唐宋盛行的"道统相继论""复古论"、邵雍以《周易》六十四卦说明社会治乱的"元会运世说"，统统置于扫荡之列。冯天瑜指出，"通观夫之对中国传统史论开展的批判，不难发现，他所运用的武器，正是'别开生面'的理性主义。这种理性主义的特征是对中世纪传统的蒙昧主义、神秘主义采取怀疑以至否定的态度，敢于'破先儒之说'，反对武断和盲从，把种种违背常识的附会之说、独断之论——哪怕它们风靡一时，甚至被视作天经地义——斥之为'妖妄'，将历史现

---

① 冯天瑜：《明清文化史散论》，华中工学院出版社 1984 年版，第 177 页。

象诉诸理性的评议。"①

王夫之的历史观，有破有立，破旧立新。他所立之"新"，是"势、理、天合一"的历史哲学。冯天瑜分析道：第一，王夫之根据大量历史现象，对"势"作了透彻的论述。第二，王夫之不仅致力于探讨历史变化的趋势，还努力穷究这种趋势中包蕴着的规律性，即所谓"理"。第三，王夫之探究历史规律的思想锋芒，没有止于"理"，他还进一步追求"势"与"理"的本原，但他不是从历史自身去追溯这个本原，而是将其归结于自然的"天"。

冯天瑜总结道：王夫之"势—理—天合一"史观的杰出之处在于，"力图从人的精神动力的后面。去追溯历史发展更深一层的动因。但他同其他旧唯物论者一样，不能从社会的经济生活和人们的阶级关系中寻求推动历史进程的根本力量。"② 王夫之历史观之理性主义的特征有三：其一，反对主观臆断，提倡"征之以可闻之实"；其二，反对蒙昧和迷信，注意发挥理智的作用；其三，反对超时空的史论，提倡带有历史主义萌芽的史学评论。"总之，就理性主义历史哲学的庞大、完备、深刻而论，夫之在中国文化史上都是超越前辈的，诚如谭嗣同所云：'五百年来，真通天人之故者，船山一人而已。'"③

与王夫之同为明清文化五百年标杆人物的还有顾炎武。冯天瑜在《顾炎武文化思想初探》中，揭示了顾炎武早期启蒙大师的历史地位。

冯天瑜论道，顾炎武之所以成为启蒙大师，首先在于他具有宽阔的文化观念。针对宋明理学对"文化"的禁锢和扭曲，顾炎武提出"博学于文"的命题。冯天瑜指出，顾炎武广阔的文化观又体现在他突破儒学独尊的学术格局，着力开启"云雷鼓震"的诸子百家之说。顾炎武虽然

①　冯天瑜：《明清文化史散论》，华中工学院出版社 1984 年版，第 188 页。

②　同上书，第 199 页。

③　同上书，第 202 页。

声称遵循"六经之所指"，但仍然十分推重诸子之学，认为诸子百家皆可服务于"开物之功，立言之用"①，无所谓异端。因此，百家之书应与九经并读。顾炎武还将研究目光投向少数民族文化，拂去正统史家"夷夏观"偏见的尘埃，坦率承认"中国之不如外国者有之"，国人应当效法其所长。

冯天瑜强调，顾炎武广阔的文化观还体现在他十分注重对各种文化现象作"史"的考察。无论经学、史学，都要溯源观流，"观其会通""究其条理"，才能推知演变之迹。对于音学，也要知其流变。他"潜心有年"，著《音学五书》，对古音和今音的更兴、唐韵与宋韵的陵替加以考察。难能可贵的是，顾炎武早于章学诚一百多年，提出"六经皆史"命题，把士人顶礼膜拜的经典还原为历史典籍，作为古代典章制度之源加以处理。这就与欧洲文艺复兴时期的学者把基督教经典看作制度史书有异曲同工之妙。

冯天瑜认为，基于对"文化"的广义的理解，顾炎武极为重视"风俗"的研究与改造，这是他文化思想的又一特色。顾炎武辞典里的"风俗"，实际上是社会意识的总称，亦即他的广阔文化观的具体图景。顾炎武分析明亡的原因，认为腐败的社会风俗是重要的一条，并总结道："治乱之关，必在人心风俗"（《亭林文集》卷四，"与人书"九）。人心风俗一旦腐坏，将导致比"亡国"更加严重的"亡天下"的恐怖局面：有鉴于此，顾炎武提出"变化人心，荡涤污俗"的社会改造方案。其手段有二。一是在民众中提倡名节，宣传名教，将"礼义廉耻"提升到"国之四维"的高度。二是展开清议，鼓励士人评议"政教风俗"之弊，以舆论的力量端正风俗。

冯天瑜评论道：就总体而言，顾炎武的风俗论尚属于唯心史观的范

---

① 《日知录》卷十九，"立言不为一时"条。

畴，但其间也含有不少合理的思想因子。"他注意到了'匹夫之心，天下之心也'；注意到了人心风俗的力量对社会面貌的重大影响；注意到了匡正风俗、端正人们精神面貌在变乱世为治世进程中的重要地位，这一切都给后哲以有益的启示。从这一意义上说，严复、梁启超、邹容、章炳麟乃至鲁迅，都是顾炎武改造社会风俗思想的继承者和发扬光大者。"①

冯天瑜指出，顾炎武文化思想的再一个特色是注重古代学术的考订与研究。他的学术重心在于对"古文经学"的继承与创新。其一，高度重视语音学。顾炎武认为，音韵之学为通经之钥，只有"审音学之原流""六经之文乃可读"（《亭林文集》卷二，"音学五书序"）。其二，精密考据。在语音考据方面，顾炎武主张"采山之铜"而非"购买旧钱"——立足第一手资料，将传统"本证""旁证"的传统方法运用到极致，"二者俱无，则宛转以审其音，参伍以谐其韵"（《音学五书·音论》）。其三，书本实证之外，十分注意实地调查。顾炎武反对"琐琐于典籍文字之间，而不稽之于道理徒步之下"的汉儒旧风。

冯天瑜总结道：如同欧洲文艺复兴诸大师回到古希腊一样，顾炎武对古代经学的回溯，正是因为其中蕴含了"比（中古）形而上学要正确些的因子"②。将这些因子发扬光大，便成为早期启蒙学者冲决中古玄学网罗的精神利器，代表了历史前进的方向。乾嘉学者尽管奉顾炎武为"开山祖师"，且在具体名物考据方面有所超越，但是他们缺乏对社会理想的憧憬，徘徊于古字古句的钻寻，因而丧失了顾炎武那种磅礴的气象，称不上顾氏精神气骨的后继者。顾炎武气象的真正继承者，是近代谭嗣同、梁启超、章炳麟等人。章炳麟改号"太炎"，明白宣示了他是顾炎武民族精神和治学风格的"嫡传正宗"。③

---

① 冯天瑜：《明清文化史散论》，华中工学院出版社 1984 年版，第 287 页。
② 恩格斯：《自然辩证法》，人民出版社 1957 年版，第 26 页。
③ 冯天瑜：《明清文化史散论》，华中工学院出版社 1984 年版，第 295 页。

第十章

解构专制：新民本思想

冯天瑜认为，明清五百多年被看作中国文化的转型期，很重要的精神表征之一，是明万历三十年到清康熙四十年（1602—1701 年）100 年间出现的新民本思想。这一认识的代表作，是他与谢贵安合著、2003 年由湖北人民出版社出版的《解构专制——明末清初"新民本"思想研究》。

新民本思想的代表人物，首推黄宗羲、唐甄，次及李贽、何心隐、顾炎武、王夫之、傅山、吕留良等。关于这些人的思想属性，学界此前已有不少研究。

清民之际，梁启超、谭嗣同、陈天华、孙中山等将黄宗羲等人的思想阐释为近代民权主义的先驱。这种看法在当代被侯外庐等学者加以阐发。侯外庐称黄宗羲的《明夷待访录》"类似人权宣言，尤以《原君》《原臣》《原法》诸篇明显地再现出民主主义思想"，认为"此书在清初是近代思维方法的伟著"①。他又称唐甄"已经蕴育出近代的民主思想，他的政治

---

① 侯外庐：《中国思想通史》，人民出版社 1956 年版，第 155 页。

论点，即从人民为国家的基础而出发"①。

与此观点不同的是，萧公权"细绎《待访录》之立言，觉梨洲虽反对专制而未能冲破君主政体之范围，故其思想实仍蹈袭孟子之故辙，未足以语于真正之转变。"对于唐甄，他认为"当知唐子据民本以抨专制，其识见已可推服，其不能由批评以达于积极之民权思想者，乃历史环境之限制，不足为《潜书》病也。"②金耀基在其《中国民本思想史》中，也把黄宗羲、唐甄列入民本思想家的阵营。

再一种看法是，以黄宗羲为代表的思想是一种"地主性的民主主义"。沟口雄三认为，"黄宗羲所谓的民，在本质上是指地主和工商富民阶层，从而他所谓的'自私自利的要求'无非就是包括黄宗羲在内的富民阶层的要求。"这种形态是"地主性的民主主义"与"地主性的人道主义"，而绝非"资产阶级的民主主义"和"资产阶级的人道主义"。

107

冯天瑜评价道，以上诸说"各有史据和学术理路，却又未能全面把握黄宗羲、唐甄辈政治理念的真髓，或拔之过高，或抑之过低。"冯天瑜认为，黄宗羲、唐甄辈的主张承袭"民本"又超越"民本"，逼近"民主"而并非"民主"，故以"新民本"名之较为妥当，其走势，则"确实具有超越中世纪专制制度的轨范而拉近近代政治的意味"，是承前启后的过渡思想。③

冯天瑜展开论述，说明"新民本"是一个较富真实历史内涵的概念。

从中国思想史发展的纵向角度看，明末清初"新民本"思潮承袭了先秦民本主义，它的基本思路、所用的术语等均来自民本主义；同时，它又吸收秦汉以来是异端——"非君论"的因素，对君主专制进行毫不

---

①　侯外庐：《中国思想通史》，人民出版社 1956 年版，第 306 页。

②　萧公权：《中国政治思想史》，辽宁教育出版社 1998 年版，第 560、566 页。

③　冯天瑜、谢贵安：《解构专制——明末清初"新民本"思想研究》，湖北人民出版社 2003 年版，第 362 页。

留情的批判；它还吸收了时代精神，明末的市民意识、东林党人的议政之风成为其直接的思想资源。因此，"新民本"不同于旧的民本思想，它包蕴着新的生产力因素，拥有新的阶级基础；另一方面，尽管它的议论之激烈表明它对君主专制似乎已忍无可忍，其对君权提出的种种限制措施，也表明它似乎已走到近代民主思想的边缘，但仍然没有从根本上突破"纲常"伦理的束缚，在其设计的未来政治蓝图中，保留了君主制度，因此仍然属于民本思想，不过这种业经改良的，已是"新民本"思想。

从中西思想史对比的横向角度看，"新民本"与欧洲同时期的启蒙思想固然有某种形式和某些内容的相似之处，但它们是在不同的文化传统和历史条件下孕育出来的两种文化类型及其政治学说，因此导致的结果是不同的：欧洲启蒙思想直接导致了封建专制主义的瓦解，开创了民主发展的新阶段；而明末清初"新民本"则并未导致君主专制制度的瓦解，在中国大地上出现的是又一个强盛的君主专制清王朝。因此，欧洲启蒙思想具有近代民主的性质，而"新民本"只是民本思想的一个新版本。①

关于"新民本"与传统民本思想的区别，冯天瑜论道：

其一，形成的历史背景不同。民本思想形成于春秋战国，其时战乱频仍，民不聊生，以"重民尊君"为宗旨的民本主义应运而生，目标是通过君主专制集权来消除战乱，维护安定。"新民本"则形成于明末清初，其时君主专制制度已运行 2000 多年，弊端毕现，从而催生了"重民限君"的"新民本"。

其二，对君主专制制度的态度不同。传统民本思想对君主专制中央集权充满希冀，而"新民本"对之满怀激愤。

其三，政治体制的设计不同。民本思想设计的政治蓝图，把维护国

---

① 冯天瑜、谢贵安：《解构专制——明末清初"新民本"思想研究》，湖北人民出版社 2003 年版，第 8 页。

家安定的希望寄托于君主专制政体，而"新民本"则试图对此政体进行大幅度改良，限制君权，主张"分治"，建立平等的君臣、君民关系。

其四，对君主的态度不同。传统民本主义抨击坏皇帝，颂扬好皇帝，而"新民本"全面否定一切专制帝王。

其五，对中央与地方的关系及体制的设计不同。传统民本主义主张以中央集权的郡县制取代分封制，而"新民本"则主张中央与地方分权而治，或实行封建、郡县并存。

其六，所代表的阶级利益不同。传统民本思想之"民"，是指以农民为基础、与君相对的社会群体，而"新民本"之"民"，是指以农民为基础，加上新兴工商业者、市民、经营性地主的成分复杂的社会群体。①

关于"新民本"与近代民主主义的区别，冯天瑜论道：

其一，有"民治"与无"民治"的区别。民主政治的基本概念，如林肯1863年在著名的《葛底斯堡演讲词》中所说，有人民的政府、由人民来治理、为了人民（The government of the people, by the people, for the people）。孙中山十分精炼传神地将其翻译"民有、民治、民享"。三者中富有感召力的是"民有"和"民享"，但最具有实际意义的还是"民治"。所以孙中山说"要必能治才能享，不能治焉能享，所谓民有总是假的。"②"新民本"不乏"民有""民享"的言论，如黄宗羲的"天下之治乱，不在一姓之兴亡，而在万民之忧乐"，但恰恰缺乏"民治"的内容和措施。顾炎武曾主张"众治"，但没有提出切实可行的办法。

其二，"三权分立"成立与不成立的区别。根据西方民主理论，近代民主的基本原则是权力必须制衡，基本构架是立法、司法、行政"三权分立"。不管是君主立宪制还是民主共和制，三权总是相互独立、相互制

---

① 冯天瑜、谢贵安：《解构专制——明末清初"新民本"思想研究》，湖北人民出版社2003年版，第15页。

② 《孙中山选集》，人民出版社1981年版，第493页。

约的。"新民本"虽然也提出了以相权制约君权、学校议政等主张，但这离所谓的"三权分立"距离甚远。"新民本"没有提出完善的权力制衡系统，所以其思想并不具备近代民主性质。

其三，虚君与实君的区别。近代民主的权力来源于民众的选票，君主在立宪政治下成为国家的花瓶，是所谓"虚君"。而"新民本"虽然猛烈批判了君主，主张限制君主的权力，但是他们设计的只是分君之权，而非虚君之位。如唐甄在《潜书·明鉴》中，把君主视作心，而把百姓视作心之所使唤的身，表现的还是君本位而非民本位的传统思想。①

冯天瑜指出，"新民本"思想家并非一个有组织的知识分子群体，而是在特定时代下，顺应潮流而出现的一群思想水平参差不齐、思考重点各不相同，但均在民本思想基础上进行过创新的思想家群体。这一群体大致可分为两部分。一部分是晚明王学左派，如李贽、何心隐等人，他们在伦理观念上的突破，为否定"君为臣纲"、猛烈抨击君主制度奠定了基础；另一部分是明末清初黄宗羲、顾炎武、王夫之、吕留良、傅山、唐甄等人。值得注意的是，黄宗羲对李贽等并不认同，指责"卓吾生平喜骂人，且其学术偏僻，骂之未始不可"②。顾炎武也斥责"自古以来，小人之无忌惮，而敢于叛圣人，莫甚于李贽。"（《日知录》卷十八，"明实录"）"新民本"思想的最后形成，以黄宗羲的《明夷待访录》系统提出限君方案、唐甄是《潜书》猛烈抨击君主专制制度为标志的。③

冯天瑜探索"新民本"的思想来源，丰富且驳杂。首先，直接承袭传统民本思想的基本元素。其次，继承原始民主的精义。再次，借取佛

---

① 冯天瑜、谢贵安：《解构专制——明末清初"新民本"思想研究》，湖北人民出版社 2003 年版，第 18 页。
② 《黄宗羲全集》第一册，浙江古籍出版社 1985 年版，第 206 页。
③ 冯天瑜、谢贵安：《解构专制——明末清初"新民本"思想研究》，湖北人民出版社 2003 年版，第 9 页。

教众生平等思想。复次，吸取中古异端思想成分。最后，从明代社会生活中汲取源头活水。

从思想内容方面剖析，冯天瑜将"新民本"分为三个层面。第一个层面是其哲学基础，包括自然人性论与自然权利论等；第二个层面是政治观念，包括抨击君主专制制度，全面限制君主权力，要求重新确立君臣关系、君民关系、官民关系等；第三个层面是作为政治观念外延的军事思想、经济思想，例如兵民合一，工商皆本，经世致用等。①

"新民本"思想的哲学基础，包括自然人性论和自然权利论。

"新民本"自然人性论实际上是对宋明理学"存天理，灭人欲"观念的解缚，是维护万民身心利益的哲学基础。"新民本"思想家的自然权利论承认万民拥有天然的权利，包括经济和政治权利，君主的权力是因为万民需要而由上天赋予或由万民授予。对于残暴的君主，万民有讨伐反抗（放伐）的天然权利。自然权利论反思君权的起源，从而成为否定君主专制的哲学武器。

政治观念是"新民本"思想的核心要素，是其时代价值和思想史意义的集中表达。对此，冯天瑜分五个方面展开论述。

其一，全面反省和整体批判二千多年君主专制制度。冯天瑜注意到，"新民本"思想家从纵横两个向度观察、判断两千年君主专制制度的缺陷。从纵向考察，他们发现君主专制的演变，一代不如一代。从横向考察，皇帝集权在政治、经济、军事、文化各个方面都存在弊端，产生罪恶。政治上，"新民本"思想家揭露君主专制"私天下"的本质。经济上，"新民本"思想家谴责官吏虐政，造成百姓生活穷困。军事上，"新民本"思想家控诉专制制度下军队杀敌无能，残民有方。文化思想上，"新民本"思想家谴责在君主专制制度下意识形态的奴仆化，儒者成了君

① 冯天瑜、谢贵安：《解构专制——明末清初"新民本"思想研究》，湖北人民出版社 2003 年版，第 10 页。

王的应声虫。"新民本"思想家对造成社会灾难的原因层层剥离，穷追猛打，将批判矛头直指皇帝本人。他们强调，奸臣、宦官、女祸都不是政治腐败、国家灭亡的根本原因，根本原因在于皇帝本身。

冯天瑜小结道："既然专制君王是一切灾难的总根源，那么改造君主制度便成为摆在新民本思想家面前的重大命题。傅山甚至鼓吹以暴力这种看似无理的手段来达到目的，……主张打破固有的'有理'秩序，建立新的'无理'秩序，并对陈胜、吴广这样的农民起义加以肯定，完全是颠倒乾坤的反传统观念，表现出新民本思想家前卫的思维风格。"①

其二，探讨国家（王朝）与天下之别，动摇君主专制的理论基础。冯天瑜指出："新民本思想家有关'国家（王朝）与天下之辨'的实质虽然是传统民本思想的'公私之辨'，这种分辨的目的是使人们认清君主与天下的本质差异，从而导向对现行君主专制制度的整体否定。而传统民本思想强调'公私之辨'仅仅是为了约束君主的个人私欲，二者有重大的差别。'国家与天下之辨'的'国家'指君主建立的王朝；'天下'则指超越于国家（王朝）之上的社会、民族和文化传统。"②

其三，建立新型君臣关系。冯天瑜揭示："对君臣地位重新规定和调整，建立一种朋友和同事般的君臣关系，是'新民本'的一大创意。臣是民与君之间联系的桥梁，如果说传统民本体系中臣起到代天子君临下民的作用的话，那么新民本体系中的臣，则借万民之力与君平起平坐，起到限制君主权力的作用。"③

其四，强调君民关系中民的主导地位。冯天瑜指出："如果说传统民本思想中民常常作为一种抽象的精神力量的话，那么新民本思想中民则

①　冯天瑜、谢贵安：《解构专制——明末清初"新民本"思想研究》，湖北人民出版社2003年版，第151页。

②　同上书，第155页。

③　同上书，第164页。

是一种实实在在的社会力量，对君主起了一种分治和限制的作用"。①

其五，重新规划分权分治政治制度，极力限制君权。冯天瑜认为："'新民本'尚未找到一个对君主制度取而代之的方案，在规划未来政治时，只能对皇权加以种种限制。限制皇权的措施分为两方面，一是恢复宰相、学校议政和增大地方权力，对国家实行'分治'；二是减少皇帝权力，阻止皇帝的附属物——宦官和女御干政。通过权力的消长达到力量的平衡，使皇权受到制约。"②

冯天瑜总结道："综观之，新民本思想家谴责君主专制制度以唐甄最为激烈；规划新的政治蓝图以黄宗羲较为系统。唐甄生年晚于黄宗羲20年，但两人并无交流，黄与时代相近的顾、王、傅等也极少沟通，他们虽有着内在的此呼彼应，却基本处在人自为战、孤立创作的状态，这对形成破立交织的体系造成障碍。"③

"新民本"之"民"，既是指抽象的与"天意"相通的"民意"的体现者，也是指具体的三个社会群体：一是城市手工业商业者；二是商业性地主或经营性地主；三是以东林党和复社为代表的"新士人"。"新民本"代表他们的经济利益，提出了一系列有利于商品经济、民营经济发展的主张。冯天瑜指出，中国历代均推行重农抑商政策，农本商末的观念根深蒂固。宋明以后，随着商品经济的繁荣，情况有所变化。重视商业、商人的言论不时见诸士人的笔下。

"新民本"经济思想还包括反对官府超经济掠夺、发展民间私人经济的"富民"主张。"新民本"的军事思想内容不多，主要是反对把战争作为君主争夺天下的工具，谴责君主是战争罪责的主要承担者。提出"兵

---

① 冯天瑜、谢贵安：《解构专制——明末清初"新民本"思想研究》，湖北人民出版社2003年版，第181页。
② 同上书，第191页。
③ 同上书，第231页。

农合一”论和“文武合一”论。

冯天瑜认为，明末清初"新民本"思想的标本，无疑首推黄宗羲的《明夷待访录》。"承袭着东林、复社议政传统，反映着早期市民挣脱君主专制的政治憧憬的黄宗羲，近取对明季弊政的切肤感受，又远纳三代以下的思想资源，并放眼来世，成就一部兼具现实性、超越性、前瞻性的政治哲学杰作。"①

黄宗羲期待什么人访求这本书？冯天瑜认为，"他的希望既不会寄托于明朝的专制帝王，也不会寄托于清朝的异族皇上，因此，黄宗羲的目光只能是投向未来的。二百多年后的梁启超与黄氏心印相通，指出'梨洲云云，自为代清而起者说法'。"②黄宗羲期待的是君主专制主义及其制度的终结者。

冯天瑜从五个方面论述了《明夷待访录》的政治创识。③

其一，质疑传统"君论"，从总体上否定专制君主，对专制君主制度的合法性提出尖锐挑战。其二，一反尊君卑臣的传统"臣论"，给士人指出挣脱王权主义桎梏的精神路向。其三，从"天下本位论"出发，区分"三代以上之法"与"三代以下之法"。其四，为克服君主世袭制的弊端，力倡发挥传贤的宰相的功能，并猛烈抨击绝对君权的派生物宦官干政。其五，为制衡君主独断，主张学校议政，公是非于天下。

关于《明夷待访录》政治理念的"近代性"问题，冯天瑜有如下精彩分析：

《明夷待访录》对传统的民本思想有因有革，对中古异端既采借又扬弃，在此基础上，开展政治领域清理旧地基，树立新建筑两方面的工作。

---

① 冯天瑜、谢贵安：《解构专制——明末清初"新民本"思想研究》，湖北人民出版社 2003 年版，第 334 页。

② 同上书，第 336 页。

③ 同上书，第 337—351 页。

就前者而言，可谓大刀阔斧，酣畅淋漓，对专制君主制度进行了词情并茂的整体性批判，将运行到前近代的此一制度的种种弊害揭示天下，其内容的系统性、彻底性，不仅在中国思想史上是空前的，就是与欧洲 18 世纪启蒙大师抨击封建专制制度的论述相比，也并不逊色。

就后者而论，也不乏建设性创见，如传贤代世袭论、君臣同事论、学校议政论、工商皆本论等，都直逼近代政治理念。但就总体而言，黄宗羲正面论及政治建设，往往踯躅徘徊，进退失据，其设计往往在"三代古制"的名目下，曲曲折折表达出来，为未来政治勾勒出的是一幅新旧杂糅、真实同虚幻共存的图景。其中饶有新趣的政见，多缺乏具体规定性和可操作性。与孟德斯鸠的《论法的精神》、卢梭的《社会契约论》所描绘的近代政治蓝图不可同日而语。《明夷待访录》的这种性状，真实反映了中古晚期中国初级启蒙思想的特征。

冯天瑜指出，《明夷待访录》在"破旧"与"立新"两方面的努力，反映了 17 世纪中叶中国政治哲学所能达到的时代极限。正因为它对中国传统君主专制制度开展了总清算，又提出若干新的政治理念，虽然在作者的时代受到冷落，清中叶还被列为禁书，但时至清末，当政治革命的使命提上日程之际，吸取西方近代民主理念的觉醒者从这部蒙上厚重尘埃的著作中找到了本土文化的印证。梁启超、谭嗣同等都曾兴奋地谈及《明夷待访录》的刺激与启发。

冯天瑜的总结是："《明夷待访录》对传统的民本论和中古政治异端作了创造性扬弃，其政治理念在若干方面直逼近代民主理念，但毕竟没有正式跨入民主主义的门槛，故我们可以将其定位为'新民本思想'。而它在中国近代政治运动中所发挥的衔接古今、汇通中西的枢纽作用，则表明它确乎包蕴着某种近代性基因，为转型时代提供了宝贵的借鉴资源。"[1]

---

[1]　冯天瑜、谢贵安：《解构专制——明末清初"新民本"思想研究》，湖北人民出版社 2003 年版，第 358 页。

第十一章

通往近代新学的桥梁

冯天瑜认为，明清五百年被看作中国文化的转型期，很重要的精神表征之一，是晚清嘉庆、道光以降直至甲午之战惨败期间盛行的经世实学，它实际上构成中国传统"古学"通往近代"新学"的桥梁。围绕这一认识，他撰写了《从明清之际早期启蒙文化到近代新学》[①]《道光咸丰年间的经世实学》[②]《道咸经世派的"开眼看世界"》[③]《从元典的忧患意识到近代救亡思潮》[④]等一系列论文，又与黄长义合作，于 2002 年推出专著《晚清经世实学》，由上海社会科学院出版社出版。

冯天瑜指出，在中国近代文化史上，"西学"与"新学"这两个概念有许多交叉之处。19 世纪中叶以后，西方资本主义用巨舰、鸦片和商品

---

① 载《历史研究》1985 年第 5 期。
② 载《历史研究》1987 年第 4 期。
③ 载《近代史研究》1991 年第 6 期。
④ 载《历史研究》1994 年第 2 期。

打开清王朝紧闭的国门。创巨痛深的打击，使得国人从"子曰诗云"的迷梦中惊醒，转而学习西方，引入许多新的技术艺能、思想学说、社会理想，"以至中国近代新学从内容到形式都深受西学的熏染，不少新学家亦言必称西学。这样，人们往往把新学看成全然是'外铄'的意识形态，看成西学的东方翻版"，"此类见解显然失之偏颇"①。

冯天瑜辨析道：首先，西学同中学一样，也有古今之分。元明以前，中学与西学没有大的差距。明中叶以后，培根、笛卡尔、牛顿、伽利略出现，新学方兴。这就是说，西学在 16 世纪以降才发生从"古学"到"新学"的转变。而从 16 世纪末叶以来，中国人通过来华耶稣会士习得的"西学"，也是新旧杂糅的。"因此，笼统地说'西学即新学'，既未全面反映西学的实际状况，也与'西学东渐'的历程不甚吻合。"

其次，中国近代新学固然受到西学的启迪和推进，但外来文化只有通过中国社会内部的因素才能发挥作用。这里且不论新学的特定形态受到中国近代经济政治条件的制约，仅就新学因袭着中国文化传统这一点而言，便不可将新学与西学混为一谈。冯天瑜强调："新学的近代性虽然在很大程度上由西学所赋予，但它的某些基因还深藏在近古民族文化的母胎之中。因此，我们在考察中国近代新学的特点及其形成史时，既要注意'西学东渐'这一横向运动的历程，也要探索近代新学与近古民族文化之间的渊源关系这一纵向运动的历程。只有对这两个方面进行综合研究，才能准确把握中国近代新学的特质，了解它同西方新学的统一性和差异性，透视中国文化在走向近代的过程中怎样受到中华民族独有的心理素质民族性格和文化传统的影响。"②

冯天瑜认为，明清之际，中国文化就出现了由"古学"走向"新学"

---

① ② 冯天瑜：《从明清之际早期启蒙文化到近代新学》，《历史研究》1985 年第 5 期。

的最初征兆。明代学术空疏的病端,到其末年已昭显无遗。一种与之相抗衡的"实学"在明清之际应运而生。"这一阶段的学风力矫'束书不观,游谈无根'之弊,易主观玄想为客观考察,改空谈为证实,把学术研究的领域扩大到自然和社会的众多实际领域,天文、地理、九经、诸史、河漕、兵工、山岳、风俗、吏治、财赋、典礼、制度、文物,莫不精究。"① 徐光启、顾炎武、王夫之、黄宗羲等人便是这一学风的代表人物。他们以"实事求是"为治学圭臬,注意考镜源流,不泥守旧注古训,重视调查研究和第一手材料的占有,并有对外来文化兼容并包的阔大襟怀,从而将自先秦以来的古典文化的优良传统发扬光大,达到我国文化史上又一个辉煌的高峰。②

冯天瑜非常遗憾地指出,17 世纪颇有声色的早期启蒙思潮,在 18 世纪和 19 世纪初叶,只回荡着零星的回音。这一百多年间,思想文化界"万马齐喑",压抑沉闷,学术出现由"经世"向"逃世"退化的趋向。"乾嘉学派"盛极一时,考据家们"躲起来读经,校刊古书,做些古时的文章,和当时毫无关系的文章。"③

直到 19 世纪上半叶,西方资本主义大举东来,中华帝国紧锁的国门被暴力撞开。龚自珍、魏源等人率先举起改变学风的旗帜,"开始把视野由故纸堆转向矛盾丛生、危机四伏的现实世界,从而在新的历史条件下,再次经历了文化潮流的大转变"④,这就是晚清经世实学的复兴。

冯天瑜划分晚清经世实学为四个阶段。⑤

第一阶段,晚清经世实学的复兴期。嘉庆、道光以降,清朝国势已

---

①④ 冯天瑜:《从明清之际早期启蒙文化到近代新学》,《历史研究》1985 年第 5 期。

② 参见本书"袭常与新变:明清文化五百年"和"新民本思想"两章。

③ 鲁迅:《三闲集·无声的中国》。

⑤ 见《晚清经世实学》,上海社会科学院出版社 2002 年版,第 581—584 页。

成"日之将夕，悲风骤至"的衰世。内忧外患，接踵而至。一批以"治平"为己任的士人及开明官绅，重振经世致用的学风，以求救时良策，遂使久已湮灭的经世之学迅速复兴。陶澍、林则徐、贺长龄、包世臣、龚自珍、魏源等人是这一时期经世派的佼佼者。

第二阶段，晚清经世实学的高潮期。咸丰十年（1860 年）第二次鸦片战争的失败，使清朝统治者和士大夫们感到"创巨痛深"，一批主张采纳西学的有识之士，深感传统经世之学已不敷时用。他们掀起了以"求强""求富"为目标的洋务运动，不仅将晚清经世实学推向高潮，而且造成中国文化结构的异动，为近代"新学"的产生奠定了基础。曾国藩、左宗棠、李鸿章、张之洞便是晚清经世派的第二代核心人物。

第三阶段，晚清经世实学的蜕变期。19 世纪 70—80 年代，以冯桂芬、郭嵩焘、王韬、马建忠、薛福成、郑观应等为代表的早期维新派人士，认识到不仅要学习西方技艺，还要学习西方的经济、文化和政治制度，实行深刻的社会变革。他们的经世思想大大逸出中国古学的轨范，已非传统的经世实学所能涵盖。但他们经学的根柢不深，因而最终未能完成经学的解构，实现从经世实学向近代新学的转换。

第四阶段，晚清经世实学的终结期。光绪二十年（1894 年）甲午战争的结局，宣告洋务派 30 年自强运动的失败。康有为、梁启超领导的维新变法运动迅速兴起，完成了由经世实学向近代新学的转换。章太炎、严复等人对传统学术的批判和对近代学术精神的诠释，更从逻辑上宣告了晚清经世实学的终结。晚清新政中科举制的废除和近代学制的建立，使"士"这一旧的社会群体逐渐消失，代之而起的是接受新式教育的各类专业知识分子。这一社会历史变动，使经世实学最终成为历史的陈迹。

关于晚清经世实学的复兴期，冯天瑜认为：魏源的《圣武记叙》揭示了社会巨变给一个敏感士子造成的心灵震撼，凸显了嘉道以降经世实学兴起的历史必然性。此后，清代学风从乾嘉学派的客观主义、古典主义转向功利主义、现实主义，这与三个具体因素直接相关。其一，清王朝盛极而衰，统治阶级对意识形态领域的控制大为松弛。其二，清中叶以降，士人生产过剩，仕途拥挤，读书人或屡试不中，或取得功名又蹉跎不前。这种"旷才在野，可为寒心"①的境遇，加剧了那些怀抱"治世"理想的士子对科举制度的不满。他们摆脱八股制度的束缚，毅然走向实政、实用、实行之学。其三，就学术流变内部因素而言，极一时之盛的汉学（考据学）因专事训诂章句，而受到来自宋学和今文经学两方面的严厉批评。曾国藩等人提出"义理、词章、经济、考据"四学并举，由宋学走向经世实学。龚自珍、魏源等人则在今文经学的旗号下，开学人议政之风，倡变法之议，引导一代学人走向经世实学。

冯天瑜梳理道光、咸丰年间的经世实学，大致包括以下内容：②其一，讥切时政，诋排专制，倡言变法。提倡议政最力的是龚自珍，"三寸舌，一支笔，万言书，万人敌"（《行路易》，《定庵集外未刻诗》）。其二，研讨漕运、海运、盐法、河工、农事等"大政"。最早提出漕运、盐法、河工"三大政"综合治理的是包世臣。其三，探究边疆史地以筹边防，"谈瀛海故实"以谋御外。龚自珍率先留意"天地东西南北之学"，引起经世学人研究边疆史地的热潮。不仅如此，经世学人还将目光远射海外，竞相"谈瀛海故实"以谋抵御外来侵略。林则徐编《四洲志》，魏源撰《海国图志》，徐继畬撰《瀛环志略》。冯天瑜评论："他们的论著中所洋溢着的爱国主义激情和觅新知于外域的理性精神，正是传统的经世之学走向近代新学的契机所在"。③其四，变一味考辨古史为书写当代史。探讨本朝掌故，纂修当代史，是魏源等人经世观念的突出表征。

关于晚清经世实学的高潮期，冯天瑜梳理了洋务派大吏曾、左、李、

---

① 包世臣：《说储上篇序目》。
②③ 冯天瑜：《道光咸丰间的经世实学》，《历史研究》1987 年第 4 期。

张的经世观念与经世实践。①

曾国藩服膺程朱理学，又全力研习经世之学，成为兼具"中兴名臣"和儒学正宗双重身份的经世派主将。左宗棠出身贫寒，早涉忧患。因为地缘的机遇，他与贺长龄、陶澍等道咸经世派联系紧密，青年时代便形成了经邦治国的强烈意识。李鸿章担任直隶总督兼北洋大臣 25 年之久，是洋务运动的实际主持者。李鸿章对纯学理探讨不感兴趣，而十分留心时事，注意观察现实问题，以振兴国家为己任。

张之洞是洋务运动的迟到者，但他后来居上。1894 年，北洋水师全军覆没，而张之洞的洋务事业恰在这前后进入高潮。光绪二十四年（1898 年），张之洞撰《劝学篇》，使"中体西用"成为时代流行语。他不仅从理论上阐发了"中体西用"论的精义，而且致力于将其物化为晚清社会、经济、军事、教育领域的现实。曾、左、李、张等人推行"洋务""新政"的实绩，人们耳熟能详。他们建工厂，兴实业，练新军，办教育，开交通，开始了中国近代化的实际进程，这是晚清经世实学最为显著的历史贡献。

关于晚清经世实学的蜕变期，冯天瑜认为，冯桂芬、郭嵩焘、王韬、马建忠、薛福成、郑观应等人是主张变法图强的维新派思想家群体。他们与洋务派大吏有着密切的联系。郭嵩焘是曾国藩的至交，薛福成是曾门弟子，冯桂芬、郑观应是李鸿章的幕僚。他们批评洋务派大吏并没有习得西方近代新学的真髓，仅袭皮毛，因而也无法实现洋务初衷。这些当时中国最有学识的士人，"上承道咸经世实学，又全力吸纳西学新知，使经世实学的内涵不断扩展，渐有突破古典学术之势。"②

冯天瑜指出，维新派思想家与洋务派的区别在于，洋务派"变器不

① 冯天瑜、黄长义：《晚清经世实学》，上海社会科学院出版社 2002 年版，第312—461 页。

② 同上书，第 462 页。

变道"，"布新"而不"除旧"。维新派则不仅要学习西方的坚船利炮，还要学习西方的政治学说和政治制度，实行更深刻的社会变革。此外，维新派思想家有别于洋务派大吏的另一个重要思想是鼓吹民权政治。他们继承古代民本思想的精华，与西方近代民主理念融通，形成初步的近代民权思想。

关于晚清经世实学的终结期，冯天瑜肯定，甲午战败，马关约成，举国震骇。在康有为、梁启超等维新派推动下，声势浩大的变法运动在全国迅猛兴起。"与此相适应，一场为维新变法寻求学理依据和指导思想的新型文化运动，也以狂飙之势席卷中华大地。经世精神在这场疾风暴雨般的政治运动和文化运动中得到充分体现，而且也正是维新变法，终结了晚清经世实学。"[1]

冯天瑜指出，为了论证维新变法的合理性、必要性和紧迫性，康有为创制出一套"不中不西即中即西"的"新学"体系，最终完成了传统经世实学向近代新学的转变。传统经世实学和近代西学，是康有为创立"新学"的两大知识来源。

康有为早年受严格的正统儒学教育，经过艰苦的上下求索，康有为的思想体系渐为明晰。他撰写《诸天讲》《人类公理》等著作，糅合今文经学的公羊学说，"以进化之理释经世之志"，表变法之思。

冯天瑜强调，康有为以今文经学的形式来阐释变法理论，深受廖平经学史学的影响。光绪十四年（1888年），廖平撰成《知圣篇》和《辟刘篇》，推崇今文经学为孔圣之真，揭露古文经学乃刘歆作伪，强调孔子"微言"的真谛是"改制"。康有为接受了这一认知，推而阐之，撰写《新学伪经考》《孔子改制考》和《大同书》，建构起自己的变法理论体系。冯天瑜判断："廖平属于'牵于例'的经生派，而康有为则是'究于义'

---

[1]　冯天瑜、黄长义：《晚清经世实学》，上海社会科学院出版社2002年版，第508页。

的维新派，他将西学新知与今文经学杂糅在一起，形成'不中不西即中即西'之新学。"①

康有为在长兴学舍和万木草堂的讲学，培养了梁启超等一批维新骨干。他的著作除《大同书》"秘不示人"外，《新学伪经考》和《孔子改制考》都在史学界、学术界产生巨大影响。梁启超称之掀起了思想领域的"飓风"和"地震"。

冯天瑜归纳道："《新学伪经考》和《孔子改制考》从文化根基上破除了旧制度的权威，确立了变法改制的新权威，这一破一立，完成了今文经学向近代意识形态的转化。"②紧接着，冯天瑜指出《新学伪经考》和《孔子改制考》固然轰动一时，掀起思想界的"飓风"和"地震"，但在学术上却备受攻击。其中最重要的原因，是两《考》中出现的一系列学术失范现象：

首先，康有为虽然高擎公羊今文学大旗，却不守今文学之家法。他一再斥责考据为无用之学，但在两《考》中，乾嘉汉学的考据手法俯拾皆是。章太炎就批评康有为"立说不纯"，自乱家法。

其次，今文经学本来就多"非常异议可怪之论"，而康有为"以好博好异之故，往往不惜抹杀证据或曲解证据，以犯科学家之大忌"（《清代学术概论》）。两《考》中虚构、捏造之处多多，违背常理和逻辑的诡谲之论不一而足。

这种种学术失范使得《新学伪经考》和《孔子改制考》经不起严格学术意义上的真伪之考验。冯天瑜评论道：

乾嘉考据学提倡"考证"之"实"，却不能贯彻"实用"之

---

① 冯天瑜、黄长义：《晚清经世实学》，上海社会科学院出版社2002年版，第513页。
② 同上书，第518页。

"实",而康有为则是提倡"经世"之"实",却不能贯彻"实学"之"实"。所以梁启超说:"有为、启超皆抱启蒙期'致用'的观念,借经术以文饰其政论,颇失'为经学而治经学'之本意,故其业不昌,而转成为欧西思想输入之导引。"康有为的学术缺失并不只是他个人的学术困境,它反映的是整个传统学术的没落和困境,是以经学为中心的传统学术不能经世致用,而新思想、新学术又未能成为主流这种新旧纠缠、死的拖住活的的历史情势的写照。①

关于晚清经世实学的终结、近代"新学"的确立,冯天瑜认为,这与章太炎、严复的创造性思想劳作密切相关。

章太炎是中国学术史上自成宗派的巨人。与康有为由今文经学走向近代新学不同,章太炎是由古文经学走向近代新学。康有为以今文经学倡导维新变法,既从政治上激发了章太炎要求变革的思想,也从学术上促进了他"求是"精神的发展。对于康有为今文学下的"伪经说""改制说",坚持古文经学立场的章太炎始终不能赞同。

冯天瑜指出,针对康有为强物就我、随意附会的实用主义治学方法,章太炎坚持"实事求是"的治学风格。由考据通经,由通经达道,是章氏心目中的治经正道。他认为,撇开音韵训诂而侈谈通经致用,只是"大言欺世"。治经固然可以"明流变""审因革",但并非今文家吹嘘的以经术直接治理国家。从根本上讲,治经本在"求是"而非"讽议"。当然,章太炎并不完全反对经世致用,而是主张在"求是"的继承上讲"致用",追求二者的统一。冯天瑜总结道:"章太炎的论学宗旨可以概括为:治学以求是为先,不必讲求致用,而经世必须借重学术,求是是第

---

① 冯天瑜、黄长义:《晚清经世实学》,上海社会科学院出版社 2002 年版,第 522 页。

一位的，致用则是第二位的。用章太炎自己的话说就是：'学在求是，不以致用；用在亲民，不在干禄'。"①

论及近代新学的确立，冯天瑜认为严复的功绩贡献不容忽视。严复幼读经史，14 岁考入左宗棠创办的福州船政学堂，学习西学新知。光绪三年（1877 年）赴英国留学，学习海军，同时关注西方政教制度、文化风俗，经常与"忘年交"驻英公使郭嵩焘讨论中西学术政制的异同优劣。这一经历使严复在当时士林学子中，堪称中学西学皆一流的顶级人物。光绪二十一年（1895 年），受甲午战败刺激，严复连续发表《论世变之亟》《原强》《辟韩》《救亡决论》，他剖析中西文明的差异，认为产生差异的根本原因在于"自由"之有无。

冯天瑜赞扬道："从维新变法运动到辛亥革命爆发前的十余年间，是严复一生中精力最旺盛、学问造诣最为宏厚、思想和认识最为成熟的年代，他将主要精力投入翻译 18、19 世纪西方政治学、经济学、社会学、法学、哲学、逻辑学诸方面的代表作品，向中国知识分子系统地介绍了'西学'的精华，即其所说的'西学命脉之所在'。他的这些富有成效的翻译工作，不仅使当时中国人耳目为之一新，发现了一片新的文化天地，而且为中国学术的更新，为中国近代社会科学的创建奠定了重要基础。"②严复预告了新学术时代的来临。

关于经世实学的历史终结，冯天瑜认为发生在 19、20 世纪之交的晚清"新政"以后。

戊戌维新掀起的文化变动只是从逻辑上而非现实地结束了晚清经世实学。三年后，扑灭维新运动的慈禧太后发布"新政"上谕，摒弃了变法的"民权"诉求，而承袭了变法的诸多近代经济、文化主张。实行

① 冯天瑜、黄长义：《晚清经世实学》，上海社会科学院出版社 2002 年版，第 528 页。
② 同上书，第 536 页。

1300 多年的科举制被废除，切断了"士"的社会来源和上升通道，传统的"士农工商"四民社会完全解体。与此同时，近代学制确立，学术分科发展成为不可逆转的时代趋势。传统经学的至尊地位被颠覆。新式学堂培养的各类专业知识分子用以服务国家、民族、社会的学问，也不再是传统的经世之学，而是近代新学。正是这一深刻的社会变动，使经世实学最终成为历史的陈迹。①

① 冯天瑜、黄长义：《晚清经世实学》，上海社会科学院出版社 2002 年版，第 545 页。

第十二章

从"文化生态"到"文化生成"

2011 年，武汉大学出版社设计推出《中国专门史文库》，请冯天瑜出任主编，由省新闻出版局副局长陈锋教授和笔者协助其事。出版社恳切希望冯先生能够提供新作，纳入《文库》，以提升《文库》的品位质量，这便是约 80 万言两卷本《中国文化生成史》（以下简称《生成史》）的由来。

20 世纪 80、90 年代，冯天瑜在《中国古文化的奥秘》《中华文化史》等著作中，已经对中国文化之所以悠久、浩博的历史依据、社会机制进行了深入的剖析。在《生成史》中，冯天瑜在以往研究的基础上，进一步拓深创新，寻根索源，鉴往知来，将文化生态说升格为中国文化生成史学科理论，并将其基因奥秘一一解码，嘉惠学林，泽被后学，启发大众，意蕴丰厚。

文化生态是文化生成的基础——这是冯天瑜多年致力探讨、创新的核心理论。在 20 世纪 90 年代问世的《中华文化史》中，他提出文化生态三层次说，即自然环境、社会经济环境和社会制度环境。经过 20 余年的思考、提炼，在《生成史》中，冯天瑜将其修订为文化生态四因素说，即地理环境、经济基础、社会结构、政治制度。两相比较，重大区别是将社会制度环境一目，进一步细化，分为社会结构、政治制度两目。这一重要修订的学理意义在于，明确提出并强调，以宗法制、地主制、专制帝制相交织为特征的皇权政治，是构成中国文化生态的重要一维。

进入 21 世纪后，冯天瑜集中精力，围绕"封建"名实关系，开展历史文化语义学研究，于 2006 年推出约 50 万言的巨著《"封建"考论》。针对学界数十年"泛化封建观"风行天下的局面，冯天瑜力辟陈说，认为以"封建"命名秦以下两千年的中国社会，是不恰当的，违反了"制名以指实、循旧以创新、中外义通约、形与义切合"的历史分期命名标准。依据这一标准，他认为，秦至清两千余年的社会形态，宜命名为"宗法地主专制社会"，可简称为"皇权时代"[1]。而全部中国历史的分期，可划分为原始时代、封建时代、皇权时代、共和时代。考虑到中国历代的长期性、繁复性，还可进一步细分为：原始群时代；氏族共同体时代，或称万邦时代（先夏及夏代）；宗法封建时代（商代及西周）；宗法封建解体时代（春秋、战国）；皇权时代前期（秦至中唐）；皇权时代后期（中唐至清）；共和时代（民国、人民共和国）。[2]

凸显皇权政治对中国文化生成的影响，是《生成史》理论创新的重心之一。为此，冯天瑜特立专章，讨论"尊君""重民"角力的中国皇权文化，特别是详尽论述了传统中国两种政制类型周制与秦制的政治特点和文化功能。

回顾历史，中国前近代社会一直笼罩在周制与秦制共构的皇权政治大纛之下。儒家倡言周制，法家力行秦制，而历代执政者的主要方略是

---

① 冯天瑜：《"封建"考论》，武汉大学出版社 2007 年版，第 515 页。

② 同上书，第 519 页。

兼领二者，儒表而法里，霸王道杂之。因此，他提出"研讨中国政治文化的生成奥秘，须从考析'周制'与'秦制'的异同及其互动入手。"①

宗法封建的"周制"，是儒家推崇的政治范式。它以兴起于商、成熟于西周的宗法封建制为历史依据，保有原始民主遗存，实行天子与贵族分权共治。孔子以文王、武王、周公的继承者自居，"郁郁乎文哉！吾从周。"他执着维系周制的要义——仁与礼，试图"兴灭国，继绝世，举逸民"，并不顺应帝国一统的时代前进大趋势，因此四处碰壁，甚至"累累若丧家之狗"。但是，统一的中央集权帝国建立并巩固之后，儒家及其推崇的"周制"却逐渐得到帝王们的青睐。这是因为，"周制"下的"天下有道""礼乐征伐自天子出"，切合皇权帝国"大一统"的诉求；儒家倡导的"仁政""王道"，有利于缓解社会矛盾，促成社会稳定；儒家重视等级名分、道德修养的价值取向，成为专制皇权用以训导百姓安分守己、不思异动的教化利器。

君主集权的"秦制"，以法家学说为理论基础，废封建而立郡县，高度集权，严刑峻法，横征暴敛，虽以暴虐无道久受诟病，但其高效率的政治实用性，也是不可否认的现实优势所在，自有其存在的历史正当性、合理性。

秦汉以后，皇权政治定格。两千年来，列朝帝王大都以"崇周""尊儒"布达天下，但几乎没有一人是纯用儒学、单行"周制"的。其通用套路是，既以儒家称颂的"周制"仁政、王道号召天下，收揽人心，又毫不含糊地挥舞暴力钢鞭，用霸道"秦制"威镇臣民，巩固统治。柳宗元、王夫之等古代圣哲都曾比较周、秦二制的长短优劣，他们在谴责秦制之"暴"时，并不否认其合乎历史发展需求的制度性合理成分；在赞赏周制之"仁"时，也不放弃对其不利国家统一的分离因素的批评。在

① 冯天瑜：《中国文化生成史》（下册），武汉大学出版社 2013 年版，第 533 页。

这种理论思维的导引下，两千年中国皇权政治的运行，以秦制为主，兼采周制，二者彼此渗透，相互消长。"这种既盛称仁义又力行威权的刚柔相济体制，正是两汉至明清的皇权政治的常态。"①

如果仅仅到此为止，还只能说是客观的历史评说。更加具有理论意蕴和现实指向的是冯天瑜立足于文化生态认知，于现代政治视野下，对"宗法皇权社会"中的周秦二制"两重格局"的剖判。一方面，皇权通过官僚系统直接辖制庶众。对于庶众的造反，以及武人夺权、地方分权，皇权必须紧握"秦制"利剑；另一方面，皇权通过施行"仁政"、制造全民文化偶像（圣人、佛、仙、关帝、明君、清官等）等措施，以增进社会统治的弹性与和谐氛围，这些又是"周制"的余韵。从分权制约的角度看，周制离现代宪政民主较近，而从个人直接面对国家统一法律而言，秦制更接近现代国家。综合比较，"周制走向现代宪政国家似较易，从世界史观之，能顺利进入现代宪政国家的，几乎都是封建传统（相当于周制）深厚的国家。反之，大一统帝国（相当于秦制）要转进现代宪政社会，其过程更为曲折艰难。"需要补充的是，"周制深植宗法土壤，与君权及等级制存在盘根错节关系，迈向宪政民主亦大不易。"秦汉以后君主独裁愈演愈烈，"其原因不能仅仅归结为帝王强化权力的私欲，背后还有秦制对维护国家大一统的实效性在发挥作用。故昔之善政不能简单归结为周制与秦制中的一种。"总之，"现代政治文明建设，只能是对周制与秦制的双重选择性吸纳，其间还必须包括对宪政民主的借鉴，方能实现周制与秦制的新生转进。"②

关注并强调政治因素对文化、社会的影响，关注并强调皇权政治对中国文化、中国社会的影响，是中国史学界近年来的重要学术动向。南

---

① 冯天瑜：《中国文化生成史》（下册），武汉大学出版社 2013 年版，第 547 页。

② 同上书，第 549 页。

开大学刘泽华先生及其学术团队在这方面已经取得一系列重大成果，如中国人民大学出版社于 2014 年 9 月推出的九卷本《中国政治思想通史》。有学者称其为"王权主义学派"，认为这一学派的研究已经证明了用王权主义历史观解释中国历史问题的有效性。① 冯天瑜当然不属于"王权主义学派"中人。据笔者所知，冯天瑜与刘泽华交谊甚笃，《"封建"考论》中也多处引述了刘先生的卓越见解。《生成史》强调，以宗法制、地主制、专制帝制相交织为特征的皇权政治，是构成中国文化生态的重要一维，正可视为学术大家之间的心心相印，息息相通。

经过修订之后的文化生态四因素说，构成了更为圆融成熟的理论体系。"文化生态制约文化生成。然而，文化与其生态因子之间又不是呈简单对应关系。"并非某种地理环境必然产生某种文化形态，亦并非某种经济状况或社会结构一定导致某种精神现象。"总之，自然的、经济的、社会的、政治的诸生态层面主要不是各自单线影响文化生成，而是通过组成生态综合体，共同提供文化发展的基础，决定文化生成的走向。""事实上，中华文化的基本性格——纲常观念成为维系社会秩序的精神支柱和各类意识形态的出发点、归结点，顽强的再生力、延续力，从多元化走向大一统，而多元潜质又包藏其间，重人生的致知主潮，一天人、合知行、同真善的思维路径，对异质文化的受容态度等——都不是由文化生态中的某一因素单独造成的，而是大陆—海岸型地理环境、农耕与游牧相激相荡的经济生活、宗法社会、皇权政治整合而成的自然—社会环境的产物。"②

冯天瑜认为，在古老的历史学领域内，文化生成史获得独立地位的

---

① 参见刘泽华、李振宏：《学派·学术个性·中国史观》，《南国学术》2014 年第 3 期；李振宏：《王权主义历史观的有效性及其证成》，《天津社会科学》2015 年第 2 期。

② 冯天瑜：《中国文化生成史》（上册），武汉大学出版社 2013 年版，第 148 页。

时间并不久远,"然而其渊源深远,是一门根系广大的新兴学科。"① 在汗牛充栋的中国史籍中,有关于文化生成的丰富记载。但是,受西方文化史学影响而出现的独立、系统的中国文化生成研究,梁启超开其端,迄今不过 100 年历史。

关于文化生成史的致思路径,冯天瑜强调总体思维的引领作用。"文化生成史把人类文化的发生发展作为一个总体对象加以研究,从而与作为社会知识系统的某一分支发展史(如文学史、史学史、科学技术史、哲学史)相区别。"文化生成史不仅研究文化的"外化过程",即人类"开物成务",改造外部世界,使其不断"人化"的过程,而且还研究文化的"内化过程",即文化的主体"人"自身在创造文化的实践中不断被塑造的"化人"过程;同时,更要研究这两个过程如何交相渗透,彼此推引。换言之,文化生成史既研究"形而上"之"道",也研究"形而下"之"器",是游刃于道器之际的学问。其致思路径是"即器求道,观象索义",是"器中求道,从形下之器透见形上之道;道蕴于器,形上之道坐实于形下之器。"②

冯天瑜认为,文化生成是"内源"与"外力"相互作用的结果。考察文化生成,既要追究本土根源,又要观照外来影响。对中国文化而言,我们特别应该注意的是,"中国文化不仅在内部各族文化的相互融会、相互渗透中得到发展,而且在与外部世界的接触中,先后受容了中亚游牧文化、波斯文化、印度佛教文化、阿拉伯文化、欧洲文化。中国文化系统或以外来文化作补充,或以外来文化作复壮剂,使整个机体保持旺盛的生命力"③。在中国文化与外来文化的多次交会中,尤具战略意义的有两次。第一次是从两汉开始直到唐朝的陆路"西来文化"的影响,其间包

---

① 冯天瑜:《中国文化生成史》(上册),武汉大学出版社 2013 年版,第 124 页。

② 同上书,第 136 页。

③ 同上书,第 100 页。

括西域（即中亚和西亚）文化和南亚次大陆佛教文化，第二次是开端于明朝万历年间、延续至今的海道"西学"、资本主义文化的影响。

着眼于以上两次交会对于中国文化生成的极其深刻的影响，冯先生就文化生成史研究中"古今之辨"与"中外之辨"的特殊意蕴，详加论述。①

所谓文化的"古今之辨"，即文化的时代性转化，中国历史上曾多次出现。其中最重要的，一是发生于战国年间的社会"变法"，二是晚清以降、延续至今，中国社会经历的文明转型。

所谓文化的"中外之辨"，即文化的民族性比较、国别性比较，它同时也是一个贯穿古今的问题。在古代中国，所谓"中外之辨"主要是"华夷之辨"，体现为先进的华夏—汉族农耕文明与周边诸族游牧或半农半牧文明之间的比较、冲突和融合。而在近代中国，所谓"中外之辨"主要表现为传统中国文化日渐纳入世界文化体系，受到资本主义工业文明的挑战，昔日的优胜地位发生动摇。这正是有着雄健的包容精神和消化能力的中华民族实现文化跃进的绝好契机。

冯天瑜强调，近代以来中国文化的生成演进，是"古今之辨"结合"中外之辨"的最新"升级"版。时至今日，中国文化的生成，呈现出"三层级变革互叠"的生动局面：其一，从农业文明向工业文明转化；其二，计划经济体制向市场经济体制转化；其三，工业文明向后工业文明（知识经济）转化。面对这三层级转化中人与自然、人与社会、人自身和谐发展所遭遇的种种艰难与困惑，我们"必须借鉴元典时代关于协调阴与阳、柔与刚、利与义等对立统一关系的睿智精义，并探讨其在现实生活中的新用。"②

---

① 冯天瑜：《中国文化生成史》（上册），武汉大学出版社 2013 年版，第 113 页。
② 同上书，第 44 页。

在《中华文化史》中，中华文化生态是环境、背景和舞台，中华文化进程是在此环境、背景和舞台上展开的历史大剧。而在文化生成学说中，环境、背景和舞台与历史大剧有机融合，浑然一体，其理论品质更为精粹，架构更为宏阔，思想更为圆熟。

在文化生成理论建构之外，《生成史》在一系列中国文化生成重要问题的探析方面，也取得可喜进展。下面取三例稍作展开，以求管中窥豹之效。

其一，关于中国文化的结构性特色。

冯天瑜详尽剖析了中国文化的如下结构性特征：其一，伦理与政治始终未完成明晰分野，"内圣"与"外王"长期保持内在统一。其二，"阳儒"与"阴法"虽理论宗旨殊异，但长期并存，互补共处，襄助皇权。其三，"民本"与"君本"相反而又相成，共同组合成农业宗法社会政治思想的主体。其四，"劳心"与"劳力"殊途发展，手脑关系从合一走向分离。其五，"哲人之思"与"工匠之手"的结合被视为"小人之学"，严加贬抑。直到晚清以降，工业文明初萌，才有兼通中西、学贯文理的新士人，走上"哲人之思"与"工匠之手"的结合之路。

冯天瑜用动态的、有机的、发展的观点，论证了中国文化结构性特征的最大优长之处在于，其里结构（地理环境、宗法社会）与表结构（自然经济、皇权社会）是彼此般配、相互适应的，从而实现了文化结构与功能的统一。

冯天瑜同时指出，中国文化古典形态的这一优长，在近代遭遇了严重的挑战。传统的精神文明与日新月异的物质文明间不再丝丝入扣；而在精神文明内部，传统与现代之间的遗传与变异，衍生出多种变化。这导致中国文化进入艰难、曲折的转型过程。一百多年来，思想领域一再发生的"古今之争""中西之辨"，以及深刻而广泛的社会冲突、变革和革命，都是这种文化转型的复杂表现。不过，冯天瑜依然相信，"周虽旧邦，其命维新"。中国文化古已有之的刚健自强生命机制，必将焕发青春活力。中国文化在新的经济—社会条件下，"通过对中外古今文化素材的融会、吞吐，一定可以实现结构与功能新的统一，达成可持续发展。"①

其二，关于科举制度评价。

冯天瑜认为，科举制度是自春秋、战国、秦、汉以来国家管理人才选拔制度的继承与创新。它的出现，有赖于以下历史条件：其一，北魏始行的均田制在隋、唐间得以推行，它摧毁了大族豪强的庄园经济，使得自耕农、庶族地主的力量壮大，并参与分享文化和权力。这是科举制度建立的经济前提。其二，科举制度维护了"世代衰微，全无冠盖"的山东士族、江南士族的利益，帮助他们通过科考获取政治地位，成为朝廷支柱力量。这又反过来使科举制度获得政治方面的保护。其三，在物质条件方面，魏晋以降，纸张普遍使用，简牍时代结束。书写、印刷更加方便，为百姓读书、参加科考提供了便利条件。其四，隋唐时代的经学大一统，为应考士人提供了必备的教科书，规定了法定的经义文本，使得国家统一考试具备了公信力的完备基础。

科举制度发挥了重要的历史作用。其最重要的功能，是促成不靠出身而以考试入流的官僚阶层，取代世袭的封建贵族阶层，以官僚政治取代贵族政治，实现朝廷与平民的对接，"白衣卿相"，层出不穷，扩大了统治基础。正如余英时所论："这样一种长期吸收知识分子的政治传统在世界文化史上是独一无二的。"②

冯天瑜指出，科举制度当然有其缺弊。它的平等性"受到文化级差—社会级差的制约，是不争的事实"。此外，科举制助长"官本位"的膨胀，引导士人以经史为唯一学问，排斥科技知识，使之不入社会文化

---

① 冯天瑜：《中国文化生成史》（下册），武汉大学出版社 2013 年版，第 672 页。
② 同上书，第 710 页。

主流。这些影响的巨大消极作用，也必须予以足够的警醒与批判。

通过对科举制度的全面探析，冯天瑜特别强调，这一制度所体现的公平、公正、公开的选官规则精义应当重现光辉。我们在建立现代公务员考试制度时，"切不可数典忘祖，一定要认真总结并弘扬中华文化固有的选贤与能、政权向庶众开放的传统，抑制凭恩荫授权的世袭制流弊，消减令阶层固化、官民对立的危险。此为构建优质政治文化的要处。"①

其三，关于"李约瑟悖论"的探讨。

1969 年，长期研究中国科技史的英国科学家李约瑟在《中国科学技术史》序言里，提出连贯的三个问题：（1）为什么在公元前 3 世纪到公元 15 世纪之间，中国文明在运用自然知识方面比西方有效得多？（2）为什么现代科学是在地中海和大西洋沿岸发展起来，而不是在中国或亚洲其他任何地方得到发展？（3）中国科学为什么长期停留在经验阶段？中国没能产生现代科学的阻碍因素是什么？立足于丰厚历史事实基础上的如此三问，构成著名的"李约瑟悖论"：既然中国能够创造超过西方的中古文明，为什么却未能实现科学革命和工业革命，让西方在创建现代文明方面着了先鞭？

冯天瑜认为，这一悖论是李约瑟数十年研究中国科技史的核心论题，"它们在某种程度上逼近中国文化生成史的关键题旨"；而考析这一悖论，"是从古—今、中—西两大坐标系探求中国历史进路的较佳窥视口"②。具体而论，产生"李约瑟悖论"的前因是："相对自主的农户与农民、集权而开放的官僚政治、经验理性支撑的技术、较为宽容的儒释道三教共弘的精神世界，构成中古及近古时代中华文化元素的结构性优长，中国创造领先中古世界经济及技术成就，基本原因正深蕴其间。"古代中国的制

---

① 冯天瑜：《中国文化生成史》（下册），武汉大学出版社 2013 年版，第 718 页。
② 同上书，第 725 页。

度性优势，又演化为阻碍近代转型的劣势，此即"李约瑟悖论"的后因：首先，小农业与家庭手工业相结合的自然经济形态，拥有较为坚韧的抵御商品经济的能力；其次，强大而完备的宗法皇权政治，成为压制资本主义萌芽的巨石；再次，儒学占据精神世界的统治地位，教育与生产技艺相脱节，导致前近代中国文教蔑视科技，疏远社会经济；最后，在思维方式方面，近代科学借助的形式逻辑体系和系统实验方法，正是中国文化的短板。"总之，解求'李约瑟难题'，不仅需要探究经济、社会、政治层面的因素，还应当考析古典学术主潮的利弊，洞悉文化生成的机制性优长与缺失，这正是我们在开辟现代文明进路时必须展开的文化反思。"①

1990 年《中华文化史》问世后，冯天瑜曾多次检讨其不足，其中重要的一点，就是没有解决文化史分期的问题，只是按照朝代顺序，描述了文化演进的流程。经过长期思考之后，在《生成史》中，冯天瑜专章讨论了这一问题，明确了对**文化史分期**的看法。

冯天瑜提出，中国文化有其独自的发展脉络。这种脉络当然与王朝更替相关联，故中国文化史分期不可能全然脱离王朝体系；但文化进程又往往突破王朝界域，有着自身的发展序列，某些跨王朝段落，如周秦之际、魏晋南北朝之际、唐宋之际、明清之际、清民之际，以及某些朝代的中段，如唐中叶、明中叶，文化发生重要转折，或形成思想学术的高峰，故中国文化史的段落划分必然要突破王朝框架，按文化自身演变的阶段性作出划分。②

冯天瑜将中国文化史划分为"史前文化""宗法封建文化""皇权文化""现代文化"四个时期。**史前文化**，指从采集到农耕，从原始人群

137

———————

① 冯天瑜：《中国文化生成史》(下册)，武汉大学出版社 2013 年版，第 728 页。
② 同上书，第 738 页。

到氏族共同体。**"宗法封建文化"**，指夏商周三代。**"皇权文化"**，指秦至清两千年君主专制时代。**"现代文化"**，指晚清以降，中国逐渐融入世界近代文明体系，结束专制，建立民主共和。

冯天瑜在全书结语部分对中国文化的发展走向，作出理性的、批判的、乐观的前瞻。相较于哲学的、思辨的视角，这种取历史的、社会的视角而展开的文化前瞻，为我们走向未来提供了更为清晰、明了的认知参照和思想启迪。

进入 21 世纪以来，关于中国文化因何复兴、如何复兴，成为舆论关注的焦点、学术研究的热门。中国文化的复兴之路方向安在，要义为何，切关宏旨，不可不辨。

冯天瑜认为，中国文化的复兴，正如梁启超所言，是"老根上发新芽"，是一个否定之否定的辩证过程，是对中国文化原创动力的复归与超越。他详尽分析 20 世纪 70 年代末以来"中国复兴"的大势，认为今日中国的世界地位较 19 世纪、20 世纪大有提升，然要达到汉、唐、宋时代的全球先进地位，尚待 21 世纪末叶以后，22 世纪或许可期。因此，"中国世纪"说应该缓议。[①] 其理由还在于：

第一，从现实社会层面审度，此说多存可疑之处。

第二，从国际战略言之，执着于此说也颇不明智。

冯天瑜认为，在近期（20 年内）乃至中期（50 年内），中国尤须关注的是：如何疗治"中等发达国家综合征"，如何避免落入"中等收入陷阱"。在此期间，着眼于文化生成观察，冯天瑜特别提醒需要辨析的三大问题：（1）人口红利的保有问题；（2）投资空间问题；（3）代际战略问题。对当下社会弊病的救治，是《生成史》对未来中国文化走向预期的批判性基础。

----

① 冯天瑜：《中国文化生成史》（下册），武汉大学出版社 2013 年版，第 830 页。

第十三章

在马克思的故乡

2002 年夏天，应德国特里尔大学汉学系邀请，冯天瑜前往访学。

特里尔位于德国西部的莱茵兰—普法尔茨州，与法国、卢森堡邻接，是闻名遐迩的葡萄酒产地。

只有约十万人口的特里尔，是德国历史最悠久的城市，建城史可追溯到 2000 多年前。公元 3 世纪，这里是西罗马帝国的首都之一，因而保存有众多的罗马名胜和中世纪建筑，无不昭显着古都曾经的辉煌。但是，更吸引冯天瑜的是，这里是马克思的故乡。

特里尔市中心不远处的布吕肯街 10 号，建有马克思故居博物馆。这是一座建于 1727 年的、典型巴洛克风格的建筑，淡黄色的墙壁，咖啡色的门楣和窗沿，乳白色的窗扉。楼高三层，保存完好。1818 年初，犹太人亨利希·马克思律师租下这幢房子，一层做律师事务所，二、三层为居室。同年 5 月，卡尔·马克思在这里出生。一年半以后，全家搬迁到"黑门"附近的一幢房子（今为西蒙路 8 号）。卡尔·马克思在那里一直生活到 1835 年高中毕业。他与燕妮的青梅竹马之恋，正是发生于此间。高中毕业后，卡尔·马克思赴波恩大学求学，从此再也没有回到特里尔。西蒙路 8 号，现为一家眼镜及助听器商店。在老板娘的带领下，冯天瑜参观了位于二楼的马克思居室。

如上所述，特里尔有两处马克思故居，一在布吕肯街 10 号，一在西蒙路 8 号。人们熟悉的是前者，而后者却鲜为人知。这是因为，1928 年，德国社会民主党用近 10 万马克，从私人手中买下铁器店布吕肯街 10 号，将其改建为马克思、恩格斯纪念馆。1933 年，纳粹上台执政，纪念馆被没收。第二次世界大战结束后，房屋交还给德国社会民主党，1947 年作为马克思纪念馆重新开放。

冯天瑜认真参观了纪念馆收藏的马克思、恩格斯著作的手稿、书信，马克思著作的初版本，马克思、恩格斯论著的各种文字出版物，例如翻译为各种文字版本的《共产党宣言》，其中包括陈望道根据日文译本转译的最早中文版《共产党宣言》。

马克思故居纪念馆是一处国际性展馆。冯天瑜看到，参观者来自世界各国，也有由老师带队的特里尔周边地区的中学生团队，孩子们边看边记，十分专注认真。从纪念馆提供的数据可知，2001 年，参观者总数 4 万人，其中中国人有 1.2 万人。冯天瑜特别翻阅了 2002 年上半年的参观者留言簿，发现中文留言约占七成，亦庄亦谐，趣味盎然。陪同参观的特里尔大学汉学系主任梁镛教授告诉冯天瑜，鉴于这些留言丰富的思想文化含量，特里尔大学已将其作为一项学术课题加以研究，希图从一个特殊的角度，探求现代中国人的观念与心理。[1]

中国人之所以对马克思怀有特殊的感情，是因为他的学说，特别是唯物史观传入中国后，对中华民族的前途命运，产生了极其重要的影响。

---

[1]　冯天瑜：《月华集》，湖北人民出版社 2018 年版，第 241 页。

中国共产党人在马克思主义唯物史观的指引下取得了伟大成就。其间，由于对唯物史观的简单、片面甚至错误的理解，也经受了种种挫折和失败。参观马克思故居，促使冯天瑜产生了进一步厘清马克思主义唯物史观真髓的思想冲动。

冯天瑜是马克思的崇敬者，是唯物史观的信奉者。他的人生经历更提示他，对于这一理论的真切理解和把握，无论对于一个人文学者、一个学术共同体，或是一个政治党派来说，具有多么重要的意义。他在2008年第1期《中国社会科学》上发表的《唯物史观在中国的早期传播及其遭遇》，表达了他对于这个至关重要问题的透彻看法。

关于唯物史观的建立，冯天瑜论道：唯物史观产生于工业文明时代的西欧，是西欧近代学术合理的逻辑推演。马克思、恩格斯批判地继承了18世纪启蒙运动"人是环境的产物"的思想、19世纪初叶空想社会主义的历史观念（如阶级斗争推动历史前进）、黑格尔洋溢着辩证精神的历史哲学，通过总结人类历史（尤其是工业革命及市民社会勃兴以来的历史），创立了这一崭新的历史哲学。

唯物史观的学说体系初成于19世纪中叶的《神圣家族》《德意志意识形态》，其经典表述见于马克思1859年所撰《〈政治经济学〉序言》：物质生活的生产方式制约着整个社会生活、政治生活和精神生活的过程。不是人们的意识决定人们的存在，相反，是人们的社会存在决定人们的意识。[1] 至于"唯物史观"这一短语的正式拟定，首见于恩格斯1872年所撰《论住宅问题》：唯物史观是以一定历史时期的物质经济生活条件来说明一切历史事变和观念、一切政治、哲学和宗教的。[2]

关于唯物史观的理论意义，恩格斯评价道：历史破天荒地第一次被

---

[1] 《马克思恩格斯选集》第2卷，人民出版社1972年版，第82页。
[2] 同上书，第537页。

安置在它的真正基础上：一个很明显而以前完全被人忽略的事实，即人们首先必须吃、喝、住、穿，就是说首先必须劳动，然后才能争取统治，从事政治、宗教和哲学等，——这一很明显的事实在历史上应有的权威此时终于被承认了。①

冯天瑜强调，唯物史观是一种与唯心史观对立的新的历史观，是科学社会主义的理论基础。然而，"唯物史观并未穷尽真理，有待发展与完善。"唯物史观强调经济基础对上层建筑的决定性影响，因而往往被认作"经济决定论"，晚年恩格斯承认，"这种偏误的形成，他和马克思要负一定的责任"。虽然恩格斯多次阐发过"反作用力原理"，指出"经济状况是基础，但是对历史斗争的进程发生影响并且在许多情况下主要是决定着这一斗争形式的，还有上层建筑的各种因素"② 然而，唯物史观的不少信从者和反对者仍以"经济决定论"界定唯物史观。这就埋下了唯物史观被曲解的伏笔。

冯天瑜由此推论，唯物史观一旦被奉为教条，就会走向其反面。对于这种可能性，马克思、恩格斯早有警觉。1890 年，恩格斯说："如果不把唯物主义方法当作研究历史的指南，而把它当作现成的公式，按照它来剪裁各种历史事实，那么它就会转变为自己的对立物。"③

冯天瑜尖锐指出，就现代中国历史学而言，一方面，唯物史观的传播与运用大大推进了历史科学；另一方面，当唯物史观被片面理解，或被公式化，从而"转变为自己的对立物"时，又阻碍了历史学的健康进展。

关于"五四"时期唯物史观在中国的传播，冯天瑜认为日本起了中介作用。19 世纪以来，日本的社会主义者片山潜、幸德秋水、河上肇等

①《马克思恩格斯选集》第 3 卷，人民出版社 1972 年版，第 41 页。
②《马克思恩格斯全集》第 21 卷，人民出版社 2003 年版，第 291 页。
③《马克思恩格斯选集》第 4 卷，人民出版社 1972 年版，第 472 页。

人都致力于唯物史观的传介。"五四"新文化运动期间，早期共产主义者李大钊、李达等人在《新青年》等杂志上积极译介唯物史观，国民党文士戴季陶、胡汉民、廖仲恺等也在《建设》杂志上从事同样的工作。

由于初识唯物史观，"当时的历史条件，没有为深刻理解唯物史观提供必要的经济学、社会学、历史学的学术准备，也不允许学者们对这一深刻而宏富的学说从容研究"，这些译介难免有粗疏、偏离乃至曲解的地方。这表现在以下三个方面：

其一，将唯物史观视为"经济的历史观"，以比较简单的"经济分析"方法解释中国社会、中国历史、中国文化，往往从某种经济现象直接推导出某种社会政治现象、思想文化现象，忽略种种复杂的介质；

其二，以为阶级斗争是唯物史观的核心内容，解析历史问题、文化问题往往满足于平面化、直线化的阶级分析法，而很少注意解放和发展生产力这一唯物史观的根本问题；

其三，把唯物史观视作技术进步基础上的历史进化观，从而与古典进化论相混淆。这就为单线直进历史观（"五种社会形态"单线递进说）后来的流行埋下伏笔。

"综览五四新文化运动，唯物史观的传播是当年新思潮的一个重要组成部分，而一些初习唯物史观的学者，立即运用略有所悟的唯物史观的理论与方法，解剖中国历史、中国社会、中国文化及中国革命诸问题，昭示出此一理论鲜明的实践性格。"[1]

1929 年到 1933 年，中国学术界展开了"中国社会史论战"。不同于此前的"科玄论战"，此次论战在马克思主义语境中进行，在唯物史观框架内展开。论战的主题是：大革命失败后中国革命的性质为何（资产阶

---

[1]　冯天瑜：《唯物史观在中国的早期传播及其遭遇》，《中国社会科学》2008 年第1 期。

级民主革命抑或无产阶级社会主义革命)? 决定中国革命性质的中国社会的性质为何(前资本主义抑或资本主义)? 论战的参加者有中国共产党理论界人士组成的"新思潮派";有脱离中国共产党的托陈派组成的"动力派";有国民党改组派文士组成的"新生命派"。几年间,数十位论者发表文章百余篇,出版著作 30 余种,论战硝烟四起,热烈非常。一个有趣的现象是:"参论诸方政治取向大异,成敌对之势,却几乎都宣称信奉唯物史观""且不论这种现象的社会、政治原因,仅就学术层面而言,这正是中国人文社会科学界皈依科学,试图以社会科学的理论与方法诠释社会、诠释历史的表现。"①

冯天瑜认为,"中国社会史论战"中,"科学的社会学"初试锋芒,"中国社会史论战诸派试图以'社会形态说'诠释中国历史,难能可贵,其开启先河的功劳不可抹杀。然而,在特定的历史条件下,此一甚有价值的努力却受到教条主义影响,导引出若干缺憾。"②

冯天瑜指出,论战的缺憾之一,是"透过论战的硝烟,可以见到诸营垒的异中之同,这便是不同程度地信奉来自苏俄及共产国际的'单线直进史观'。""中国社会史论战诸方往往只注意到马克思创立的唯物史观关于历史普遍规律的论述,而忽略了关于历史多样化发展的论述,忽略唯物史观是历史发展普遍性与多样性之统一。"

论战的缺憾之二,是社会史论战参与者乐于采用唯物史观体系内关于社会形态发展的序列,"却常常忘却唯物史观的一个基本属性——十分讲究社会形态基本概念(如奴隶社会、封建社会)的准确性与自律性,严格拒斥概念的滥用。而一旦概念失范,社会形态发展的序列便陷入混乱,成为非但无益,甚或有害的框架。"③

---

①②③　冯天瑜:《唯物史观在中国的早期传播及其遭遇》,《中国社会科学》2008 年第 1 期。

冯天瑜接着分析了陶希圣运用术语失范，自相矛盾的例证。进而尖锐指出："新名'封建'所含概念失准，也是'新思潮'一派左翼学者的通病。"

在全文的最后，冯天瑜总结道：我们今日反顾唯物史观在中国传播的成败得失，是要达成对唯物史观及其社会形态学说的正确理解、合理运用与创造性发展，而其前提是：以历史实态为研讨起点，而不是从某种先验模式出发。这不仅是研讨历史问题，而且也是研讨现实问题的基本立足处。

第十四章

访学东瀛

在研习中国文化史的过程中，冯天瑜对于与中国"一衣带水"，同属"东亚文化圈"，向称"同文同种"，而实际历史发展轨迹却与中国大相径庭的日本，怀有浓厚的兴趣。尤其关注日本的"汉学"及"中国学"。他利用多次访日的机会，了解动向，搜集资料。在一定意义上说，这也是要实现他父亲冯永轩当年的愿望。1935 年 5 月 15 日，冯永轩于赴新疆途中，在日记里写道："阅日人藤田丰八郎所作之《西北之古地研究》，因有所感。日人对我国边疆早就注意研究，而我国人士还懵然不知。我辈身为学子，对此应负责研究，以期国人知如何开发西北，此次赴新即以此为鹄的。"①

日本自古就有深厚的"汉学"传统。20 世纪初，中国学者梁启超、罗振玉、王国维、鲁迅、郭沫若、茅盾等游学日本期间，都十分关注日

---

① 《冯永轩集》（上），武汉大学出版社 2019 年版，第 81 页。

本中国学的成就和方法。1995 年 7 月，清华大学举行"国学研究院成立七十周年国际学术会议"。与会者高度赞扬梁启超、王国维、陈寅恪、赵元任等研究院导师及毕业生的学术成就，认为他们"博通古今，融会中西"的学术风格，正是中国学术的现代化方向。冯天瑜在会上发言补充道：清华国学院诸先生不仅在一般意义上"融汇中西"，而且十分关注西方及日本的"中国学"成就，接过了国际"中国学"的研究课题，如甲骨学、敦煌学等，汲取了国际"中国学"的最新成果，借鉴其理论与方法，并加以创新，从而迅速步入学术前沿。这是他们取得世界级学术成就的重要原因。

1994 年 10 月至 11 月，冯天瑜参加在东京举行的"第三届东亚实学会议"并访问早稻田大学和东京大学。1996 年 3 月，冯天瑜与中国社会科学院王家福、张琢两位教授访问日本爱知大学。

爱知大学位于名古屋及丰桥，其前身是日本建在中国上海的东亚同文书院大学，以研究并考察中国问题为职志。20 世纪 90 年代以来，爱知大学又组织学生每年赴中国作社会调查，亲身体验活生生的现实中国社会。当下调查的组织者加加美光行教授作为新一代的日本中国学学者，对于研究中国问题有了新的角度和方法。他在与冯天瑜的交谈中指出，以往日本研究中国的主流派自称"中国观察家"，所用方法是"采访法""观察法"，这是从欧美流行的文化人类学方法移植过来的，是将调查对象视作落后文明的人群，对其进行客观观察、问答式采访。今天的中国完全不同于过去了，因此应当采用"对话法"，与中国人对话交流，形成双向互动的关系。

1996 年接触到这批东亚同文书院中国调查的材料后，冯天瑜当即著文《日本中国学的启示——访问爱知大学有感》①予以介绍。又到东京、

---

① 载《江汉论坛》1996 年第 10 期。

名古屋等地访问东亚同文书院在世老人，在北京图书馆、爱知大学图书馆查阅相关原始资料。其成果有二：一是将日本沪友会所编《上海东亚同文书院大旅行记录》请杨华翻译，交商务印书馆于 2000 年出版；二是从浩如烟海的原始材料中，选择代表性篇目形成《东亚同文书院中国调查资料选译》上中下三册，冯天瑜、刘柏林、李少军选编，由社会科学文献出版社 2012 年出版。在为《东亚同文书院中国调查资料选译》所作导言中，冯天瑜将近代日本的中国调查留下的卷帙浩繁的文献资料，划分为七个系统：

（1）学者、官员、商人、军人、浪人的个人踏访记录；

（2）日本驻华领事对中国商情、工农业、政治、社会、文化所作的分区调查；

（3）1906 年组建的南满铁道株式会社，建有规模庞大的"满铁调查部"，在沈阳、吉林、哈尔滨、北京、上海等地设事务所，从事中国社会调查；

（4）1938 年成立的兴亚院的中国调查，包括国防资源调查、流通关系调查等；

（5）"末次情报资料"，即侵华日军北平情报机关对中外报刊以剪报形式所作的中国调查；

（6）日本各实业团体作的中国经济、商情调查；

（7）东亚同文书院（1901—1945）及其前身汉口乐善堂（1886—1889）、上海日清贸易研究所（1890—1893）在长达半个多世纪间作的旅行调查。

冯天瑜指出，在近代日本关于中国调查的诸系统中，东亚同文书院及其前身所作的旅行调查，持续时间最长（几近 60 年，而满铁调查不足 40 年），调查地域最广（除西藏、台湾之外的全部中国省区，还涉及邻近中国的西伯利亚、东南亚地区，满铁调查则限于东北、华北、华东），调查材料基本保存完好且相对集中（原件分别藏于日本爱知大学图书馆和中国北京的国家图书馆），是特别珍贵的历史资料，理应整理研究，加以利用。

1998年至2001年间，冯天瑜再次应邀到日本爱知大学中国学部，以专任教授身份授课，讲授中国文化史和中国古典研究两门课程。

爱知大学中国学部的学生由有一定中文基础的日本学生和中国留学生组成。校方要求以中文授课，以提高日本学生的中文水平和汉学程度。冯天瑜开设的中国文化史课程，尽量用浅显流畅的中国白话讲授，很受学生欢迎。不仅教室爆满，连窗外也人头攒动。但是，在讲授中国古典研究这门课时，遇到难题。讲解中国古典，自然无法完全避开艰深的文言。开讲两次，中国学生连呼"过瘾"，日本学生却抱怨"听不懂"。正当冯天瑜感到为难且一无破解良策时，爱知大学最享盛名的汉学家中岛敏夫先生出来解围。他向冯天瑜建议：我俩同台讲授这门课。你先用中文讲授，我后用日文诠释补充。冯天瑜非常高兴，告诉了两位中国朋友这个好消息。谁知他们却连连反对，表示万万不可。冯天瑜不解因由，朋友解释道：日本人虽然礼貌周全，但有的难以共处。两人同台讲课，很容易产生矛盾，结果必然不欢而散。冯天瑜于是犹豫起来。但是，中国学部的刘柏林老师却力表赞成，说中岛先生为人友善，不仅学识渊博，而且对中国十分友好。以你们二位的人品、学品，定然合作愉快。

听了刘柏林的一番话，冯天瑜打消顾虑，与中岛先生连续三年同台讲授前后《出师表》和《滕王阁序》等中国经典，课堂内外互助协作，亲密无间，教学效果也十分精彩。后来，冯天瑜对朋友言及与中岛先生合讲一堂的故事，"大家啧啧称奇，说是闻所未闻"。[1]

这次日本讲学期间，冯天瑜做的另一项工作是完成了《"千岁丸"上海行——日本人1862年的中国观察》一书，2004年由商务印书馆出版。

---

[1]　冯天瑜：《月华集》，湖北人民出版社2018年版，第264页。

　　1862 年 6 月 2 日（清同治元年五月初六），上海吴淞口，阴霾笼罩，细雨霏霏。一艘西洋式三桅帆船"千岁丸"由扬子江入海口逆流而上，进入黄浦江。船上的乘客，是日本江户幕府 17 世纪初叶形成锁国体制后，第一次派往中国的使节团。

　　"千岁丸"原名"亚·米斯特斯号"（Armistice），1855 年由英国制造，载重量为 358 吨。日本政府用 34000 洋银从英方购得，用作贸易官船出使上海。此次出使，"具体的货品交易尚在其次，借此作广泛的商事及社情调查更为要紧"①。这是因为：

　　其一，自 19 世纪 40 年代开埠以来，经过 20 年发展，上海已成为相当繁荣的近代海港城市，是西方资本主义在远东的支点和窗口，"就近观摩西洋文明，也是一批思想活跃的日本藩士踊跃争取参加此行的原动力"②；

　　其二，"幕府此际遣使到清朝与太平军作战前线的上海，当然有实地观察太平战事的意图，而参加此行的长州、萨摩、浜松诸藩武士，更对此抱强烈兴趣"；

　　其三，"作为一次官派商贸举措，具体考察日清贸易诸细节，以及清朝与西洋人商贸关系诸问题，当然是更切实际的目的。"③据回国后随行汉语翻译蔡善太郎所撰的报告书，列出在上海调查的题目，从中国金银铜货币的种类、中国主要港口名称、上海城内的户数和人口数，到中国妇人从事的产业，竟有 26 项之多。

　　"千岁丸"乘员共 67 人，其中英国人 15 名，荷兰人 1 名，负责驾驶。51 名日本人，包括由幕府官员组成的使团正式成员，由各藩武士担任的幕吏随从，还有翻译、医生、长崎商人及其从仆、伙夫、水手。现

---

①② 冯天瑜：《"千岁丸"上海行——日本人 1862 年的中国观察》，湖北人民出版社 2017 年版，第 37 页。

③ 同上书，第 38 页。

存"千岁丸"乘员上海纪行文 17 篇，16 篇出自藩士之手，1 篇由商人所撰。

冯天瑜认真翻阅了这些纪行文，"少有风花雪月的咏叹，多有对上海社会实态的记述与思考""显示了近代日本人求知识于世界的维新趋向和富国强兵的炽烈追求。"① 他大致归纳出，"千岁丸"乘员观察到的上海色彩斑斓的社会风貌，有如下数项：东方巨港；比照华洋二界；战败屈辱；官场衰败；太平战事；难民潮涌；鸦片泛滥；洋教传播；洋学译介；民风淳厚与刁滑。

"千岁丸"使团来华，本意是拓展两国贸易。②6 月 5 日，使节团拜会上海道台吴煦，双方就日中商贸关系交换了意见。日方提出，过去那种没有协定关系的情形不能再继续下去了，应尽可能签订日清两国的通商协议，将两国都能获利的贸易继续下去。

除了商人们积极于市场调查与交易，藩士们也不同程度地参与其中。他们记载中日货币兑换率，各种货品价格，描绘清朝货币形制、币值，比较中日衡器，开列中日互相欢迎的商品种类清单。高杉晋作和五代才助还分别为长洲藩、萨摩藩试探购置西洋蒸汽船，尽心尽责，可惜未能成功。

冯天瑜评议道："千岁丸"上海行，"就扩大国际贸易视野、熟悉国际商法、了解中国市场等方面而言，可谓收益颇丰，但就贸易赢利而言，却所获甚微。"③ 这主要是因为交易过程由荷兰领事馆介入，除交千分之二十五的手续费外，还得平摊利润。后来，又由中国商会"协德行"充当中介，日方一点商业机密都守不住，价钱一再压低，幕吏为此大为叹息。据统计，日方购买的中国货物的价值，不及售出日货的十分之一。

---

① 冯天瑜：《"千岁丸"上海行——日本人 1862 年的中国观察》，湖北人民出版社 2017 年版，第 46 页。
②③ 同上书，第 191 页。

狭义地说，"千岁丸"上海行是一次并不成功的商贸之旅。但是，冯天瑜高屋建瓴，将其置于东亚文化圈内分处边缘与核心的不同文化主体之间直接交往的分析高度，从而弹奏出协奏与变奏的时代交响。

长期以来，中国处于东亚文化圈的核心区，日本则与朝鲜、越南等处于边缘带。"锁国"两百年后，日本幕吏和藩士们来到中国，并没有特别的生疏之感，相反，正如纳富介次郎所说"倭汉一心"，时时处处都有心心相印、同气相求的情感。上海之行，对于这些日本人来说，比访问欧美要舒展自如得多。

冯天瑜论道：乘"千岁丸"来华的日本藩士，处在从中古武士向近代知识分子过渡的阶段。他们受过儒学和国学教育，承袭着东亚文化的思想传统和审美意趣，其喜怒哀乐间无不洋溢着东亚文士特有的情怀。当他们来到东亚文化圈的核心地带——中国，一种文化认同感便油然而生。他们在上海查访文教制度时的认真与内行，正显示出对中国历史文化的熟悉和对现状的切肤之情。①

另一方面，冯天瑜也论道：在认同之外，幕末藩士们也对中国文化传统发生些许疑问，表露出某种程度的离异倾向。这首先是出于日本民族的自尊感，认定日本人及其文化有超乎中国的地方。其次，是针对中国社会现状的低迷、沉溺，从而对中国文化的优越性产生怀疑。最后，来自洋学的刺激，也是促成这种离异倾向的原因。鸦片战争后，西洋人在东亚各国显示出来的强劲实力，使藩士们意识到固守中国传统教条，无助于国家富强，其间的某些东西必须加以扬弃。

冯天瑜指出，"千岁丸"上海行并非学术之旅，使节团的幕吏和藩士也谈不上是思想家。但是，从这批日本武士的价值取向来看，既保存对

①　冯天瑜：《"千岁丸"上海行——日本人1862年的中国观察》，湖北人民出版社2017年版，第207页。

东亚传统文化的认同，又初露出一定离异倾向，这真实地反映了幕末日本社会及文化发生近代转型之际的精神动向。此后不久的明治维新大兴洋学，思想界"脱亚入欧"论风靡一时，但其间又有"国粹"论和"兴亚"论的反拨，呈现出对东亚文化传统离异与认同并存的状态。而这类现象的初现端绪，在"千岁丸"乘员们的纪行文字中便可见到蛛丝马迹。冯天瑜强调，研究中日两国文化近代转型的学人，对此不可失察。①

在全书收束处，冯天瑜对"千岁丸"上海行给出明确的历史定位。

第一，它开 17 世纪 30 年代以来日本人踏访中国之先河。1862 年举帆西航的"千岁丸"，是江户幕府实行禁海政策 230 年后，第一条驶往中国的日本官船。以此为端绪，日船航行中国一发而不可收。"千岁丸"乘员亲眼看见中国急剧的社会动荡，从中国文化的诸层面获得鲜活的动态印象，他们回国后大多积极投身于幕末维新，有的还成为明治维新的健将。

第二，它是近代日本人中国观转折的起点。长期以来，中国文化一直是日本的"先进长辈"，是日本人学习的对象。江户幕府禁海锁国政策放开之前，日本人对中国依然充满仰慕之情。首次访华的"千岁丸"乘员大多熟悉中国经典，曾视中国为圣土。但是，他们在上海所见却是一片兵荒马乱、破败不堪，与往昔从书本中获得的"天朝"印象形成巨大反差。此时的日本正处在与中国相类似的境况中，所以藩士们更多地抱有同情心和痛惜感。

冯天瑜特别强调，这种观察在日本人中引发出的两条结论，均对此后日本的走向发生重大影响。其一，曾是日本"文化母国"的近邻中国的沉沦，给日本人敲响了警钟：不能重蹈中国之覆辙，必须改弦更张。其二，清朝政府内政外交的衰败，引发了来访日本藩士对往昔尊崇的中

① 冯天瑜：《"千岁丸"上海行——日本人 1862 年的中国观察》，湖北人民出版社2017 年版，第 211 页。

国产生藐视的心理，这使得深蕴于武士文化之中的对外扩张性得以发酵。

冯天瑜总结道：从历史的纵深度观之，"千岁丸"上海行作为日本走向开国的第一步，显示了日本人求知识于世界与发愤图强的民族精神，其对中国经济、军事、政治、社会、风俗的调查之细致，以及对西洋文明研习之勤勉，均令人钦佩。但是，由中国之衰弱引申出的中国可以任其纵横欺凌的意念，则令我们警惕。"千岁丸"使团带着友善的目的前来研究中国，因此方能与众多的中国人结成深厚友谊。至于其间包蕴的某些"探险""觇觎"因子，在当时尚属枝节。就总体而言，这是一次值得纪念的友好之旅。

"两千年玉帛，一百载干戈"。中日两国和好则双美，争战则两伤。这是包括"千岁丸"上海行在内的历史所昭显的法则。①

此次访学爱知大学期间，日本学界发生重大新闻，令冯天瑜印象深刻。

2000 年底，日本三大报之一的《每日新闻》揭露出轰动全国的藤村新一"考古"丑闻。藤村新一本非专业考古学者，但也混迹其间三十年。前一段时间默默无闻，后十余年发掘却连连得手。其最重要的"发现"，是在本州东北的宫城县上高森遗址主持出土了据称 70 万年前的旧石器，从而把传统说法的日本旧石器时代提前了几十万年。一时轰动日本考古学界，并获得广泛的社会关注。此后，藤村每至一个发掘点，必有"新发现"，因此获得考古"神之手"的美誉。他的"新发现"甚至写入日本 1998 年以后出版的中学历史教科书。业余出身的藤村，因此当上了东北旧石器文化研究所副理事长。他甚至扬言，将发现比北京猿人更古老的日本猿人化石。正当藤村的名气如日中天之时，2000 年 10 月 22 日，《每

---

① 冯天瑜：《"千岁丸"上海行——日本人 1862 年的中国观察》，湖北人民出版社 2017 年版，第 234 页。

日新闻》采访藤村新一。记者在他浑然不觉之际，在其考古发掘处安装了红外线夜视摄像机。清晰拍摄到此君当晚从塑料袋中取出自制的"旧石器"，埋入考古遗址地下的实况。铁证如山，藤村只得承认自己造假，并交代出，在他参与发掘的178处遗址中，有159处埋下自制的物件，以冒充考古发现。

丑闻披露，社会震动。日本最大的电视台NHK连续几日播放这一消息，日本考古学界、历史学界多次开会反省，总结教训，大致从细节上归结为检测仪器落后，核查出土文物不严。2001年元旦，日本史学界朋友与中国学者聚会，冯天瑜也在其中。会间自然论及藤村丑闻，众人连连摆头。冯天瑜忍不住发问：藤村的作为十分可鄙，自不待言。但是日本学界素以精密严谨著称，为什么竟被一个并不高明的造假者骗了十多年？其"成果"竟然进了教科书？此言一出，静场片刻。有人问：冯先生您认为问题出在哪里？冯天瑜回答：恕我直言，我以为问题出在贵国普遍存在的一种社会心态——希望证明日本历史更悠久，更独立，最后不是从东亚大陆传过来，而是日本土生土长的。这种潜伏着的心理诉求，蒙蔽了聪慧而严谨的日本国民心智，而藤村的劣行，恰恰满足了这种心理诉求，以致瞒天过海，大行其道。此话言毕，日本朋友先是一愣，继之大笑，有的还鼓掌声声，表示赞同。

"三年扶桑教习生活，使我感受到中西日文化互动的脉搏，体味到在此三边关系中得以传输、演化、定格的汉字新语的妙趣，并意识到新语生成，不仅是一个言语学论题，也是历史学、文化学的题中应有之义，是考察文化转型、窥探近代文化内蕴的一个富于特色的切入口，可以带动明清文化史、民国文化史、中外文化交流史向纵深拓展。"①

---

① 冯天瑜：《新语探源——中西日文化互动与近代汉字术语生成》，中华书局2004年版，第631页。

2001 年 4 月返国后，冯天瑜正式着手撰写《新语探源——中西日文化互动与近代汉字术语生成》。

2004 年夏至 2005 年夏，冯天瑜应日本文部科学省的邀请，赴京都访学于"国际日本文化研究中心"，应聘主持"关于近代东亚二字熟语概念生成的综合研究"。他邀请在日本的中国、韩国及日本学者十余名组成团队，每一至两个月举行一次研讨会。2005 年 8 月末，在日本京都举行"东亚诸概念的成立"国际学术会议。来自中国、日本、韩国、欧美的学者，从历史的、文化的视角，对近代诸概念的生成、演变展开卓有成效的讨论。一年半以后，2006 年 10 月中旬，在武汉大学召开"历史文化语义学"国际研讨会。这是京都会议的继续与拓展。两次会议的参会论文，精选结集成《语义的文化变迁》，2007 年 10 月由武汉大学出版社出版。

此次访日，武汉大学出版社邀约冯天瑜选取一批反映东亚文化的日文书籍，译介给中国读者。接受此邀约后，冯天瑜与刘建辉博士合作，从近二十年出版的相关论著中选择八种，延请译者，编成"东亚文化研究书系"，由武汉大学出版社于 2007 年推出。这八种著作是：池田温的《东亚文化交流史》，福井文雅的《汉字文化圈的思想与宗教》，铃木贞美的《日本的文化民族主义》，森贞彦的《菊与刀新探》，上垣外一的《日本文化交流小史》，古濑奈津子的《遣唐使眼里的中国》，阿部洋的《中国的近代教育与明治日本》，刘岸伟的《小泉八云与近代中国》。

访学结束，离开"国际日本文化研究中心"归国的那天早晨，冯天瑜走出住所，没想到数十位邻居的日本朋友自发地排成两列，夹道鞠躬相送。冯天瑜深深感动于中日两国学者、人民之间的友谊，真是情真意切，历久弥坚。

第十五章

创立历史文化语义学

在数十年学术研究的过程中，冯天瑜逐渐体悟到，"中外历史上产生的术语，是学术发展的核心成果，人类在科学及技术领域的每一项进步，都以术语形式在各种自然术语中记载下来，一个专业的知识框架，有赖结构化的术语系加以构筑"①。准确理解和正确运用概念术语，尤其是关键的概念术语，是学术研究得以健康进行的前提性基础条件。但恰恰在这个切关宏旨的问题上，学界现状不良，甚至令人担忧。基于此点考虑，冯天瑜萌生了探索、实验、创立历史文化语义学的想法。

冯天瑜解释历史文化语义学的实践基础和内在逻辑：人类是"语言动物"，语言是在人类历史中形成的文化现象，故语言从来与历史及文化脱不开干系。而在构成语言的语音、语法、语义三要素中，语义的历史性和文化性又最为深厚。因此，所谓"历史文化语义学"的内涵，就是

---

① 冯天瑜：《新语探源——中西日文化互动与近代汉字术语生成》，中华书局2004年版，第12页。

试图从历史的纵深度和文化的广延度考析词语及其包蕴的概念生成与演化的规律。陈寅恪"凡解释一字，即是作一部文化史"的名论，昭示了"历史文化语义学"的精义。①

冯天瑜论道："历史文化语义学的要义，不止局限于对语义作历史性研究，它要求论者在对语义进行考察时，着力于开掘语义变化背后蕴藏的历史文化意涵。只有当某一术语或概念具有深广的历史文化内涵时，才有可能被纳入历史文化语义学的研究范围，它所关注的是一些关键的、具有重要历史文化意义的术语和概念，通过考察关键术语和概念在不同用例中反映的语义变化，探析由此传递的政治、经济、文化、风俗等多方面的涵义"②。

关于"历史文化语义学"的属性，冯天瑜强调：它"不是严格意义上的学科，而是一种超越学科门类和语言文化限制的研究问题的方法，需要多学科的学者联手共进，相得益彰，决非仅属某一单科的禁域。"③

关于建立"历史文化语义学"的当下意义，冯天瑜指出，"语义的与时偕变，在近现代转型期表现得尤其繁复和显著"。随着资本主义的全球扩张，作为近代诸学科发展产物的西方术语，流布天涯海角，形成覆盖世界的"西方话语霸权"，对此，非西方民族与国家作出既拒且迎的双重反应。历史积淀深厚、独树一帜的汉语汉文，在此过程中，对西方语汇虽曾有"深闭固拒"的表现，但大势则是"兼收并蓄"，在收、蓄之间又呈现错综复杂的状貌，"构成复杂的古与今、中与外的概念纠结与融会问题"。时至今日，中国"正进入一个概念嬗变的新阶段，这包蕴着对传统语义的深度开掘与对外来语义的广泛吸纳，而二者间的互动，将达成古与今、中与外语义的涵化，其间的理论问题与实践问题，有待我们的深

---

① 冯天瑜：《语义的文化变迁》序言，武汉大学出版社 2007 年版，第 2 页。
② 冯天瑜：《历史文化语义学的现状与未来》，《上海社会科学学报》2007 年 8 月 16 日。
③ 冯天瑜：《历史文化语义学：从概念史到文化史》，《中华读书报》2010 年 6 月 30 日。

入研究。"①

为了实现这一目标，冯天瑜不仅身体力行，而且指导近 30 名博士生、博士后在此范围内确定选题，完成博士学位论文或博士后出站报告。他们的选题涉及政治学、宗教学、新闻学、心理学、哲学等领域的众多概念术语。

特别需要强调的是，冯天瑜创建"历史文化语义学"的全过程，贯穿着国际交流的学术背景。

2002 年夏天，冯天瑜访问德国，与特里尔大学乔伟教授、卜松山教授、梁镛教授、方维规博士就汉字术语生成做过富于前瞻性的讨论，方博士还提供了欧洲各国汉学家对汉字术语研究的信息。梁教授驱车数百公里，带他到德国—瑞士边境的博登湖畔、远衔阿尔卑斯山的康士坦茨，这里是明末来华耶稣会士法国人金尼阁、日耳曼人邓玉函生活过的地方。康士坦茨大学还保存着一批来华耶稣会士携回欧洲的中西典籍。

2004 年 9 月至 2005 年 8 月，冯天瑜访学日本，应国际日本文化研究中心的聘请，主持"关于近代东亚二字熟语概念生成的综合研究"项目。2005 年 8 月 26 日至 29 日，在京都举行"东亚诸概念的成立"国际学术会议，中国大陆及台湾、日本、韩国、欧美的学者与会。作为京都会议的延续与拓展，2006 年 10 月，在武汉大学召开"历史文化语义学"国际学术会议，美、日、德、中国大陆及台湾、澳门学者与会。两次会议论文的精选结集《语义的文化变迁》，由武汉大学出版社出版。在日本期间，冯天瑜还与刘柏林教授、邓红博士遍访优游于东西文化之间的幕末明治志士吉田松阴、高杉晋作、木户孝允、福泽谕吉故居。

"日本和德国之行，增添了关于中西日文化互动的现场感，令人切肤地体悟到，中外语文的碰撞与融汇，不仅积淀于文本之中，还交织在绮

---

① 冯天瑜：《语义的文化变迁》，武汉大学出版社 2007 年版，第 4 页。

丽的湖光山色和周遭谈笑着的人物之间。这种现场感的获得，缩短了研究者与研究对象之间的距离，原先觉得遥远、陌生的东西，变得可以触摸、感受和易于理解，历史与现实仿佛就在我们身旁得以交会。"①

冯天瑜创立"历史文化语义学"之实践范本有三：《新语探源——中西日文化互动与近代汉字术语生成》《"封建"考论》和《三十个关键词的文化史》。本书对前两本著作另有专门讨论，此处从略。

2021 年，冯天瑜与聂长顺合作，推出《三十个关键词的文化史》，由中国社会科学出版社出版。在跋语中，冯天瑜回顾"本书从筹划、做资料长编。到着笔撰写，增删定稿，前后历时二十载，然'随词入史，由词通道'，涉学广远，论旨匪浅，未敢玩忽，每与严又陵'一名之立，旬月踯躅'同慨"，实为呕心沥血之作。

本书选取三十个关键词，分为"古典引申""语义假借""借形变义""新名创制""侨词来归""名实错位"六组。

一、"古典引申"，含中国、文化、文明、革命、教育、伦理六词。这一组关键词，其词形古今一贯，词义对古典义既继承又开新，开新又沿袭古义固有轨道，今人使用这些新名时，于古义还念兹在兹。

二、"语义假借"，含科学、自由、共和、社会、心理五词。这一组关键词，保留古典词的词形，又承袭其意义基旨，在新的语境下，词义内涵和所指对象发生深度变迁，古义与今义之间差异较大，今人使用时几乎已经遗忘其古义。

三、"借形变义"，含民主、宗教、天主、归纳演绎、国学、幽默六词。这一组关键词，利用汉字一字多义的特点和同一组合语法关系的多样性，通过改变（或部分改变）原词中语素的原意，或转换组合的语

---

① 冯天瑜：《新语探源——中西日文化互动与近代汉字术语生成》，中华书局 2004 年版，第 632 页。

法关系，扬弃（或部分扬弃）原有词义，注入新的甚至相反的含义。简言之，保持固有词形，赋予新的含义，与原有词义脱钩。

四、"新名创制"含中华民族、脑筋、几何、逻辑、哲学、美学、元素七词。这一组关键词均为新名，但来源和方式不一，或由中国人以汉语旧词素组合而成；或由中西人士结合，利用古典汉字组合而成；或由中西人士结合，变换旧名意义角度而成；或由中国译者以音意合璧方式创制而成；或由日本人凭借汉字语素，以汉语构词法新造而成。

五、"侨词来归"含地球、物理、卫生、小说四词。这一组关键词，原创于中国，后传入日本，经其改造，以更新的面貌返回近代中国，可谓出口转内销。

六、"名实错位"含经济、形而上学二词。这一组关键词，是以汉字词对译外来概念而产生。但在对译中，既与汉语词古典义完全脱钩，甚至与原有意义方向悖反，亦与对译的外来语含义相去甚远，又无法通过改变构词法从原词形推导出新的词义来，其"新义"全然是外在强加上去的。

笔者认为，历史文化语义学包含的词语、观念和思想史三重意蕴。

历史文化语义学研究的直接对象是词语。在此层面上，中国传统训诂学的丰厚遗产可资借鉴。周大璞先生的《训诂学要略》引述黄季刚先生的论断："真正之训诂学，即以语言解释语言，初无时地之限域，且论其法式，明其义例，以求语言文字之系统与根源是也。"[①] 周先生列举了释义的经典方法（声训、形训和义训），又揭示了传统训诂学的若干弊端（如厚古薄今、烦琐寡要、穿凿附会、增字解经、随意破字、拆骈为单等），这些都为今天的历史文化语义学研究提供了宝贵的基础技术工具和方法指导。

---

① 周大璞：《训诂学要略》，湖北人民出版社 1984 年版，第 2 页。

历史文化语义学不同于传统训诂学的一个重要的本质区别是它在词语的字面意义之外，更加注重其蕴含的社会思想内容，即其观念意义。在此层面上，20世纪国内兴起的社会语言学为其提供了重要的学理资源。陈原先生在《社会语言学》里论道："我们的社会语言学将从下面三个出发点去研究语言现象：（1）语言是一种社会现象；（2）语言是人类社会最重要的交际工具；（3）语言是人的思想的直接现实。"陈先生强调，社会语言学探索的两个领域，一是探讨社会生活的变化如何引起语言的变化，二是从语言的变化探究社会的变化。① 这一认识无疑是历史文化语义学得以成立的学理依据的一般性表达。

历史文化语义学不同于社会语言学的本质区别是，它不是一般地辨析社会变化与语言变化的相互关系，而是试图通过对若干关键词语的考析，厘清人们特定观念形成的来龙去脉，并确定其在民族思想流变的时、空坐标系中的地位、意义和作用，从而将思想史的研究提升到更加缜密、精细和圆融的水准。马克思、恩格斯曾说："语言和意识具有同样长久的历史；语言是一种实践的、既为别人存在并仅仅因此也为我自己存在的、现实的意识。语言也和意识一样，只是由于需要；由于和他人交往的迫切需要才产生的。"② "在哲学语言里，思想通过词的形式具有本身的内容""语言是思想的直接现实"③。就此而论，如果说社会语言学是传统训诂学与现代社会学联姻的产物，那么历史文化语义学则是一般意义上的社会语言学在观念史、思想史方向上的专业开拓与深化。换言之，历史文化语义学同时具有词语、观念和思想史三重意蕴。三者之间的关系是："观念是指人用某一个（或几个）关键词所表达的思想。细一点讲，观念可以用关键词或含关键词的句子来表达。人们通过它们来表达某种

---

① 陈原：《社会语言学》，学林出版社1983年版，第4、5页。
② 《德意志意识形态》，《马克思恩格斯全集》第3卷，人民出版社1960年版，第34页。
③ 同上书，第525页。

意义，进行思考、会话和写作文本，并与他人沟通，使其社会化，形成公认的普遍意义，并建立复杂的言说和思想体系。"① 所以，"就中国近代新名词的整体结构而言，仅仅将其理解为单纯语言学含义上的词汇，还远远不够。实际上它们乃由三个层面的内涵构成，即：语言学意义上的词汇本身；它们所各自表示的特定概念和直接凝聚、传达的有关知识、观念、思想和信仰；以及由它们彼此之间所直接间接形成或引发的特定'话语'。"②

由此看来，历史文化语义学的创立，对于深化思想史研究意义重大。前景广阔，未来可期。

---

① 金观涛等：《观念史研究》，法律出版社 2009 年版，第 3 页。
② 黄兴涛：《近代中国新名词的思想史意义发微》，《新史学》(上册)，中国人民大学出版社 2003 年版，第 324 页。

第十六章

文化互动与新词生成

冯天瑜将近代汉字术语生成正式作为一个文化史研究课题，是在1998—2001 年，他讲学日本期间逐渐明朗起来的。后于 2002 年，冯天瑜又访问德国。他在此期间思考的学术成果便有中华书局于 2004 年出版的《新语探源——中西日文化互动与近代汉字术语生成》。

冯天瑜注意到，近代以来，随着西方资本主义文明的全球扩张，"西方话语霸权"的建立，古已有之的"词语的跨文化旅行"，日渐兴盛。在中国，来源多歧、花样百出的新语新词充斥于政治主张、社会追求、文化立场各异的诸派别力量的言论、文字之中。其极端的例证是戊戌政变之后亡命海外的康有为，在澳门《知新报》馆成立"保救大清皇帝总公司"，陈腐不堪的保皇勾当居然冠以如此时髦的响亮名头。

冯天瑜指出，新语的流行，得力于"借词"在近现代的广泛展开。"借词"，又称"外来语""外来词"，包括音译词、意译词、音意合璧译词。通过借词以创制新语，是近代社会普遍的语言现象。这是因为，语言的社会性、交际性决定了其特有的变异性、开放性，语言从来不是自给自足、故步自封的。在语言三要素中，语音和语法相对稳定，而词汇是最敏感、最具活性的要素。因此，人们的思维反映社会及文化的变迁，往往直接、快速地通过词汇的发展得到体现。这便是语言（特别是词汇）的"非自足性"。

词可两分为日常用词和专门用词。专门用词又可两分为专有名词（人名、地名、事物名）和专门术语（简称术语）。狭义术语指各门学科的专用语，广义术语包括标记社会生活专门领域中事物的用语。

冯天瑜强调，术语是人类科学及技术知识的概念层面在自然语言中的结晶。概念是学术体系中的知识单元，而术语则是在学术体系中指称概念的语言符号。术语古来即有，但精确厘定、迅猛增长、广泛传播却始于近代。[1]在现代英、法、德、俄等语种的全部词汇中，术语的数量早已超过半数，而且还在与日俱增。

冯天瑜分析，"五四"以前，汉语借词西洋，经历了三个阶段[2]：第一阶段，明万历到清乾隆间两个世纪，译介西洋术语的主体是来华耶稣会士及与之合作的中国西学派人士。第二阶段，鸦片战争后到19世纪90年代中期，参与翻译西洋术语的任务，入华新教传教士，道咸间经世派官员、学者，同光间西学派士人。第三阶段，中日甲午战后至"五四"，此段新语，一是由掌握西文西学的中国知识分子直接译自西书，如马建中、严复，二是明治维新后从日本传入，传播者是留学生和政治流亡者如梁启超。前两个阶段，在中西文化互动中完成，第三阶段，日本异军突起，汉字新语生成机制加入一层因素，从中西双方关系演化为中、西、日三边关系。

165

---

[1] 冯天瑜：《新语探源——中西日文化互动与近代汉字术语生成》，中华书局2004年版，第11—13页。

[2] 同上书，第15页。

冯天瑜强调，日制汉字词是清末民初新语的重要来源。在古代，处于汉字文化圈内的日本，一直以中国文化为师。17世纪以前，中国的西学水平高于日本，所以日人借鉴《几何原本》《职方外纪》等"早期汉文西书"。18世纪，日本"兰学"兴起，西洋知识水平超过中国。于是中国转而效法日本。这是清末民初日制汉字词大量入华的根本因由。

冯天瑜分析，入华日源汉字新词，有音译词（瓦斯、俱乐部），日本训读词（入口、手续），日本国字（腺），日本语译语（基于、对于）。更重要的是以下两类：一类是将中国古典词原义放大、缩小、改造，以对译西洋概念，如：悲观、标本、博士、参观、代表等。另一类则是运用汉字造词法创制新词，如：暗示、霸权、悲剧、低调、公仆等。

冯天瑜特别指出，清民之际从日本入华的汉字新语，有些本是此前从中国出口到日本的汉译西书拟定的，如：权利、公法、选举、植物学、热带、细胞等。这些在中国未获流布的术语，在日本广泛使用，中国留日学生误以为是"日制汉字词"输入中国，其实是"侨词来归""旧词复兴"。①

在全书"导论"的结尾处，冯天瑜表示，"笔者将与诸君共同探幽致远、穷原竟委。周览这峰峦迭现的'中—西—日'语汇之间'重译而朝'的生动景象，通过近代新语的生成这一窗口，获得关于中外文化互动的深解。"②

冯天瑜注意到汉字文化是一个开放的系统。在境内及境外的传播过程中，不断地吸收新鲜成分，形成了"输出"与"借取"的双向流动。在"输出"方面，最典型的就是汉字文化对日本的深远影响。日语词汇由和语词和汉语词两大类组成。前者多虚词，后者多实词，前者多生活

---

① 冯天瑜：《新语探源——中西日文化互动与近代汉字术语生成》，中华书局2004年版，第28页。

② 同上书，第31页。

用词，后者多学术文化用词（日本称之"雅语"或"上位语"）。在"借取"方面，汉唐年间借词西域是绝好例证。葡萄、石榴、苜蓿、茉莉花、豆蔻、胡萝卜、胡瓜（黄瓜）……众多词汇进入中国语言文字系统，一直运用至今。

在"借取"方面更加重要的是来自南亚大陆的佛教用语，进入汉语系统。冯天瑜将它们分为三类①：第一类，佛教专用语，包括意译词：法、天、空等和音译词：禅、劫、波罗蜜、南无等。第二类：转为大众俗语，如：时、信仰、天堂等。第三类：转为学科术语，如：变文、唯心、真理等。

冯天瑜强调，佛典汉译不仅丰富了汉语词库，更重要的是树立了"借词"（即翻译外来词）的基本范式：②

其一，"存梵音而变为熟语"的音译，又分全译，如摩诃般若波罗蜜多；节译，如舍利、罗刹。

其二，"缀华语而别赋新义"的意译，方法一是比喻造词，如明喻的法、色、空、身、解脱、烦恼，又如借喻的诸行无常、万法皆空。方法二是汉词佛化，直接借用中国古典词，如本师、祖师、居士。

其三，梵音汉意联合：音意合璧词，形式多样：（1）梵音字加汉字，佛事、佛法、僧人；（2）汉义字加梵音字，卧佛、参禅、高僧；（3）新造译字加汉字，魔王、魔鬼；（4）梵汉近义连用，一是同义复用，如僧侣，比丘尼。二是义近互补，如禅定，忏悔。

冯天瑜指出，从历史演进的角度看，借词西域和佛语东传后，中国迎受的外来语主要源于欧美。这就是明末清初西洋术语的译介。西学东渐，西洋词汇入华，发轫于明清之际，大规模展开于清末以后。

① 冯天瑜：《新语探源——中西日文化互动与近代汉字术语生成》，中华书局2004年版，第94页。
② 同上书，第108页。

宗教传播是文化交流的重要途径之一。在西方基督教传播史上，有三次来华。第一次是贞观九年（公元 635 年），阿罗本来长安传教，时称"大秦景教"。第二次是 13 世纪，"也里可温教"来华，限于在蒙古及色目贵族中传播，元亡而教息。第三次是 16 世纪中叶到 18 世纪中叶，欧洲十余国 700 余名传教士来华，其中最著名的是意大利人耶稣会士利玛窦，他在华 28 年，着华服，习华言，自号"西泰"。在传教过程中，利玛窦奉行顺应中国文化传统的"适应政策"，被称为"利玛窦规矩"。他在华从事翻译西洋术语的工作有首创之功：例如创制"脑囊"一词，打破中国人"心之官则思"的陈旧认识；引入"地球"一词，论述"地圆说"。① 利玛窦的工作得到中国士人的协作和帮助，其中最得力的是徐光启和李之藻。

有研究者概括耶稣会士与中国士人合译西书的方式为五种：（1）传教士首先笔译成文，中国文士提供修改意见；（2）传教士首先笔译成文，中国文士修改定稿；（3）传教士口译，中国文士笔录，双方当面推敲定稿；（4）传教士口译，中国文士笔录并整理成文；（5）传教士讲授，中国文士研习后，经变通、再创，写作成文。其中，第 3 种较普遍，如《几何原本》《测量法义》等。

冯天瑜指出，在利玛窦、徐光启的年代，西洋术语汉译，意译、音译并举，意译为主。"意译的理论前提是，异文化之间在意义层面上是可以通约的。利玛窦一再申述儒学与基督教教义的相通，即论证中西文化互动的可能性和意译的必要性。"②

冯天瑜评价：明清之际的新语厘定与中国学术近代转型有着密切的关联。此际入华西学，大类有二：一是基督教神学，二是自然科学及技

---

① 冯天瑜：《新语探源——中西日文化互动与近代汉字术语生成》，中华书局 2004 年版，第 147 页。

② 同上书，第 164 页。

术知识。梁启超曾充分肯定此次"西学东渐"的意义："明末有一场大公案，为中国学术史上应该大笔特书者，曰：欧洲历算学之输入。"① 冯天瑜强调，"明末清初入华西学给中国文化提供的新因子，不仅表现在知识内容的补充上，更重要的是昭显新的思维方式。"②

论及近代汉字术语的生成，晚清译业及新语厘定是重要阶段。冯天瑜论道：晚清（19世纪初至20世纪初），译业之盛，新语之繁非往代可比，其中外国入华新教传教士起了重要作用。

19世纪初叶，新教进入中国，此可谓基督教的第四次入华。冯天瑜注意到：明末清初入华的耶稣会士多以拉丁语系为母语，而清末入华的新教传教士多以英语为母语，因而两者创译汉字新语存在明显差异。这在音译地名、人名上表现得尤其明显。③ 传教士们在中国创办中文刊物，还设立了一系列印刷出版机构。

冯天瑜注意到，能否用汉文忠实地意译西方文化，在新教传教士中一直存在争议。持肯定意见的傅兰雅认为，"中国语言文字与他国略同，俱为随时逐渐生新。……近来中西交涉事年多一年，则新名目亦必每年增广。"他还提出了译名的统一与规范化问题，倡导作"中西名目字汇""可免混名之弊"。

冯天瑜指出，中国人也积极参与了此一阶段内的新语厘定宏业。他们依时序依次为：道咸间经世派士人，同光间官办译局聘用学子，19世纪末崛起的双语译才，19、20世纪之交的留日学术与政治流亡者。

广州禁烟期间，林则徐主持编译约8万言的《四洲志》，介绍30余

---

① 《中国近三百年学术史》，《饮冰室合集》第10册，中华书局1989年版，第8页。
② 冯天瑜：《新语探源——中西日文化互动与近代汉字术语生成》，中华书局2004年版，第202页。
③ 同上书，第253页。

国的历史、地理情况。所创术语多为音译，大都未能传用下去。尽管如此，《四洲志》作为中国人介绍西学的开端之作，值得纪念。其后，魏源编纂《海国图志》，徐继畬编纂《瀛环志略》，此外，姚莹的《康輏纪行》，梁廷柟的《海国四说》《夷氛闻记》，夏燮的《中西纪事》，都体现了时人"开眼看世界"的努力。冯天瑜评论道：由于经世派士人不谙外语，其介绍西洋知识的著述只能依赖西洋人对西书的汉译，故道咸间中国人撰著中新语的厘定，与西洋人的译作有着直接因果关系，前者往往是后者的借取。一旦西洋人的汉译有误，中国人的撰著也跟着出错。①

同治、光绪年间，随着洋务新政的展开，翻译西书成为清廷国家行为，译书范围有科技类、史地类、法政类。民间知识分子也参与译事，意在文化启蒙，译书范围向人文领域拓展。清廷最早的洋务学堂和翻译机构是京师同文馆，同文馆作为研习外语的学校，译书是师生的要务之一。投身晚清译业的中国士人的杰出代表，有科学家李善兰、徐寿、华蘅芳。

人文学者也加入了晚清翻译西书的行列。王韬、黄遵宪、林纾等人有突出贡献。

冯天瑜强调，晚清翻译主体由西洋人转变为中国人，标志是严复翻译作品的问世。严复留学英国，学习海军。归国后任北洋水师学堂总教习。他以传播西学为己任，连续翻译了《天演论》《原富》《群学肄言》等，以一己之力，把在中国传播西学提高到一个崭新的水平。冯天瑜注意到严复翻译西书、厘定新语极为精审。

19、20 世纪之交，对译西洋概念的汉字新语从日本大量涌入中国。日源汉字新语的厘定，对中国社会产生重大影响。

冯天瑜注意到，18 世纪后半期，西方近代文化以"兰学"形态进入

---

① 冯天瑜：《新语探源——中西日文化互动与近代汉字术语生成》，中华书局 2004 年版，第 251 页。

日本。日本人以荷兰语为媒介，吸收西方近代学术，以医学、天文学、地理学等科技知识为端绪，逐渐扩展到社会思想领域，成为德川幕府后期日本人了解外部世界的窗口。日本的兰学家在接触西洋学问之始，便着力学习西洋语文，走上独立译介西书的道路。在此方面，明末清初的早期汉文西书和清末的晚期汉文西书被日本的兰学家、洋学家所借重。冯天瑜评论：明治维新使日本乘上近代化的高速列车，其翻译西书，理解消化西方文化的能力很快赶超了进展迟缓的清朝，日本研习西洋文化无须继续假手汉文西书。1887 年以后，就再也不见日本翻刻来自中国的汉文西书。

构成日本实词主体的汉字词，可分为两类。一类是从中国直接借用的，一类是日本自创。对于日语而言，以古汉语词汇翻译西洋概念，是一种双重借用：西洋概念是借用的，中国古典词也是借用的。冯天瑜分析：采借中源汉字词，保留原义的有伦理、政治、宣传等；采借中源汉字词，引申新义的有范畴、权利、革命等；采借中源汉字词，借形变义的有民主、艺术、世纪等。在译介西洋术语时，如果找不到适当的汉字旧词与之相应，日本人便自创汉字新语，即近代和制汉语。此类汉语术语于清末民初流入中国，对中国近代文化发生深刻影响。这些术语包括漫画、民族、常识、义务等。

与古代中源汉字词持续入日恰成反照，近代日制汉字词大举入华。冯天瑜认为，出现这种变化的原因是中日间文化传播主潮的转向。16 世纪末叶以来的三百年间，中日两国接受西学力度比差的消长，以及两国实现社会近代转型的水平对比度的变迁是这种转向发生的根由。[①] 清末十余年间，社会需求、文本、译者、翻译出版机构一应俱全。日籍汉译

171

---

① 冯天瑜：《新语探源——中西日文化互动与近代汉字术语生成》，中华书局 2004 年版，第 422 页。

便成为移译西学入华的速成之法。中国翻译的日译西书和日人自撰的西学书籍急速增长。清末新学堂的教科书，被汉译日本教科书覆盖。在此情形下，"日本新名词"在清末排山倒海般涌入中国。

冯天瑜分析，中国人对新语入华的反应既有传输与迎受，也有抗拒与质疑。冯天瑜赞赏王国维对于新语入华所持的理性态度，他既批评国粹派、泥古派拒斥外来新语，也劝告严复等"创造学语者"，不必排斥日人已造之汉语新学语。他本着实事求是的态度，力主吸纳近代日本经数十年锤炼、已趋于规范化的汉字新语。

冯天瑜总结道：作为汉字文化圈词汇大家庭新成员，日本"新汉语"入华后，虽然面对迎受与拒斥的两极反应，但其背后却经历着语文涵化过程。这些汉字新词的形态和内涵，包藏着中日语文间互相借采、彼此受容，你中有我，我中有你。经过磨合，中国人早已不将"宗教""哲学""美术""干部"等"日本新名词"看作外来语了，正如日本人早已不将两千年来从中国吸纳的汉字词汇列入外来语一样。这都是语文涵化的生动表现。①

---

① 冯天瑜：《新语探源——中西日文化互动与近代汉字术语生成》，中华书局 2004 年版，第 524 页。

第十七章

"封建"考论

　　《"封建"考论》无疑是冯天瑜最重要的著作,问世后在学术界引起了极为热烈的反响。

　　1987 年夏天,冯天瑜参加由汤一介先生任团长的中国哲学家代表团,赴美国加利福尼亚州,出席第五届"国际中国哲学研讨会"。某日下午,冯天瑜会议发言后,一位年迈的美籍华人学者程先生就"封建"概念问题,对中国大陆学界的惯常用法展开尖锐驳诘,会场气氛顿时紧张起来。冯天瑜第一次在国外参加这种国际会议,不知是否应当立即作答。犹豫之间,身旁的汤一介、方立天先生明确示意,"鼓励我做出回应,于是我放开论辩,就'封建'概念的古今演绎和中外对接阐发己说,结束时竟赢得全场热烈掌声。"① 当晚,美籍华人哲学史家傅伟勋教授驱车 20 公里,到冯天瑜所住宾馆房间,赞扬他下午的发言"酣畅淋漓,史论双美。没

---

① 　冯天瑜:《月华集》,湖北人民出版社 2018 年版,第 97 页。

有想到大陆学者如此高水平。"多年后，冯天瑜回忆："其实，程先生会上的质问，对我颇有激发，以后我对中国封建社会展开较深入的研究正启动于此。"①

此后十余年，"封建"名实问题一直萦绕在冯天瑜心头，并不断有研究心得问世。如1990年出版的《中华文化史》就专辟一节"中国'封建制度'辨析"，认为"时下通用的'封建制度'是一个需要特别加以辨析的概念，因为它的含义既大异于古来惯称的'封建'，也颇不同于西方史学界常用的'封建制度'（feudalism）"②。

经过长时间酝酿之后，《"封建"考论》的正式写作是冯天瑜在日本京都国际日本文化研究中心，主持"东亚近代术语生成"研究课题时开始的。具体时间是2004年9月30日至2005年8月31日，为时一年整。回国后，2005年9月5日至12月25日改定于武汉大学传统文化研究中心。

2006年2月，《"封建"考论》由武汉大学出版社出版，同年5月即第二次印刷。一年以后，根据出版后来自各方面的反馈意见，又经过进一步的史料考析和义理思辨，冯天瑜修订补充，推出第二版。篇幅由40万字增加到52万字。修订补充的内容，冯天瑜在"第二版后记"里一一说明，特别强调："面对泛化封建观'已经约定俗成，无法更改'之说（笔者一度也持此种看法），第二版的结语通过对概念因革史的回顾，略作评述：滥用概念（尤其是核心概念），如果有碍于历史叙事的准确性，并造成思想及学术的紊乱，即使约定俗成，也应予纠正。而且，以汉字文化的丰富与精密，秦至清的社会形态是可以找到准确的术语加以界定的。当然，这里需要精密的学术探讨，并有一个由学术研讨转化为公共知识的过程。我们对此乐观其成。"③

---

① 冯天瑜：《月华集》，湖北人民出版社2018年版，第98页。
② 冯天瑜：《中华文化史》，上海人民出版社1990年版，第226页。
③ 冯天瑜：《"封建"考论》，武汉大学出版社2007年版，第554页。

2010 年,《"封建"考论》被收入"当代中国学者代表作文库",由中国社会科学出版社再度出版。借此机缘,冯天瑜对全书结构作了归纳调整,内容上亦有所补正充实,故称为"修订版"。"修订版"结构上的调整是将前版的第十七章一分为二,又将前版共十九章降格为十九节,另立五章目,分辖各节:第一章古义演绎,辖 1,2,3 节;第二章中外通约,辖 4,5,6,7,8 节;第三章名实错位,辖 9,10,11,12,13 节;第四章正本清源,辖 14,15 节;第五章制名指实,辖 16,17,18,19 节,结语不变。本书的引述以此版为据。

2020 年,北京线装书局"善品堂藏书"出版了特制极品手工徽宣印刷的线装本《"封建"考论》。

在这部凝聚多年思考结晶的重要著作里——

首先,冯天瑜揭示了中国语言系统中的"封建"本义。

冯天瑜开宗明义,指出"封建"一词的原意是指殷周分封制度,又延及后世各种封爵建藩的举措,所谓"列爵曰封,分土曰建"。还指涉与分封制有关的朝政、官制、人身关系、土地制度、民族关系等。

冯天瑜从语源学上分析:

"封",在甲骨文中似树木植根于土中之形,多作动词用。培土植树之意。从此意又推出作境界林以划分田界之意。由此再进一步,引申为帝王将土地分赐给亲戚或功臣作领地、食邑。周秦以降,动词"封"的赐土颁爵义广为通用。由"封"组词的封国、封疆、封人、封君、封授等,均与此相关。

"建",与"封"义近,为树立、竖立、设置之意。建德、建业、建国、建侯等,均与此相关。

"封建"连用始见于春秋末成书的《诗经》,后《左传》等战国及之后成书的典籍中常见。西周虽实行封建制,但"封""建"尚单独使用,合为"封建"一词,初见东周。如《诗经》颂商的诗篇曰:"天命降监,

175

下民有严，不僭不滥，不敢怠遑。命于下国，封建厥福。"

冯天瑜指出，史籍常将"封建"上溯到远古时代。但是，历史上较有依据的是夏、商、周"三代封建"说。夏与商进行的是氏族分封，形成的是一种氏族联盟式的邦国群体，或者说夏、商分封是对氏族邦国群体的承认。到了周代分封，封建才成为完备的制度。

冯天瑜指出，周代封建制与宗法制、等级制相共生。他引述《左传》的两段话：

> 故天子建国，诸侯立家，卿置侧室，大夫有贰宗，士有隶子弟，庶人工商，各有分亲，皆有等衰。是以民服事其上，而下无觊觎。（《左传·桓公二年》）
>
> 昔周公吊二叔之不咸，故封建亲戚，以蕃屏周。（《左传·僖公二十四年》）

冯天瑜强调，"这两段话是春秋时人对西周封建制精义的阐发，都把'封建'的要旨归结为实行宗法制。概言之，西周宗法制包括嫡长子继承君统和余子分封两项内容，故分封制以宗法制为基旨，宗统与政统合而为一；又与等级制彼此渗透，由分封确认等级，因等级巩固分封。封建制的要旨在'分'，通过分封子弟、功臣，以分治领土，屏卫王室；宗法制的要旨在'合'，通过血缘纽带达到合族目标。封建之'分'与宗法之'合'，相为表里、彼此为用，是西周政治、社会稳固的基石。因此，如果把夏、商称为'氏族封建制'，那么西周则可称为'宗法封建制'"。①

西周确立封建制有充分的社会依据，发挥了重要的历史功能。冯天

---

① 　冯天瑜：《"封建"考论》，中国社会科学出版社 2010 年版，第 21 页。

瑜列举以下五条：其一，血亲分封是确保宗周社会稳固的不二法门。其二，周人大力推行封建制，与其灭殷后难以实际控制东方的广土众民有关，通过怀柔政策实现血缘与地缘的整合。其三，周天子力量强大，拥有重兵，"礼乐征伐自天子出"，有利于社会经济发展和国家安全。其四，西周封建制与宗法制等级制相为表里，彼此匹配，形成完整的礼制。其五，西周封建制的根基是井田制度，此制符合当时的社会经济发展水平。①

西周自穆王以下，"王室遂衰"。厉王以后更是江河日下。至东周（春秋、战国），政治体制更发生重要变化。东周既是封建国领主制的重要发展阶段，又是封建制向郡县制过渡的时期。冯天瑜分析这一时期政治体制变化的主要表现是：其一，"封建"之权从周天子下移诸侯。其二，赐爵食邑制出现。其三，春秋时代楚、晋出现郡县制，战国时代郡县制普及列国。

冯天瑜认为，秦汉以后，"郡县"与"封建"镶嵌并存，制度主流为"非封建"。就政制及经济形态的主体而言，中国历史正式进入"非封建"时代。

秦始皇统一天下，新立政治制度的鲜明标志是以"郡县"代"封建"，其实质是强化专制国家对地方的全面掌控。汉代以降，"封建制""郡县制"此消彼长，二者镶嵌并存。汉承秦制，以郡县立国。

冯天瑜指出，秦汉至明清两千年间，唐中叶是一个转折点。此前，虽已进入"非封建"时代，但领主经济、贵族政治等"封建"遗存尚多，而此后中国社会的"非封建性"进一步增强。

中唐以后，领主经济式微，"均田制"废弛，土地私有化和自由流动趋于顺畅，地主—自耕农经济优势地位定型。以"两税法"代替"租庸

① 冯天瑜：《"封建"考论》，中国社会科学出版社 2010 年版，第 27—28 页。

"调"制为端绪，宋、明几代的赋税改革，愈益把朝廷对以农民为主体的平民的直接经济关系确定下来。科举制的非身份性特征愈益强势，累世为官的世族退隐政治舞台，门阀贵族淡出朝政，官员直接自平民中考选。

冯天瑜指出，汉、唐、宋、元、明、清诸朝都把推行郡县制、流官制视作强化中央集权的重要手段。郡县制下，地方官吏由朝廷任免，脱离血缘亲族的羁绊。郡县实行兵民分治、军政分职，军事长官并无调兵权。朝廷在郡内设监察官，地方官员、执军将帅全在朝廷掌控之下。这些制度化的举措，切实强化了中央集权。

其次，冯天瑜厘定西欧中世纪社会及其术语 feudalism，并在此基础上讨论清末民初融通古义与西义的新名"封建"。

冯天瑜指出，"封建"从汉语之古典义转变为近代新名词，是在近代中国与日本两国士人以"封建"对译英文术语 feudalism 的过程中完成的。因此，必须考察 feudalism 的语义，了解 feudalism 所表述的西欧中世纪制度的发展历程。

欧洲中世纪的社会制度 feudalism 有一个复杂的生成与演化过程。它既不是古罗马制度的自然延伸，也非来历不明突然降临西欧大陆的外来物。它是由罗马的社会组织与日耳曼蛮族的军事组织糅合而成的一种社会制度。

冯天瑜划分西欧封建制的演进过程，6 至 8 世纪是"准封建期"，领主与附庸尚无明确的法定关系；9 至 10 世纪以降是"封建成熟期"，领主与附庸间有成文的"封建契约"；14 至 16 世纪是"封建晚期"；16 世纪以后，西欧各国先后进入现代民族国家创建阶段，但封建制的残余一直延续。17 至 18 世纪是西欧封建制解体、向近代社会转化期。

冯天瑜指出：罗马帝国崩溃以后、工业文明诞生以前的西欧社会，并无专门名称。直至近代初期，西欧诸国逐渐以由拉丁文 feodum（封地，采邑）演化而来的 feudalism 一词指称中世纪社会。西方学者研究，西欧

"封建制度"（feudalism）概念历经两百多年方才定型。

冯天瑜概括"封建制度"（feudalism）的一般意义为四点：其一，土地领有是一种政治特权。其二，自然经济占统治地位，形成自产自销、自给自足的封闭式"庄园经济"。其三，国家权力分散，大小诸侯在领地内世袭拥有军事、政治、司法、财经权，国王与各级诸侯、武士形成宝塔式的等级制。其四，超经济剥夺，封臣将领地交由农民（农奴）耕种，领主对农民（农奴）有法定的超经济强制。

冯天瑜强调，大体符合上述特征的社会，可称之为"封建社会"。与这些基本属性相背反的社会，则不应纳入"封建社会"，而须另设名目。

在完成了中国、西欧封建制的名实关系梳理之后，冯天瑜对二者进行了比较，认为从制度层面看，二者的差异是：周代封建制是周人征服东方，为管辖广土众民而利用宗法系统建立起来的政治—经济制度，君臣关系具有血缘纽带性和伦理色彩，而西欧中世纪的 feudalism 则是在罗马帝国的中央集权崩解后出现的，其时战乱频仍，民众需要地方强权贵族出面保护，保护者赢得对民众和土地的控制，双方建立起一种互惠性契约关系。这种契约形式逐渐法定化，而在国王—贵族—骑士间确立封建关系时显得尤其正规。据此，冯天瑜将西欧的 feudalism 称为"契约封建制"，而将中国西周封建制称为"宗法封建制"。

冯天瑜认为，对比中国与西欧封建制的差距明显，日本与西欧的封建制却极度相似。他分析道：日本与西欧封建制"二者的神似，缘由在于双方具备相近的社会与文化结构：氏族制的强劲遗存与相对先进的政治、经济制度相结合，构筑起军事贵族统治下的采邑群体，出现官方权力与领主地产的融合物，而附庸对领主的效忠提供了这种制度的伦理基础。这一系列社会特征，不约而同地呈现在彼此相距万里之遥的东北半球的东西两端，实在是世界历史上的一个奇观。"冯天瑜接着论道："而日本仿效欧洲模式的近代化过程之所以较为便捷，原因之一在于日本的前近代社会形态与西欧酷似，都经历过'封建制度'。正如赖肖尔所说：'从镰仓时代到江户时代存在的（日本）封建制度……同欧洲封建制度特别相似'，这便是'在世界史上极为迅速完成近代化的只有欧洲和日本这一事实'显示的两者的'关联性'"①。

冯天瑜指出，在汉字文化圈，借"封建"一词比拟欧美政制，使"封建"具有普世意义的，较早有两类人：一为来华西方人，如英国汉学家李雅格，在将《周易》译为英文时，以 feudal ruler 对译"封建的诸侯"；二为最初"开眼看世界"的中国人，如林则徐，其主持编译《四洲志》，认为美国的联邦制兼具"封建"分权、"郡县"集权之义，又加以变通，自成新局。

冯天瑜特别重视的是，20 世纪初年，严复在翻译西方经典著作时，将 feudalism 与"封建"在"封土建国"之义上加以对接，并非转用日本译名，而是直接从西语译来，是中国翻译家富于中西文化通识的创获。并强调："经过严复的翻译与诠释，'封建'从原指一种政制举措（封爵建藩）的旧名词，演变为指一种社会制度、历史时段的新名词。严复发现，中西历史虽有差异，但也有共通之处。所以在 1905 年所撰《政治讲义第二会》中指出：'国家为物，所足异者，人类不谋而合，譬如我们古有封建，有五等，欧洲亦有封建、五等。吾古有战车，西人亦然。'故严译'封建'在向新名转化的过程中，并未与旧名本义（封土建国、封爵建藩）脱钩，而是沿着旧名本义指示的方向作合理引申，并与对译词 feudalism 的含义（领主制、采邑制）彼此契合，从而达成古义与今义的因革互见、中义与西义的交融涵化。"

复次，冯天瑜梳理"封建"名实错位的由来及种种表现。

冯天瑜注意到，20 世纪初年五四新文化运动中，"封建"的含义在

---

① 冯天瑜：《"封建"考论》，中国社会科学出版社 2010 年版，第 150 页。

某些重要论者那里发生变化，从一古史概念演变为"前近代"的同义语，成为与近代文明相对立的陈腐、落后、反动的制度及思想的代名词。此为"封建"概念产生混乱之始。

1915 年，陈独秀创办《青年杂志》。9 月 15 日，该刊发表陈氏《敬告青年》一文，这是新文化运动的开篇之作。陈独秀在文中称"谬种流传"的"固有之伦理、法律、学术、礼俗，无一非封建制度之遗"。他把"封建"作为陈腐、落后之渊薮的代名词，号召中国新青年奋起"反封建"。

陈独秀接受严复翻译的《社会通诠》的观点，认为中国走出蛮夷社会后，即为以宗法制为基础的封建社会，宗法制度及观念延及当下。在严复看来，封建制与君主专制先后递嬗，是两种不同的制度，而陈独秀却将二者重合，又认为封建制与君主专制贯穿中国古史，一直延及当下，将二者混为一谈。

冯天瑜强调："这些用法是前无古人的"。陈独秀所称的"封建主义"含义宽泛，包括进入文明时代以后、"共和"（约相当资本主义）以前的全部历史时期。这是一种"泛封建"的表述。

陈独秀是新文化运动的主帅，其"封建"新说有着不可低估的影响。后人把"五四"称为"反封建"的文化运动，即源于陈独秀的言说。冯天瑜指出，虽然陈独秀首创"泛封建"论，影响巨大，但他的同时代人极少有人持相同的说法。杜亚泉从"公侯之封域"的角度论"封建时代"，蔡元培将"封建"与"井田"并列，鲁迅猛烈批判"吃人"的"礼教"，但未见以"封建"冠于现实社会的用法，吴虞激烈批孔反儒，严厉指斥"专制"和"家族制度"，但从未将"封建"列入谴责对象。李大钊没有提出"反封建"的命题，而是把"反专制"确认为社会革命的使命，认为只有反专制"而后再造神州之大任始有可图，中华维新之运命始有成功之望也。"①

"五四"以后，泛化"封建"的短语逐渐普及，如封建地主阶级、封建帝王、封建皇权、封建官僚、封建军阀、封建文人、封建意识、封建迷信、封建礼教、封建包办婚姻……这些概念多有内在抵牾，其基本症结在于：将封建主义与集权主义、贵族政治与官僚政治、领主经济与地主经济这三组互不兼容的概念混为一谈。如"封建地主"，既然是"地主"，土地便可以自由买卖，怎能加上"封建"？"封建"义为土地由封赐而来，不得转让、买卖。再如"封建官僚"，既然是朝廷任命的流官，"官僚"怎能加上"封建"？"封建"义为权力、爵职由封赐所得，世袭罔替。

冯天瑜总结道："陈独秀所提倡的'反封建'，并将其作为争取中国现代化的中心题旨，与孙中山等民主运动先驱的论说大不相同；而由陈氏导引产生的以泛化'封建'为词干的一系列'封建—'短语，长期作为中国民主革命对象的名称广为使用。这些短语多半存在概念彼此抵牾的不通之处。此类短语虽然不一定直接从陈独秀那里沿袭而来（其间有多种中介环节），却与五四时期的'反封建'题旨保持着历史的继承性，人们只需把上列短语与陈氏发表于《新青年》上的文字加以对照，就可以明白此点。"②

既然中国现代化运动的中心课题，或曰中国民主革命的基本任务，并非"反封建"（此一任务已大体在周秦之际完成），那么，这一中心课题或基本任务是什么？冯天瑜将其归纳为：其一，解构宗法社会，建立契约社会、法治社会；其二，变革地主租佃经济，实行耕者有其田；其三，推翻君主专制，建立民主共和。

---

① 《李大钊选集》人民出版社 1959 年版，第 56 页。
② 冯天瑜:《"封建"考论》，中国社会科学出版社 2010 年版，第 214 页。

"这是 19 世纪中叶至 20 世纪中叶百年间中国近代化进程（或曰中国民主革命）的实际情形，泛化封建说，模糊了这一真实的历史内容，应当予以斧正。"①

冯天瑜指出：20 世纪 20、30 年代以降，泛化"封建"说流行中国，还与苏俄及共产国际以"半封建"指称现实中国有关。泛化封建观的"祖义"，来自列宁及共产国际。

冯天瑜指出，列宁将泛封建观提升为普遍性范式，用以分析亚洲（包括中国）社会，认为近代前的中国处于"封建社会"。西方资本主义入侵，近代中国沦为"半殖民地"，其社会形态则可称为"半封建""半殖民地"社会。此一思想首见于他的《中国的民主主义和民粹主义》②一文。文中关于中国"农业生活方式和自然经济占统治地位"的描述，与马克思所说的"那个依靠着小农业与家庭手工业相结合的中国社会经济结构"③大体一致。然而，对于在这样的经济结构基础上生成的社会形态，两人的结论大异——列宁称为"封建社会"，而马克思则称为非封建的"东方专制社会"。

20 世纪 20 年代末 30 年代初，中国学界发生了"中国社会性质论战"和"中国社会史论战"。经过这场规模宏大的论战，泛化封建观获得学术形态，为以后的广泛传播奠定了基础。冯天瑜评论这两次论战的成败得失，提出如下看法：其一，以"社会形态"学说诠释中国历史，是中国社会科学的重大进展。

论战中，陶希圣、郭沫若等不再把研究视野局限于王朝更迭及政治制度变迁上，而用力于社会形态的辨析，纵目于由社会经济基础及其上层建筑共同构建的历史整体，试图运用唯物史观对于中国历史作贯通性

①　冯天瑜：《"封建"考论》，中国社会科学出版社 2010 年版，第 215 页。
②　载《列宁全集》第 21 卷，人民出版社 1990 年版。
③　《马克思恩格斯选集》第 2 卷，人民出版社 1972 年版，第 57 页。

诠释。"封建"不再指一种政体或一个事件，而提升为以经济制度为基础的社会形态。这是旧史家不可能做到的。

论战中，唯物史观占据上风，是社会科学进入中国学界的表现。论战诸派不同程度运用唯物史观的理论与方法，尝试运用经济分析、社会结构分析的方法考察中国社会，尤其是运用生产力决定生产关系和社会制度的观点探究中国古史，整合经济史、社会史视角，形成史学研究的新范式。

其二，"历史单线进化论"以西欧历史模型硬套中国历史，指鹿为马。

冯天瑜指出：论战诸派政治立场对立，学术观点大异，但不同程度地信奉来自苏俄及共产国际的"社会形态共性论"，并由此推出"历史单线进化论"。作为论战的代表性人物郭沫若，认为"国情不同"之说是"民族偏见"。他以西欧历史进程为范本，划分中国历史的阶段：（1）西周以前，原始公社制；（2）西周时代，奴隶制；（3）春秋以后，封建制；（4）最近百年，资本制。论战各派不同程度地以来自西方的历史分期框架为模式，裁量中国历史（当然，各派裁出的"衣裳"不尽相同：对当时的中国，有的称"封建"或"半封建"，有的称"前资本主义"，有的称"资本主义"）。冯天瑜认为，他们正如恩格斯当年批评的"许多年轻的德国人"，"只是用历史唯物主义的套语（一切都可能变成套语）来把自己相当贫乏的历史知识（经济史还处在襁褓之中呢！）尽速构成体系。"[①]

其三，忽视术语准确性，内涵、外延任意游走，名不副实。

冯天瑜注意到：论战各派在史学方法论上的一个相通之处，是忽视概念的准确性和稳定性，频繁变更核心术语的内涵与外延。以陶希

---

① 《马克思恩格斯选集》第 4 卷，人民出版社 1972 年版，第 475 页。

圣为代表的"新生命派"对泛化封建论有所批评，主张中国在西周时期为封建社会，至秦代已经瓦解。"新思潮派"努力证明秦汉以后的中国为"封建社会"始终存在一个难以逾越的障碍，这就是如何准确表述殷周"封建"制度所包含的本有意蕴。论战中陶希圣、郭沫若两位主将的观点针锋相对，但相似的是使用"封建"一词时，内涵与外延变幻莫测，故而"封建社会"起点时间相差动则数百年，甚至千余载。这"正是他们生搬硬套外来模式与中国历史实际之间无法协调的必然反映"。①

冯天瑜认为泛化封建论流行，整体上的政治气氛都是如此。

1923 年，他在《北京政变与商人》一文中，提出国民革命的使命是"用国民的力量打倒军阀并打倒和军阀狼狈为奸的帝国主义"。1926 年以后，毛泽东著作里开始出现泛化"封建"用例。如著名的《湖南农民运动考察报告》中，就有"几千年封建地主特权""乡村的封建势力""宗法封建性的土豪劣绅"等用语。冯天瑜指出，"由于毛泽东在'大革命'期间担任国民党中央宣传部代理部长，是当时国共合作的革命阵营的舆论主持人之一，故此间毛著的用词，反映了第一次国内革命战争时期中国政治语汇的实际走向。"②

1939 年 12 月，毛泽东发表《中国革命与中国共产党》，正式以"封建社会"冠于周秦以来漫长的中国历史阶段。文中称"中国自从脱离奴隶制度进到封建制度以来，就长期地停顿下来。这个封建制度，自周秦以来一直延续了三千多年。……三千年来的中国社会是一个封建社会。""封建社会的主要矛盾，是农民阶级和地主阶级的矛盾。"在指认中国革命的对象时，毛泽东说："中国现时社会的性质，既然是殖民地、半

185

---

① 冯天瑜：《"封建"考论》，中国社会科学出版社 2010 年版，第 261 页。
② 同上书，第 268 页。

殖民地、半封建的性质，那末，中国现阶段革命的主要对象或主要敌人，究竟是谁呢？不是别的，就是帝国主义和封建主义，就是帝国主义国家的资产阶级和本国的地主阶级。"1940 年年初，毛泽东撰《新民主主义论》，用"封建制"覆盖周秦以下三千多年来的政治、经济、文化诸侧面："自周秦以来，中国是一个封建社会，其政治是封建的政治，其经济是封建的经济。而为这种政治和经济之反映的占统治地位的文化，则是封建的文化。"1945 年 6 月，毛泽东在中国共产党第七次全国代表大会上致闭幕词，即著名的《愚公移山》一文。毛泽东生动形象地指出："现在也有两座压在中国人民头上的大山，一座叫做帝国主义，一座叫做封建主义。"

冯天瑜论道：此后，再加上"官僚资本主义"，被称为中国新民主主义革命所要"挖掉"的"三座大山"。于是，"封建主义"不仅是历史的遗迹，也是现实的存在，而现代社会相当一部分被视作腐朽、落后、反动的人与事，都归入此一"主义"之中，属于被打倒之列。[①]

冯天瑜特别强调，泛化封建论长期流行，还与《联共（布）历史简明教程》的理论影响直接相关。

20 世纪 30 年代，共产国际的实际领导人是苏联共产党（布尔什维克）领袖斯大林。他主持编撰的《联共（布）历史简明教程》被中共延安整风运动列为学习的中心材料。1949 年中华人民共和国成立后，《联共（布）历史简明教程》又被规定为干部和知识分子必修的政治及历史读本。该书根据斯大林所撰《论辩证唯物主义和历史唯物主义》的论述，将前后直线递进的原始公社制的、奴隶占有制的、封建制的、资本主义的、社会主义的"五种社会形态"认定为人类历史的普遍规则，其演进方式是单线递进："原始公社制恰恰被奴隶占有制所代替，奴隶占有制被

---

① 冯天瑜：《"封建"考论》，中国社会科学出版社 2010 年版，第 275 页。

封建制度所代替，封建制度被资本主义制度所代替，而不是被其他某种制度所代替。"①

冯天瑜指出："五种社会形态"说将不同类型、不同层次的概念并入一个序列，实际上不成系统。"原始"是一个文化学概念，"奴隶"是一个生产关系概念，"封建"是一个政治学概念，"资本"是一个经济学概念，"社会"是一个社会学概念。以"五种社会形态"概括西欧历史，本身就值得商榷。而它更大的失误在于将自然环境、社会条件、文化传统复杂多样的人类诸民族的历史进程单线化，将西欧历史这一"特殊型"视作"普遍型"，从而把包括中国在内的诸多国家纷纭错综的历史发展轨迹，一概套入一个简约化的公式不免牵强附会。

冯天瑜进一步指出：以"五种社会形态"单线递进来描述中国历史更不适当。第一，中国不存在希腊、罗马式的以奴隶为劳动力主体的"奴隶社会"；第二，中国"封建社会"早成（殷周），专制王权确立亦早成（秦汉），中古时代（秦汉至明清）主体是"非封建"的"宗法专制社会"，与中世纪西欧"封建社会"差异很大，无法纳入同一种社会形态。②

再次，冯天瑜正本清源，明示马克思、恩格斯的封建社会论，以及中国学者对于泛化封建观的质疑。

"五种社会形态"说及泛化封建论长期广泛流行，根本原因是它们被宣称为马克思、恩格斯唯物主义历史观的经典理论和标准表述。冯天瑜指出，事实并非如此。

"卡·马克思致力于人类社会发展规律研究，前期着重阐述历史发展的普遍规律，《共产党宣言》等论著主要作历史线性进步的表述；而后期则着力揭示历史演化的多样性，展现历史的网状脉络。"③冯天瑜列举了马

①　斯大林：《列宁主义问题》，人民出版社 1972 年版，第 640 页。
②　冯天瑜：《"封建"考论》，中国社会科学出版社 2010 年版，第 281 页。
③　同上书，第 286 页。

克思两段关于人类历史进程的总体式表述。

其一是在《1857—1858 年经济学手稿》中所说："人的依赖关系（起初完全是自然发生的），是最初的社会形式，在这种形式下，人的生产能力只是在狭小的范围内和孤立的地点上发展着。以物的依赖性为基础的人的独立性，是第二大形式，在这种形式下，才形成普遍的社会物质变换、全面的关系、多方面的需要以及全面的能力的体系。建立在个人全面发展和他们共同的、社会的生产能力成为从属于他们的社会财富这一基础上的自由个性，是第三个阶段。"[①] 冯天瑜分析道：马克思说的第一种社会形态，指人束缚于血缘纽带、宗法关系、等级结构；第二种社会形态，指人在形式上获得不依附他人的独立地位，但仍然受到交换关系物化力量的支配；第三种社会形态，指人获得自主、自由的地位。显然，这样的社会发展三形态，与单从经济形态角度划分的"五种生产方式"有所差别，具有更为宏阔的历史包容性。

其二是在 1859 年《〈政治经济学批判〉序言》中所说："大体说来，亚细亚的、古代的、封建的和现代资产阶级的生产方式可以看做是社会经济形态演进的几个时代。"[②] 冯天瑜分析道：马克思的这一判断，主要是从欧洲（尤其是西欧）的社会史材料出发作出的概括，但他已注意到西欧以外历史的特殊性，故有"亚细亚的"名目的提出，同时也未对人类历史进程作硬性规定。联系其他相关论述，可见马克思并未将"亚细亚的、古代的、封建的"三种社会形态说成是人类历史普遍性的前后递进阶梯，而是指原始社会结束后的几种发展道路，其中只有西欧"封建制"通向了"现代资产阶级的生产方式"，呈现"古典—封建—资本主义"的发展序列，而绝大多数非欧地区并不如此。[③]

---

① 《马克思恩格斯全集》第 30 卷，人民出版社 1995 年版，第 108 页。

② 《马克思恩格斯选集》第 2 卷，人民出版社 1995 年版，第 33 页。

③ 冯天瑜：《"封建"考论》，中国社会科学出版社 2010 年版，第 288 页。

冯天瑜特别强调，马克思一向反对将欧洲史的发展轨迹泛化为普遍性规则的做法。1877 年 11 月，针对俄国民粹主义者米海洛夫斯基对《资本论》的曲解，尤其是米氏把西欧社会发展道路套用于俄罗斯等东方社会的做法，马克思尖锐地批评道："关于原始积累的那一章只不过是想描述西欧的资本主义经济制度从封建主义经济制度内部产生出来的途径……他（米氏——引者）一定要把我关于西欧资本主义起源的历史概述彻底变成一般发展道路的历史哲学理论，一切民族，不管它们所处的历史环境如何，都注定要走这条道路，——以便最后都达到在保证社会劳动生产力极高度发展的同时又保证每个生产者个人最全面的发展这样一种经济形态。但是我要请他原谅（他这样做，会给我过多的荣誉，同时也会给我过多的侮辱）。"[1]

查阅马克思和恩格斯的全部著作，他们从未将大多数东方国家的前近代称为"封建社会"。

马克思在《不列颠在印度的统治》一文中说："这些家庭式公社本来是建立在家庭工业上面的，靠着手织业、手纺业和手耕农业的特殊结合而自给自足……这些田园风味的农村公社不管看起来怎样祥和无害，却始终是东方专制制度的牢固基础……"[2] 冯天瑜强调，马克思在这里说的是小农业与家庭手工业相结合的社会经济结构是"东方专制制度的牢固基础"，而绝非泛封建论者那样，把小农业与家庭手工业的结合也即自然经济状态笼统称之为"封建社会"的经济形态。

冯天瑜梳理了人民出版社 1995 年版《马克思恩格斯选集》第一卷收录的马恩于 19 世纪 50 年代论中国与印度的 12 篇文章，他们对前近代中国与印度，从不以"封建"相称，而冠以其他名目，包括：与外界

---

[1] 《马克思恩格斯全集》第 25 卷，人民出版社 1995 年版，第 145 页。
[2] 《马克思恩格斯选集》第 1 卷，人民出版社 1995 年版，第 765 页。

隔绝的"天朝帝国""亚洲式专制""东方专制制度""中华帝国""半文明制度""世界上最古老的帝国""官僚体系""宗法制度""不稳定的亚洲帝国""那种小农业与家庭工业的结合"的"天朝帝国"等。据此，冯天瑜论道："卡·马克思、弗·恩格斯拒绝以'封建社会'称前近代印度、中国，绝非偶然，因为在他们看来，'氏族社会—奴隶社会—封建社会—资本主义社会'此一西欧社会史模式，并不是普遍性的发展状况，在印度、中国等东方国家，从氏族社会解体到资本主义社会出现以前，历经的是'东方专制制度'，而并非'封建制度'。"①

冯天瑜认为，马克思提出的"亚细亚生产方式"的含义虽然比较模糊，然而其昭示的路向则是颇有价值的：以"农村公社、土地国有、专制主义"三位一体的东方诸国的历史进程显然不同于西欧，当然需要另作概括。晚年卡·马克思已很少使用"亚细亚生产方式"的提法。然而其探求东方世界特殊历史进程的努力，向更为纵深处推进。

19世纪60、70年代，人类学—民族学在西欧、美国和俄国有长足进展。晚年的马克思对这一学术前沿十分关注，阅读了诸多人类学家、民族学家的著作，留下了详尽的人类学、民族学笔记。这些笔记晚近才披露于世。

冯天瑜指出，根据这些笔记，可以看出马克思的两个基本观点：其一，可以让渡的非贵族土地所有制与封建主义不相兼容；其二，君主专制、村社结构的东方中古社会与封建主义不相兼容。据此，冯天瑜论道：马克思虽然没有就中国的社会形态问题正面发表意见，但依照他人类学—民族学笔记的评论逻辑来分析，中国秦汉至明清显然不属于封建社会，因为：

其一，秦汉至明清，农业生产者的主体是人身大体自由的农民，并

---

① 冯天瑜：《"封建"考论》，中国社会科学出版社2010年版，第292页。

非有法定人身依附的农奴，在中国不存在占优势地位的农奴制；其二，自战国以后，中国的土地可以买卖、转让，贵族土地世袭制不占主导；其三，中国又有着比印度更加完备、更加强势的中央集权君主专制，阻止如同西欧国家权力分散的领主封建制那样的社会形态发展；其四，司法权掌握在皇帝控制的朝廷手中（所谓"王法"），封建主拥有世袭司法权早在周代末年已渐次消除，私人（包括贵胄）行使司法权，被视为"没有王法"。①

冯天瑜注意到，在社会史论战中及论战后，不少学者拒绝照搬欧洲模式，其中有周谷城、王亚南、胡适、钱穆、梁漱溟等人，他们从中国社会自身实际出发进行历史分期，并将古义与西义相通约，以诠释新名"封建"，昭示中国史研究健全的发展方向。

最后，冯天瑜制名以指实，探讨秦至清社会形态的特征和历史分期命名标准，提出对秦至清社会形态的命名建议宜以"宗法地主专制社会"，可简称"皇权时代"。

在充分论证秦至清历史阶段的社会形态不宜冠以"封建社会"后，冯天瑜试图予之一个适当的命名。

冯天瑜注意到，在泛化封建观流行之前及之后，许多中国学人都曾为秦至清这一历史阶段设定名目。这是今日为之命名的重要参考。②

梁启超称其为"统一时代""君主专制全盛之时代"；

严复称其为"霸朝""军国社会"；

周谷城称其为"专制一尊""统治于一尊的郡县制度"时期；

胡秋原称其为"先资本主义—专制主义社会"；

李季称其为"前资本主义的生产方法时代"；

---

① 冯天瑜：《"封建"考论》，中国社会科学出版社 2010 年版，第 309 页。
② 同上书，第 353—355 页。

张荫麟称其为"统一的郡县的帝国"时期；

萧公权称其为"君权一统"时代；

柳诒徵称其为"郡县之制"时期；

……

冯天瑜综观上述学者的提法，其意向多不赞同以"封建社会"命名秦至清的中国两千余年历史，但也没有找到表达此一漫长时段的、概括力较强的统一术语。①

冯天瑜还注意到，当代学人中，批评泛化封建观的也不乏其人，其中有侯外庐、吴于廑、李慎之等人。冯天瑜认同李慎之的看法，特别强调，"把握秦至清两千余年社会形态，其枢机在于确认周秦之际政治—经济变革的性质。因为这一关键时段的变革所指示的方向，确立了秦以下两千余年社会的基本走势。"他认为，其时变革的要者有二：

其一，封建世袭、权力分割的贵族政治转化为君主集权的官僚政治；其二，土地不可让渡的封建领主经济转化为土地可以买卖的、以小农生产为基础的、直接向朝廷纳税的地主经济。由于这两大转变，使周秦之际以下的中国社会，其主潮已是"非封建"的，与封建性的西欧中世纪社会、日本中世及近世体制大不相同。②

为了使秦至清社会形态命名合情合理、科学准确，冯天瑜试拟了历史分期命名的四条标准：其一，制名以指实；其二，循旧以创新；其三，中外文通约；其四，形与义切合。

冯天瑜以此四条命名理则检核以"封建"命名秦至清两千年中国社会形态，错误昭明：

其一，以"封建社会"表述秦至清社会形态，不能反映此两千年间

---

① 冯天瑜：《"封建"考论》，中国社会科学出版社 2010 年版，第 355 页。

② 同上书，第 356 页。

中国社会的基本属性，此"名"无法与"田土可鬻"和"专制帝制"等历史之"实"相切合，故有悖于"制名以指实"。其二，称秦至清两千余年为"封建"，此"封建"泛义（地主经济、官僚政治）与"封建"本义（领主经济、贵族政治）指示的方向截然逆反，故有悖于"循旧以创新"。其三，"封建"泛义与对译的英文术语 feudalism 的含义（封土封臣、领主采邑制）两不相靠，故有悖于"中外义通约"。其四，无法从"封建"词形索引出秦汉以降的"土地可以买卖的地主制""中央集权的专制帝制"诸义。从"封建"词形只能引出与之相反的"封土建国"义，以及"分权""裂土"等义，故有悖于"形与义切合"。因此，流行的泛化"封建"论，可谓无本、无源，实属无根之游谈。

冯天瑜正面提出自己的基本看法：秦至清两千余年，中国社会是由宗法制、地主制、专制帝制综合而成的社会形态。并将秦至清这一历史时段的中国称为"宗法地主专制社会"，可昭示这两千年间社会组织、经济结构、政治体制诸层面的基本特征。

冯天瑜进一步提出，如果觉得"宗法地主专制社会"不够简洁明快，在三要素上拟一总名，方称全解，那么，"皇权时代"较为适合：这种以宗法关系（较之西周原生态的宗法制已发生改变）为社会结构，以地主—自耕农土地制度为经济基础，以官僚政治为运行机器的"皇权"，是一个特定历史阶段的标志。它在"宗法封建时代"的商周尚未出现，在"共和时代"的清以后基本终结，虽然余韵流风并未止息。秦至清两千余年间，"皇权"大行其道，并且愈演愈烈，故将这一历史阶段称之为"皇权时代"，既名实切合，也较为传神。[1]

《"封建"考论》问世后，迅速激起学界和理论界的热烈反响。2006年10月，武汉大学召开"封建社会再认识"讨论会；2007年10月，北

---

[1]　冯天瑜：《"封建"考论》，中国社会科学出版社 2010 年版，第 414 页。

京史学界举办"封建名实问题与马列主义封建观"论坛；2008 年 12 月，苏州科技学院召开"封建与封建社会问题"讨论会。在这些会议及杂志报纸上，赞成与非议的论者都不少。

赞成者高度评价《"封建"考论》力辟陈说的理论勇气和深邃精湛的学术贡献。

张绪山称，冯天瑜对"封建"概念的严谨而大胆探索所展现的治学精神令人称道。冯氏追求学问的态度自由而严谨，展现了一个以学问为职志的学者所应有的胸怀。他以一个概念"封建"的演变为主线，将近百年中国政治和学术密切关联的问题，有条不紊地完整地勾画出来，是名副其实地以"小题目"而成就的大作品。冯氏以"封建"概念为枢纽，目通于古今时代而上下勾连，思接于东西世界而纵横论析，眼界堪称高远、宏阔，然又能处处关注基本的事实和概念，行文细致入微，论述丝丝入扣，做到了论证和表述上的"小处着手"。①

方维规认为，在汉语历史语义学领域，《"封建"考论》的重要性及其典范意义是毋庸置疑的。此书由词义之"考"导入思想文化史之"论"，这是一部有分量的历史语义学著作的关键所在。论词溯源只是为了铺陈，释义才是宗旨；而人文社会学科的一些关键词，本身就直逼思想史要害，也只有在思想史的高度才得以廓清。对做概念史的人来说，尤其可以从《"封建"考论》中对"名辩之学"的阐发得到颇多启示，冯氏力倡名辩之学亦言之有理，而《"封建"考论》本身，便是对名辩之学的意义的一个最有说服力的注解。②

刘志琴认为，"封建"在不同的国情和语境中含义不同，中国史学对"封建"概念存在误读是毋庸置疑的，在明知误读以后，刻意不改，并不

① 张绪山：《拨开近百年"封建"概念的迷雾》，《湖北社会科学》2007 年第 1 期。
② 方维规：《一个概念一本书》，载叶文宪、聂长顺主编：《中国"封建"社会再认识》，中国社会科学出版社 2009 年版，第 361 页。

足取。按西方"封建"的使用实际上将中国历史纳入西方模式，按欧洲逻辑进行演绎，这对历史悠久、文化积累深厚的中国实际上是浅薄的。既然在当代中国的话语中，此"封建"并非彼"封建"，概念含混是科学研究的大忌，因而不断有人提出有必要对"封建"概念进行正本清源，这是合理的要求，也是科学发展的趋势。既然西方的"封建"不同于先秦的"封建"，又何必继续沿用这似中似西、非中非西的概念来解释秦汉以后的古代社会。对古代社会性质重新加以概括，提出新概念，本是科学研究应有之义，这对深入研究中国的国情有莫大的好处，改变沿用已久的误读，可能要经过几代人的努力，不从我们这一代起步，将错就错，贻误后人，岂不是我辈之失职？①

另一方面，批评的声音异常尖锐。

林甘泉批判"冯天瑜心目中的'封建'定义，是一种片面而僵化的非历史的概念，而不是多样性统一的历史概念。他对'泛封建观'的批评，实际上是指向马克思主义社会经济形态的理论。"他指责"冯天瑜硬要把主张秦汉至明清是封建社会的观点说成是基于政治需要的'泛封建观'，是苏俄及共产国际'以封建指称现实中国'的产物，是'泛化封建观'支配史学界的结果，这就把大半个世纪以来的历史分期问题的讨论完全政治化了。冯天瑜的这种说法，既不符合事实，也不利于历史意见的百家争鸣。"②

李根蟠认定，冯天瑜《"封建"考论》的基本观点"不仅牵涉到对秦以后两千多年来社会基本性质的认识，而且牵涉到对中国新民主主义革命基本理论的评价，牵涉到用什么历史观进行研究的问题。"他还认为，冯天瑜指责"泛封建观""与马克思封建社会的原论相悖"，"如果真的这

---

① 刘志琴：《请为"封建社会理论研究"松绑！》，《读书》2009年第6期。

② 林甘泉：《"封建"与"封建社会"的历史考察》，《"封建"名实问题讨论文集》，江苏人民出版社2008年版，第23、25页。

样，列宁、斯大林和苏联学者关于历史上俄国的封建主义、东方的封建主义的理论，中国马克思主义史学家关于秦以后属于封建社会的论证，等等，统统都站不住脚。马克思主义史学恐怕要'地震'了。这对马克思主义史学工作者来说，当然是严重的指责和挑战。"李根蟠说，"秦以后是否封建社会，从来就不仅仅是书斋里的问题，不仅仅是单纯的概念之争"，"因为它牵涉到肯定还是否定中国新民主主义革命的历史，肯定还是否定中国马克思主义史学的问题。"它批评冯天瑜"死抠马克思恩格斯的个别词句，把自己的认识锁定在所谓'西义'封建概念中，用西方某一时期形成的狭窄的特定概念量裁中国的历史，量裁中国人在实践中形成的鲜活的历史观念，才是真正的教条主义，才是'西方中心论'，才是骨子里的'西化论'。"[1]

冯天瑜坦然面对这些措辞严厉的批评，并将其归纳为"三顶帽子"："一是认为拙著反对马克思主义；二是认为拙著否定中国民主革命；三是拙著抹杀现代中国史学成果"。[2]

冯天瑜正面回答这"三顶帽子"是否合乎尺寸：

关于"反对马克思主义"——马克思从来没有说过中国前近代的封建社会，而是用"东方专制主义""亚细亚生产方式"概括包括中国在内的东方国家的前近代制度。因此，在封建问题上，有些人糊制的"反马"帽子很容易扣到马克思本人头上。

关于"否定中国民主革命"——中国民主革命对外"反帝"，没有分歧，至于对内反什么，就要如实判定：中国民主革命不是反对封建性的领主经济，而是革除非封建的地主经济，不是反对封建性的贵族政治，而是革除非封建的君主专制。从辛亥革命一直到新民主主义革命，都是

---

① 李根蟠:《"封建"名实析议》,《"封建"名实问题讨论文集》,江苏人民出版社2008年版,第443、469页。

② 冯天瑜:《人文论衡》,湖北人民出版社2019年版,第294页。

反对君主专制及变相的君主专制。孙中山的名言是"敢有帝制自为者，天下共击之"。既然中国民主革命在经济、政治两方面都不能以"反封建"概括，因此"否定中国民主革命"的帽子也戴不上吾头。

关于"抹杀现代中国史学成果"——《"封建"考论》以很大篇幅回顾近现代史学家的"封建论"，从梁启超、严复、钱穆、张荫麟、李剑农，一直到晚近的吴于廑、林志纯等，这些史学家或对封建制度有正面阐述，或对泛化封建论提出质疑，均言之凿凿。吾辈正是承袭近现代史学的这一传统，对沿袭《联共（布）党史简明教程》的史学偏误略加纠正。不知是何人在"否定中国现代史学成果"？①

日本京都学派第三代领军人物谷川道雄完全赞同冯天瑜《"封建"考论》的观点。他称《"封建"考论》对"封建"做了前所未有的考察、辨析，既写到了历史实际，又写了关于历史实际的表述方式，是大成功之作。谷川道雄认为，在"封建"问题上，对冯天瑜观点的批评意见是有问题的，最大的问题就是教条主义。《"封建"考论》运用了一种独创的新方法——"历史文化语义学"的方法，由词义史之"考"导入思想文化史之"论"。而批评者们却和几十年前比几乎没有任何改变和进步，仍然局限在他们自己所理解（其实是幻想）的教条主义框架内部，做自我陶醉式的概念游戏。其实，这种概念游戏并不能解决实质问题。因为这个问题正如冯天瑜所说，是一个历史、文化、语义等多层面、多向度的复合问题。谷川道雄评价，这些批评者与自己的批评对象其实并不是站在同一学术层面上的，否则此次讨论一定会更有利于问题探究的深入。②

---

① 冯天瑜：《文明思辨录》，华中科技大学出版社 2023 年版，第 68 页。
② 叶文宪、聂长顺主编：《关于"封建"的中日对话》，载《中国"封建"社会再认识》，中国社会科学出版社 2009 年版，第 341 页。

第十八章

情系桑梓

"维桑与梓，必恭敬止"[1]。感恩桑梓，回报故乡，是中华儿女古已有之的赤子情怀。冯天瑜于此也有深切感悟与切实践行。

冯天瑜对湖北武汉地方史志的研究，始于 1980 年发表于《江汉论坛》的《湖北成为辛亥革命"首义之区"原因初探》。其后 40 余年间，他关于荆楚文化的研究、湖北和武汉地方志的修撰，以及其他有关深入地方文史研究、推动经济社会发展的工作，从未中断。他先后应聘出任湖北省志副总纂、武汉地方志编纂委员会副主任，在宏观指导湖北省志、武汉市志编撰工作的同时，还担任《湖北省志·人物志》《武汉市志·人物志》《黄鹤楼志》的主编，具体负责三志的编撰、修订工作。《湖北省志·人物志》收录在各历史时期、社会领域有重大作为和影响的湖北籍人物，以及在湖北有重大作为和影响的外省和外国籍人士，1990 年由湖

---

① 《诗经·小雅》，《小弁》。

北人民出版社出版。《武汉市志·人物志》含传、录、表三种体裁，分政治、经济、文化、社会四个类别，收录人物 660 余名，1999 年由武汉大学出版社出版。

黄鹤楼是武昌城的地标性建筑。吴黄武二年（223 年）始建于江畔黄鹄矶头，用作军事瞭望台。其楼木制，屡造屡毁。最后一座木结构古楼建于清同治七年（1868 年），清光绪十年（1884 年）焚毁。

1985 年，黄鹤楼重建。新楼为四边套八边形体，钢筋混凝土仿木结构，高 51.4 米，底层边宽 30 米。高五层，72 圆柱挺立，60 翘角飞扬，形制依旧而宏丽空前。

1998 年元月，武汉市市长、武汉地方志编纂委员会主任黎智倡议纂修《黄鹤楼志》，并邀请冯天瑜出任主编。随后，聘请新建黄鹤楼总设计师向欣然等各方面专家参与工作，由武汉方志馆总领其事，由黄鹤楼公园管理处提供经费、资料等方面的支持。经过一年多的通力写作，1999 年 3 月，图文并茂的 65 万字《黄鹤楼志》(内容结构为概述、古楼兴废、巍峨今楼、园林胜景、旅游服务、名人游踪、艺文荟萃、轶闻传说、大事记略) 杀青付梓，冯天瑜欣然作序。

序言首先标明黄鹤楼的方位形胜：背倚万户林立的武昌城，面临汹涌浩荡的扬子江，相对古雅清峻的晴川阁；若纵目远眺，更西控岳阳楼，东凌滕王阁，与之并称江南三大名楼。

序言继而解读黄鹤楼之得名，前有"因山"说，后有"因仙"说。冯天瑜认为，前说为黄鹤楼得名奠定了地理学基石，后说令赏楼人插上纵横八极的想象翅膀，满足人们的求美情致和精神超越追求。两说各具功能，以往并行不悖，相得益彰，今后也必将彼此映照，共存永远。

序言的最后，冯天瑜写道：

余重登楼阁，只见白云舒卷，长河滔滔如故，而三镇巨厦竞起，江上桥梁并列，火车舟楫往来如织；极目西望，荆江长堤蜿蜒，三峡大坝壁立，不免心驰神越。明人沈晖有感于李太白搁笔黄鹤楼的传说，反其意撰诗曰：

眼前有景还堪赋，莫道崔诗在上头。

这一豪气万丈的文句，道出写不尽的黄鹤楼那无穷的底蕴，后人永远有发挥创造力的广阔空间。诗界事如此，诗外万物，似亦应作如是观。①

对于故乡湖北红安的县志修撰，冯天瑜更是不遗余力，悉心指导。1989 年 12 月 20 日，冯天瑜为家乡《红安县志》作序。

冯天瑜追溯历史：红安于 1563 年自麻城析出建县，已历四百余年。为了创立新中国，红安儿女前赴后继，仅大革命和土地革命战争期间即牺牲群众 10 余万，有记载的烈士便达 22000 之众。红安风光旖旎，物产丰饶，人民勤劳，堪称山长水远，人杰地灵。

冯天瑜希望新编《红安县志》切实发挥积极的社会功能，"如果人们在这部志书记述的红安县自然—社会面貌诸侧面材料的基础上，加以科学的整合，红安的发展大略便成竹在胸，从而真正杜绝因脱离国情、地情而一再出现过的失误。从这一意义言之，一部准确、完整反映县情的县志产生，以及这部县志今后不致束之高阁或成为装点太平的修饰品，而真正被政府和各界人士所借重和利用，才是修志者的夙愿，更是广大民众的福音。"

最后，冯天瑜深情地写道：

千万感慨奔涌笔端，然而纸短情长，只有草就以上话语，

① 冯天瑜：《黄鹤楼志》，武汉大学出版社 1999 年版，第 2 页。

并奉献一瓣心香，遥祝桑梓现代化事业蒸蒸日上，父老乡亲幸福安康。①

黄安（今红安）冯氏宗族，和衷共济，耕读传家。当年，冯天瑜的父亲小学毕业，学绩优异，但因家道清贫，无力升学。族人商定，以族田收入，资助其继续深造，方有后来的清华国学研究院一期生冯永轩。冯家父子对此恩泽，永铭心头。

2017 年，冯天瑜为《黄安冯氏族谱》作序。序言写道：

> 冯氏乃中华常见姓氏，现有人口约 700 万。
>
> 冯，意谓马疾行，本义为奔马踏地有力的声音，昭显古时冯人乃牧马为生。原来生活在北方沿河地区，以"马""冰"为氏族图腾。周武王姬发封亲属于冯夷，子孙以邑为子生氏，遂姓冯。
>
> 据可考历史，黄安（今红安）冯氏先祖荫廷公，原籍江西临川。其子云龙以都指挥使率部镇守黄州，兄弟皆襄赞军务，家人遂落籍黄安。
>
> 冯氏耕读传家，宗谱渊源，其来也久，其延也广，素有慎终追远，激励后昆之传统。……今之黄安冯氏，族旺人兴，有续修宗谱之雅，作为旅居县外的冯氏子孙，应命敬撰序文，呈献列祖列宗灵前，又与并世兄弟子侄共拜天地神明。②

在研究荆楚文化的过程中，冯天瑜发现一个引人思索的现象，这就是近代以来，半个世纪间，鄂东地区涌现出众多全国性乃至世界性的文

---

① 冯天瑜:《人文论衡》，湖北人民出版社 2019 年版，第 475 页。
② 同上书，第 483 页。

化名人，如黄冈人熊十力（哲学家）、李四光（地质学家）、王亚南（经济学家）、殷海光（哲学家）；蕲春人黄侃（语言学家）、胡风（文艺理论家）；黄梅人汤用彤（哲学家）；浠水人闻一多（文学家）、徐复观（哲学家）；罗田人王葆心（方志学家）；鄂城人汪奠基（逻辑学家）等等。

这一现象之所以令人惊诧，还因为此前的较长时段内，鄂东乃至湖北并非是人文兴盛之区。梁启超在《近代学风之地理分布》中直言不讳："湖北为交通最便之区，而学者无闻。""湖北为四战之区，商旅之所辐集，学者希焉"①。为什么会在这种贫乏的基础上，骤然发生鄂东人才辈出的现象，冯天瑜认为"颇值得穷原竟委，推究因缘"②。

章太炎在论及学术生长缘由时说："视天之郁苍苍，立学术者无所因，各因地齐、政俗、材性发舒，而名一家"③。这是说地理环境、政教风俗和人才素质是制约学术生长的三大因素。冯天瑜依此之说观察近代鄂东，果然发现对应条件：

从长时段看中国历史，东晋以前，中华文明的核心区在黄河中下游。东晋中原士女大举南下，导致文化重心渐趋南移。如果说古代中国文化传播的大体走向是自西北而东南，其历程肇始于两汉，展开于两晋，完成于两宋，那么，近代中国文化的传播走向则刚好相反，是从东南而西北。近代国门被撞开，资本主义文明挟鸦片与炮舰而来，首先登陆东南沿海，继而向西、向北推进。

鄂东乃至湖北近世人文荟萃，更直接的动因是张之洞督鄂期间卓有成效的文教兴革。此外，鄂东地区的社会风习，也是造成近世人文荟萃的重要原因。这里处"吴头楚尾"，交通便利，农业发达，风气开化。冯天瑜认为，特别应该瞩目的，是鄂东地区深厚的历史文化积淀。两千年

---

① 《饮冰室合集·文集之四十一》。
② 《冯天瑜文集》，武汉大学出版社 2009 年版，第 580 页。
③ 《訄书·原学》。

历史的问津书院，自宋至清，培养进士近 400 名。

关于武汉城市文明史的起源，冯天瑜瞩目黄陂区内的盘龙城（因盘龙湖环抱而得名）考古遗址。

1954 年夏天，长江干流爆发特大洪水。为防汛筑堤取土，无意间发现盘龙城城址。1963 年，遗址开始发掘。湖北省博物馆工作人员来到家里，就相关古史问题请教冯永轩，冯天瑜随伺左右，留下"盘龙城"的最初印象。1974 年，省博物馆在此设立考古工作站。1988 年，盘龙城遗址定为全国重点文物保护单位，后又评为 20 世纪中国百项考古大发现之一。

盘龙城是武汉地区正式发掘的年代最早的城址，距今约 3500 年，略在商代二里岗时期至殷墟一期（夏代晚期到商代早中期）。冯天瑜认为，盘龙城遗址未发现古文字，但城址完备、青铜器丰富，可视作重要的早期文明遗址。

关于盘龙城与武汉城市史的关系，针对流行的"盘龙城为武汉城市之根"的说法，冯天瑜认为，"此说只有纳入武汉城史长时段演化过程才有真实意义"[①]，据此，他提出"武汉市龄四层次"说：

（1）盘龙城可以看作武汉城市的源头，然此一商代方国都邑后被废弃，其功能为武汉地区渐次兴起的其他城址所续接、承传，这种续接、承传的研究有待深入；

（2）武汉地区定为县、郡治所，始于西汉。三国初期出现的"却月城"（今汉阳）、"夏口城"（今武昌）是武汉市区较早的有规模的城市建构，它们与商代盘龙城的联系与区隔有必要探讨；

（3）明代成化年间因为汉水改道，汉口从汉阳析出，武汉由"双城"演为"三镇"，汉口后来居上，明中叶以后崛起为全国"四大镇"之首，

---

① 冯天瑜：《月华集》，湖北人民出版社 2018 年版，第 33 页。

这是武汉城史的一大节点，其与盘龙城 3000 多年前的兴起交相辉映；

（4）19 世纪中叶，汉口开埠，19 世纪末叶张之洞督鄂，武汉从中古城镇向现代都会转化。①

冯天瑜强调，以上层次划分，分别对应 4 个时间节点：

（1）武汉地区最早建筑完备城垣的时间（距今约 3500 年）；

（2）武汉地区最早出现城市建制的时间（距今约 2100 年或约 1700 年）；

（3）武汉地区的市镇以经济（工商业）为主要功能开端的时间（距今约 600 年）；

（4）武汉作为现代都会开始的时间（距今约 150 年）。

冯天瑜对武汉未来的发展前景，寄予厚望。"武汉的区位优势、历史人文传统、经济发展的巨大潜力，使得国内和国际上的有识之士，给予武汉极高的评价。"美国学者麦金利·康韦在《未来学家》杂志 1999 年 6—7 月号上发表《未来的超级城市》一文，提出"超级城市（supercity）"概念，并预测武汉和上海可能在未来 20 到 30 年内成为世界十大超级城市中的两个，武汉位列第二，上海则屈居第四。②

2012 年 9 月 3 日，冯天瑜应邀为中共湖北省委中心学习组作学习辅导报告。在报告中，冯天瑜分析了湖北作为"中部发展战略支点"的四方面优势：第一，长时段结构性观照：湖北拥有成为中部发展战略支点的自然禀赋。第二，中时段局势性观照：湖北具有成为中部发展支点的深厚的历史积淀。第三，就短时段事件性因素而论，近代湖北多次领受战略支点安排。第四，代际开发战略一度限制湖北，时下却给湖北提供广阔的发展空间。

冯天瑜强调，湖北要赶超先进，须志存高远，勿忘先哲"取法乎上"

---

① 冯天瑜：《月华集》，湖北人民出版社 2018 年版，第 34 页。

② 同上书，第 30 页。

的遗教，作蛙跳式跃进，以图实现"弯道超越"。具体而言，用力于高端研发、高端产业、高端服务、集约型高端农业应是当务之急，并最后归纳道：湖北要真正成为中部发展的战略支点，"作为历史主体的人的正确抉择和主观努力是关键。"支点地位的获得，不能"等""靠""要"，一切都有赖于湖北民众及其领导，凭借自然优势、历史积淀，做出正确的进路选择，持续地、坚忍不拔地奋力拼搏。他"寄望在座衮衮诸公，不求升官发财，争取为湖北，为中国，为天下苍生办些好事"。[①]

潮平两岸阔，风正一帆悬。

2014 年起，湖北省启动《荆楚文库》编撰工程。冯天瑜与章开沅出任总编辑。2014 年 7 月 18 日，他在《荆楚文库》编纂出版工作会议上作长篇发言，为这一宏大工程的建设，指明方向。

冯天瑜首先表态：湖北省决定倾力编纂《荆楚文库》，此为"经纪一方之文献"的壮举，"吾辈躬逢其盛，理当勉力投入，贡献绵薄。"[②] 接着，冯天瑜陈述了《荆楚文库》编撰的历史文化基础，"湖北文化积淀深厚，文献宝藏丰盛"。作为荆楚文化核心地区的湖北，文化起步期几乎与中原同时。《楚辞》《老子》《庄子》辉映千秋，称楚文化占先秦文化半壁江山并不过分。秦汉到清末，从诸葛亮、孟浩然到张居正、李时珍，文化巨匠迭现。近代以来，湖北处在古今中西文化交会锋面，涌现大批学贯中西的学人，杨守敬、熊十力、黄侃、李四光、汤用彤、王亚南、闻一多、徐复观、曹禺、殷海光等，他们都留下足以传世的文籍。另有外籍旅居湖北人士，创作观察湖北、研究湖北的著述。以总督湖广近二十年的张之洞为例，他论及湖北政治、经济、社会的篇什，约占全部著述的三成。一部《张文襄公全集》，堪称近代湖北百科全书。

205

---

① 冯天瑜：《月华集》，湖北人民出版社 2018 年版，第 15 页。
② 冯天瑜：《人文论衡》，湖北人民出版社 2019 年版，第 444 页。

　　冯天瑜提出《荆楚文库》的收录标准：湖北籍人士著述、外籍人士议论湖北著述、今人研究湖北著述，以期总汇湖北文献。从来源及类别论，文库拟汇集以下五类典册。

　　其一，全方位囊括传世文献。其二，广辑佚书、出土文献、民间文书等非传世文献。其三，辑录方志。其四，汇集近代湖北报刊。其五，汇集研究湖北的今人论著。以上五类图籍汇入文库，分为三编：文献编（甲编）、方志编（乙编）、研究编（丙编）。

　　关于编纂《荆楚文库》的人才依凭，冯天瑜分析了湖北雄厚的文献整理力量和编辑出版力量。武汉大学、华中师范大学、湖北大学等高校有学养深厚的文献整理及研究机构，有知名文献学家及专业学术梯队。湖北省、武汉市的图书馆、博物馆、档案馆及各高校图书馆，多藏有湖北文献，其中不乏善本乃至孤本。长江出版传媒集团所属出版社、武汉出版社及各高校出版社，有健全的编辑阵容和强大的出版力量。诸家出版社刚刚退休而尚在盛年的社领导及资深编辑组成的文库编辑部，将发挥重要作用。"我看到这些熟悉而亲切的面孔，听到他们建立在丰富经验和学养基础上的种种建策，对文库编纂增添了底气。"[1] 此外，湖北各县市典藏，是湖北文献的又一宝库。我们要充分开掘整理，择优纳入文库。

　　最后，冯天瑜向文库工作委员会、出版委员会提出具体建议：（1）设立工作专班，（2）配套扶持政策，（3）尽快落实项目经费，（4）开放绿色通道，文献资源共享。

　　《荆楚文库》工作委员会办公室副主任周百义回忆道：

　　　　一个大型文库的编纂出版，哪些人入选，哪些人不能入选；收录哪些著作，不能收录哪些著作；同类著作，收录何种版本，

────────────

① 　冯天瑜：《人文论衡》，湖北人民出版社 2019 年版，第 449 页。

都具体而又繁琐。并且要有据可依的。这些著作在文库中如何排列，何先何后，不仅是次序问题，还是"辨章学术，考镜源流"之体现。因此"谋篇布局"成了文库开启时的重要工作，也是文库能否成功的保证。在文库最初的设计阶段，冯天瑜老师多次参加编辑部的会议，与编辑部的同志一起，反复讨论收入这套文库的每一位作者的每一本书。

周百义说，在文库的实施进程中，我们还得到冯天瑜老师的许多具体指导。例如，老庄经典、荀子文论、杜甫诗歌、程颢程颐兄弟著作是否应该收入文库的问题，编辑部同仁争议颇大，一时难以定夺，最后都是冯老师一锤定音，或收或不收，都有充分理由为据。

想起冯老师在人民医院病房里，不厌其烦地为自己传道、答疑、解惑，周百义不胜唏嘘：

> 往事历历，我写下这些片段，是为了不被忘却的记忆。但愿若干年后，也能成为冯老师人生的天空中，那缕让人仰望的云霞。①

关于湖北武汉地方史志研究的重要内容之一的张之洞研究，本书另有专章论述，此处从略。

---

① 武汉大学中国传统文化研究中心、武汉大学历史学院、武汉大学国家文化发展研究院、武汉大学台湾研究所编著：《中国文化史研究再出发》，武汉大学出版社2021年版，第411页。

第十九章

武昌首义研究

冯天瑜从小生长在武昌城内。坐落在矿局街的老屋，与湖广总督府只隔一条马路（张之洞路）。就读的武昌实验小学、实验中学和华师一附中，距离阅马场蛇山脚下的湖北军政府旧址（俗称红楼），都不过咫尺之遥。"三烈士纪念碑、彭刘杨路、首义路、起义门、阅马场湖北军政府旧址、拜将纪念碑、蛇山头黄兴铜像等首义胜迹，是我们这些'老武昌'从幼年时代起便经常流连徜徉的处所；至于首义先烈的故事，连同其中包蕴着的爱国主义和民主主义精神，则通过前辈的讲述和书本上的文字，如同'润物细无声'的春雨，滋润着我们的心田。正是这一切，使我形成了对武昌首义的惓惓情怀，它驱使自己从致力于史学工作之始，就有意研究这段悲壮而又曲折多致的历史。"①

1980 年春天，由父亲的朋友张云冕先生介绍，冯天瑜结识了长期从

---

① 贺觉非、冯天瑜：《辛亥武昌首义史》序言，湖北人民出版社 1985 年版，第 2 页。

事辛亥革命史料搜集整理工作的贺觉非先生。贺老从 20 世纪 50 年代开始，受湖北省政协委托，广泛联系首义老人，搜集整理了大量武昌首义史资料，主持编辑了四辑《辛亥首义回忆录》，他还绘声绘色地谈及与李西屏、李春萱、熊秉坤、张裕昆、杨玉如、耿伯钊、李白贞等首义亲历者交往的细节。他感叹道："现在，首义老人只有赵师梅、喻育之硕果仅存了。而 50 年代中期至 60 年代，首义老人健在者居于武汉市的不下 600 人，我与他们几乎都有程度不等的交往。"贺老以前就读过冯天瑜关于武昌首义的论文（如《江汉论坛》所发《湖北成为辛亥革命"首义之区"原因初探》），以为所见略同，笑称"吾道不孤"。①

随即，贺觉非拿出他写作多年的"辛亥武昌首义史稿"六章，希望与冯天瑜合作，最终成书。贺老以 70 岁高龄，与不到 40 岁的自己结为"忘年交"，冯天瑜感佩不已，决定竭尽所能，帮助实现贺老的夙愿，共同完成《辛亥武昌首义史》。

在此之前，贺觉非就已经与中国社会科学院近代史研究所联系，并将自己撰写的"辛亥武昌首义史稿"交给该所，希望与之合作，撰成"首义史"。但是，时间过去了一年多，未得回音。贺老委托冯天瑜去北京，到近代史所取回文稿，修改成书。1980 年岁末，冯天瑜专程赴京，前往位于王府井大街东厂胡同 1 号的近代史研究所，并因此结识了丁守和、王庆成、耿云志、张海鹏、杨天石、王岐山诸位同仁。

近代史所的有关同志对长期辛勤搜寻辛亥革命史资料的贺先生满怀敬意，但同时又坦率指出，"辛亥武昌首义史稿"采用的是随感式写法，散漫支离，很难修改成规范的史学专著，需要整个重写。近代史所的各位正忙于"中华民国史"的修撰，没有时间和精力改写贺先生的文稿。他们支持冯天瑜与贺老合作，同时也善意地提醒道："改写这部文稿，可

---

① 冯天瑜:《月华集》，湖北人民出版社 2018 年版，第 110 页。

能比你自己单独另写一本更难。"

近代史所委派年轻的助理研究员王岐山帮助冯天瑜。王岐山骑着自备摩托车，后座载着冯天瑜，风尘仆仆穿行于京城的大街小巷，奔走于近代史所与各图书馆、档案馆之间，历时数日，搜集了大量关于辛亥首义的资料。1995年秋，时任中国建设银行行长的王岐山来到武汉大学，主持行长培训班的开学典礼，再见冯天瑜时两人回忆起当年情形，追怀辞世多年的贺觉非先生，不胜唏嘘。

回到武汉以后，冯天瑜婉转地传达了近代史所对"辛亥武昌首义史稿"的意见。正当他吞吞吐吐不便措辞之间，贺老十分坦然地笑道："他们的意见不错。我的稿子，只是一些砖头瓦片，如何盖成房子，得靠你的学问才力。你不必有顾虑，只管另起炉灶，重写就是。"①

为了方便冯天瑜的写作，贺老将他多年积累的资料笔记全数献出。这些笔记纸质低劣，有的竟是利用废弃香烟盒的反面书写。看冯天瑜迷惑不解，贺老的夫人解释道："老贺被打成'右派'，工资减半，我又没有收入，生活实在艰难。买一本笔记本、一沓稿纸都得从牙缝里挤，没得办法，老贺只有到处拾废纸，捡香烟盒，充作资料卡片用。"她还告诉冯天瑜："反右时挨批斗，'文革'中被游街、抄家，老贺别的都不担心，就怕这些资料损失了，要我想天方设地法地保存好。我也真是这样做的。家里别的什物我都不管，唯独这些破本子、小纸片，我是一本本、一张张收藏得严严实实。现在可好了，这些东西可以交给冯老师写进书里去了，我的心愿也算了却了。"说到这里，夫人眼圈发红，贺老却在一旁笑道："你又多愁善感了吧！现在应该高兴，你保存的资料得见天日了！"

因为手头还有别的工作，"辛亥武昌首义史"的写作断断续续。1982

---

① 冯天瑜：《尽瘁辛亥首义史的贺觉非先生》，载《月华集》，湖北人民出版社2018年版，第111页。

年 11 月 18 日，贺老因突发心肌梗死辞世。冯天瑜赶到贺家吊唁。泪流满面的贺夫人握住他的手说："老贺最大的心愿，就是首义史的出版。以后就辛苦你冯老师了！"

冯天瑜承接了老人的殷切期望，集中精力，加快写作进度，于 1984 年 9 月完成了 40 余万言的《辛亥武昌首义史》。一年之后，第一署名贺觉非、第二署名冯天瑜的《辛亥武昌首义史》由湖北人民出版社出版。冯天瑜将样书和稿费送给贺老夫人，老人满含热泪，喃喃而语："老贺啊，你地下有灵，也该安心了！"

《辛亥武昌首义史》凡十章五十三节，另附"辛亥武昌首义大事略表"。由革命前湖北社会状况开篇，历述革命组织的建立、发展，暴风雨前的政治态势，武昌起义的壮烈过程，湖北军政府的成立及建制，保卫首义成果的阳夏战争，湖北各州光复及四川鄂军起义，全国各省"易帜"响应，南北双方停战议和，最终以辛亥革命在"首义之区"的失败收篇。

写作过程中，冯天瑜充分吸纳贺老原稿中的可用成分，同时也就一些存疑问题与贺老讨论磋商，但未必都取得一致意见。为了不影响写作进度，他决定先按自己的认识写出再说，待书稿完成后，再与贺老逐一讨论处理。贺老的骤然去世，使得这一安排无法实现。因此，最终书里呈现的若干论断，并非贺老原意，而是冯天瑜充分研究各方材料，认真分析之后的结论。例如：湖北革命团体的肇始应为花园山聚会，而非之后的科学补习所；汉口宝善里革命机关爆炸失事的时间为 1911 年 10 月 9 日，而非 10 月 8 日；打响首义第一枪的是程正瀛，而非熊秉坤；10 月 10 日率先起事的是城外辎重队，而非城内工程营；早在 1911 年 4 月到 6 月间，革命党人已有推举黎元洪为都督之议，首义之后黎任都督并非偶然，等等。冯天瑜相信，贺老在冥冥之中，一定会理解并认同这"吾爱吾师，吾尤爱真理"的处理方式的。

岁月流淌，逝者如斯。《辛亥武昌首义史》面世二十多年，冯天瑜"继

续注目此题，研习未已"①。为了纪念辛亥革命100周年，冯天瑜与武汉
社会科学院张笃勤研究员合作，以《辛亥武昌首义史》为底本，扩充、提
炼、升华，于2011年4月推出鸿篇巨制《辛亥首义史》(以下简称《首义
史》)，以80余万言，700余历史图片的规模，将该课题的研究水平提升
到新的高度。

　　武昌举事之前，孙中山、黄兴等革命党人领导发动的反清武装起义
已有数十次之多。为什么独独武昌举事被称为"首义"？《首义史》的《导
言》给出明确解读："首义"的含义是首次举义成功——经武昌新军暴
动的沉重打击，沿袭268年的清王朝及两千余年的专制帝制之倾覆成为
定局。更明确地说，武昌辛亥首义在三个环节上开创了历史先机：其一，
以武装暴动击碎两百余年清王朝的统治机器，终结沿袭两千余年的专制
帝制；其二，以湖北军政府建立和《鄂州约法》颁布，昭示了近代意义
的民主共和政治模样；其三，辛亥武昌起义、湖北军政府成立，举起取
代清政府的旗帜，而多数省份也纷纷宣布"易帜独立"，导致中央集权的
清朝瓦解。②

　　《首义史》运用恩格斯提出的"历史合力"这一理论，总体观照，认
为辛亥首义及其演进与终局，"是革命党人与立宪派、从清朝离析出来的
汉官、袁世凯集团、清廷满洲亲贵、西方列强等多种力量相互博弈的产
物，背后更受国内、国际局势所左右。"③同时，借鉴布罗代尔提出的历史
研究"时段"理论，"今日我们作辛亥首义史考辨，必须超越狭隘的政治
史观，将视野投射到近代社会转型全貌，从结构、局势、事件的辩证关
系探索这一历史事变的生成机制。"④

---

① 冯天瑜、张笃勤：《辛亥首义史》，湖北人民出版社2011年版，第650页。

② 同上书，第8页。

③ 同上书，第11页。

④ 同上书，第9页。

关于辛亥武昌首义的地理时间（长时段），《首义史》首先分析了包括武昌在内的武汉三镇（武昌、汉阳、汉口）的历史地理沿革，特别突显了其军事战略地位。关于武昌首义的社会时间（中时段），《首义史》从19世纪中叶汉口开埠起始，概述了半个世纪的时段内，湖北武汉社会政治经济文化生活的巨大变化。《首义史》在这里强调的是只有着眼于长时段和中时段，着眼于历史环境和社会局势，才能看到武昌首义的"偶然"表象背后的"必然"动因。从表面上看，武昌新军暴动于仓促之间，不仅全国革命领袖孙中山、黄兴、宋教仁等远在千里万里之外，毫不知情，地方革命团体的领导人或避（如刘公）、或伤（如孙武）、或亡（如刘复基）、或在逃（如蒋翊武），事变由名不见经传的基层士兵随机启动，事发"偶然"。

但是，这"偶然"之后发生的一系列联动，却不能用"偶然"来解释：（1）武昌起义能够吸引如此众多的新军士兵参加，举事者能够迅猛有序地展开战斗，有条不紊地占领省会城市，及时建立新政权；（2）刚刚建立的湖北军政府能够立即颁布一系列文告，将革命宗旨宣示天下；（3）武汉三镇及湖北各府县民众能够如此迅速而热烈地响应革命；（4）湖北军民有力量同前来镇压的精锐之师北洋清军抗衡达四十天，从而为各省"易帜独立"赢得宝贵时间。这一切必然推导出的结论只能是：短时段的首义，造因于中长时段的社会变革。

关于武昌首义的个体时间（短时段），亦即作为历史事件的武昌首义的具体过程，是《首义史》描摹的主体和重心。其内容无须在这里一一铺陈。值得特别指出的是，《首义史》并没有将笔墨停止在作为历史事件的武昌首义的终结处，而是以1913年黎元洪进京、段祺瑞及段芝贵督鄂，北洋军阀统治湖北作为全书的结束。这样安排的用心所在，是将民国建立之初的政治混乱局面清晰揭露出来（北洋政府的腐败无能，正副总统袁世凯与黎元洪之间的钩心斗角，湖北革命党人的分化及相互倾轧等），以引出以下重要论断作为全书的收官之笔：

> 辛亥革命的一大贡献在于，呈现共和制的理论与实践（包括其种种不完善乃至扭曲的状态），中国人民从此认定共和制为正统。尽管共和制的内容有待坐实与提升，辛亥以后的路途也十分崎岖坎坷，国人一再陷入渴求变革而又失望于变革的焦虑之中，然而始终没有放弃对于共和宪政这一现代政治形态的追求。这正是辛亥首义留下的宝贵遗产。
>
> 辛亥首义精神不朽——
>
> 推翻专制帝制的革命精神不朽，
>
> 开创共和宪政的建设精神不朽！①

美国未来学家约翰·奈斯比特曾对中国人发话："你们有很了不起的故事，但你们没有讲。"面对这一挑战，冯天瑜在本书"导言"里告诉奈斯比特：包括辛亥首义在内的中国故事很了不起；中国人对故事的讲述也是精彩的，希望你们倾听。② 但愿约翰·奈斯比特能够听到这响亮的声音。

---

① 冯天瑜、张笃勤：《辛亥首义史》，湖北人民出版社 2011 年版，第 617 页。
② 同上书，第 16 页。

第二十章

为"洋务殿军"三立传

无论是就湖北武汉的区域近代化而论，还是就鸦片战争以后中国的总体近代化进程而论，张之洞都是无法绕过的人物。冯天瑜钟情于湖北武汉的地方史研究，又关注中国传统文化的近代转型，因此，对张之洞这位总督湖广近二十年的"洋务殿军"的生平、思想及事功，怀抱"同情之理解"，几番深入研究，三次为之立传。

1985年，冯天瑜在河南教育出版社推出《张之洞评传》（以下简称"河南版"）。1991年，作为中国思想家评传丛书之一种，冯天瑜与笔者合作，又撰写《张之洞评传》，由南京大学出版社出版（以下简称"南京版"）。2020年，在编辑《冯天瑜文存》的过程中，又根据以上两个版本，进一步修订补充，推出第三版的《张之洞评传》（以下简称"文存版"），由湖北人民出版社出版。

1985年"河南版"的《张之洞评传》，约20万字篇幅，以传主的生平为序，依次述论张之洞人生各个阶段的劳绩功业。

1991 年"南京版"的《张之洞评传》，约 34 万字篇幅。因为属"思想家评传"系列，因此在结构上另有设计。全书分上下两篇：生平篇"从清流健将到洋务殿军"，纵向梳理传主跌宕起伏的一生；思想篇"开新与卫道二重变奏"，横向分析传主"经世思想"的各领域分支。最后是总评式结语。

2020 年"文存版"的《张之洞评传》，约 43 万字篇幅。主体结构同"南京版"，但在评论方面增加了许多新的内容，对传主的理解、认识、把握更为透彻、精准。

在"河南版"的"导论"中，冯天瑜将张之洞定位为"中国近代史上复杂的过渡型人物"，是"一个特定时代的产儿，是由中世纪向近代过渡的角色，早二十年或晚二十年都不会产生与之雷同的人物。"冯天瑜试图论述："汹涌奔腾的历史潮流怎样把一个封建士子推上近代舞台，中世纪的固有传统和迎面袭来的'欧风美雨'怎样促成了他'新旧杂糅'的思想行为，他的这种充满矛盾的活动又给中国近代历史诸侧面打上了怎样的烙印。"①

冯天瑜写道：张之洞十载学官经历，注重经史根柢之学，网罗通才宿士，教育宗旨是"通经为世用，明道守儒珍"，走的是传统儒学故道，与奕䜣、曾国藩、李鸿章等此时已经开办的新式洋务教育尚无干系。但他此间表现出来的敬业精神和干练作风，得到士林和朝廷的赞赏，赢得了良好政声。在总督湖广、暂署两江的十八年间，张之洞全面展开其洋务事业，尤其是他惨淡经营的"湖北新政"，以创实业、练新军、兴文教，造成耸动朝野视听的宏大格局，产生了全国性的影响。

冯天瑜大致梳理张之洞在湖北地区推行洋务"新政"的劳绩，有如下数端：

---

① 冯天瑜：《张之洞评传》，河南教育出版社 1985 年版，第 9 页。

其一，兴办近代官营机器工业。由手工生产走向大机器生产，是中世纪跨入近代社会的最显著的物质标志。曾国藩、李鸿章、左宗棠等均把建立官办机器工业作为富国强兵的首务，从创办安庆内军械所、江南制造总局、金陵机器局开始他们的"洋务"事业。张之洞作为"洋务殿军"，对此也非常重视，其格局之广、规模之大、成效之著，较之曾、左、李有过之而无不及。

其二，开拓铁路交通事业。张之洞非常重视铁路建设事业。他在《劝学篇》中专辟《铁路》一节，称"若内无铁路，则五方隔绝，坐受束缚，人游行于海上，我痿痹于室中，中华岂尚有生机乎?"

其三，鼓励、赞助民营工商业。张之洞督鄂期间，兴办实业，以官办为主要形式。但他对商品经济运行的客观规律有所领悟，因此也逐渐重视民营工商业的发展，与相关头面人物如宋炜臣等多有接触，并赞助他们的事业。

其四，编练新军。张之洞自出任封疆大吏始，便高度重视"整军经武"。他大力裁汰陈腐的绿营、练军，挑选年轻兵勇操练新式快枪。冯天瑜分析，"士兵构成成分的这一变化，不仅使得现代军事技术的掌握成为可能，而且新军士兵也有了接受新的社会政治思潮的思想基础。"不少新军士兵接受了孙中山革命思想的影响，有的甚至成为坚定的革命党人。[1]

其五，改制书院及创办新式学堂，大量派遣留学生。张之洞在开办各项洋务的过程中，认识到新式人才的极端重要性，而这样的人才是传统科举教育无法培养出来的。基于此点认识，他改革旧式书院，开办各级各类新式学堂，在湖北武汉地区创立起完整的新式教育体系，奠定了武汉成为中部教育中心的基础。与兴办新式教育相配合，张之洞还创办了图书馆、湖北舆图总局、《湖北官报》《湖北商务报》等文化设施。

217

---

[1]　冯天瑜:《张之洞评传》，河南教育出版社 1985 年版，第 175 页。

　　冯天瑜总评张之洞主持的"湖北新政"在政治上是失败的，没有也不可能挽救清廷的颓势。在经济上有成有败，一方面奠定了华中地区近代工业的基础，促进了资本主义工商业的发展；另一方面官办近代企业弊端丛生，难以维系。在文教事业上，则取得了更为显著的积极社会效果。湖北近现代大、中、小学教育的雏形，形成于张之洞督鄂期间。武汉大学、湖北图书馆等重要文教机构，其渊源都要追溯到张之洞的业绩中。至于从张之洞所办各类新学堂及所派遣的留学生里，更涌现出一大批对近现代历史发生重大影响的革命者、文化人。如黄兴、宋教仁、吴禄贞、董必武、李四光。这当然是张之洞始料未及的。①

　　19、20世纪之交，中国社会政治进入激烈动荡的特殊时期。戊戌变法、义和团运动、八国联军入侵北京（时称"庚子国变"）等接连发生，震撼朝野。在波谲云诡的动荡政局中，张之洞纵横捭阖、翻云覆雨、姿态多变、机敏莫测、手腕老辣。冯天瑜形象地将其描绘为政治上的"踩钢丝"。

　　清末"新政"的操纵者，表面上看是满洲亲贵，但实际发挥作用的汉族疆吏，其中最重要的是刘坤一、张之洞和袁世凯。刘坤一1902年就去世，张之洞和袁世凯成为"新政"的最显赫角色。1901年7月上旬，张之洞、刘坤一连续合奏"变法三疏"，实际上成为清末"新政"的行动大纲。

　　1903年5月，张之洞以"当今第一通晓学务之人"奉旨入京，与张百熙、荣庆共同主持商定学堂章程、制定包括蒙学、小学、高等小学、中学、高等学校、大学的新学制。

　　半年之后，1904年1月13日（光绪二十九年十一月二十六日），张之洞、张百熙、荣庆联衔上《厘订学堂章程折》，报告工作成绩。根据

---

① 冯天瑜：《张之洞评传》，河南教育出版社1985年版，第200页。

这些法规文件，不同于传统教育的全新学制体系已经建构完成。光绪皇帝随即批准："著即次第推行。" 1903 年为旧历癸卯年，因此新学制又称"癸卯学制"，它是中国第一个经政府正式颁布、全国推行的统一学制，一直施行到辛亥革命为止。此后民国年间制定的几个学制，与"癸卯学制"大同小异。

1907 年 6 月，清廷协办大学士职位空缺，以张之洞补任。7 月 27 日，张之洞任体仁阁大学士。9 月 3 日，又补授军机大臣。由此登上清朝行政官职的极峰。

张之洞在军机大臣任上，以"化除满汉畛域"为急务。此前在"变法三疏"中，他就提出取消某些旗人特权。修订学堂章程结束、返回湖北前陛辞请训，面奏数百言，"力请化去满汉畛域，以彰圣德、遏乱端，"建议将军都统等职务可兼用汉人，驻防旗人犯罪，与汉人同罚。慈禧太后闻奏大不高兴，称"朝廷本无畛域之见，乃无知者妄加揣测耳。"就任大学士后，张之洞再次抱病上疏，"欲御外侮，先靖内乱，探原扼要，唯有请颁旨布告天下，化除满汉畛域。"朝廷采纳疏议，上谕"究宜如何化除，著内外各衙门，各抒所见，将切实办法妥议具奏，即予施行。"后宣布取消满汉异法、满汉不婚等旧制，但在要害权枢上，依旧毫不松手。特别是光绪、慈禧去世后，皇室乘机集权，排斥汉官。25 岁的摄政王载沣自统禁卫军，代行大元帅职权；其两个弟弟载涛、载洵也把持陆、海军大权。对此"少年贵胄骤起以操持大事"的局面，张之洞"固争以为不可"，但毫无效果。张之洞孤掌难鸣，萌生退意，告病数月，终至不起。

冯天瑜指出，清末朝廷满汉争权的焦点集中于袁世凯一身。袁世凯天津小站练兵起家，深得慈禧赏识。李鸿章死前，极力推荐袁世凯"环顾宇内人才，无出袁世凯右者"。袁世凯遂领有直隶总督兼北洋大臣要职，后又加练兵处会办大臣，权势熏天。1907 年，他入京师任军机大臣，

219

兼外务部尚书，成为与张之洞并列的汉官要员。两人之间虽也有矛盾，但共同主持"新政"，又同受满洲亲贵疑忌，因而彼此援引，相互帮衬。

冯天瑜认为，"宪政"问题是清末政坛风云的一大要害气象。1906 年 8 月，清廷宣布"仿行宪政"，以此抵制革命，笼络民心，挽救政治危局。张之洞内心并不赞成"宪政"，表态"实不敢妄参末议"。但随着时局的进展，"立宪"呼声日高，张之洞体察时变，态度有所转换，由戊戌年间的痛责立宪，到"不敢妄议"，再到赞襄立宪，与时俱进，面貌一新。戊戌政变之后对张之洞恨之入骨的康有为、梁启超等人，此时正积极鼓吹宪政，见此变化，改变态度，致信张之洞，希望再次联手，推动宪政。冯天瑜评论：这一方面表现了康、梁走上层路线的痼疾之深，另一方面也说明，由于张之洞的善变色彩，往往给改良主义者以幻想。

1908 年 11 月 14 日、15 日，光绪皇帝、慈禧太后相继离世，朝廷出现权力真空。张之洞在此关键时刻，以"顾命重臣"身份，昼夜入宫议事。隆裕太后问，何人继承皇位？张之洞对曰，承嗣穆宗毅皇帝，兼祧大行皇帝。隆裕又问，何以处我？张之洞答，尊为皇太后。隆裕满意，"既如是，我心慰矣。"张之洞还阻止调兵入卫，以免士民惶恐，又请度支部发放款项，周转市面，安定人心。冯天瑜评论，这些都显示了张之洞"一言定邦"的元戎重臣的特殊地位。

1909 年 9 月，张之洞肝病加重，总结人生，"吾生平学术行十之四五，治术行十之五六，心术则大终至正已。"言毕逝世，享年七十有二。1909 年 10 月 6 日，朝廷派载涛前往张之洞灵前祭奠，宣布谥号文襄，晋赠太保。翌年，张之洞棺椁归葬南皮。

冯天瑜在"河南版"结尾处，总结张之洞的一生，称其活跃于晚清政坛近半个世纪，作为有抱负的政治家，其政绩之著，在晚清官僚群中是罕见的。张之洞是一个矛盾综合体——他既顽强地坚守着传统的儒学教义，企图维系伦理纲常于万世不移，但目睹世事沧海桑田，他又力图学习西技、西艺，试图从经济、军事、文教诸方面进行近代化改革。这两个矛盾的侧面，被他概括到"中学为体，西学为用"的公式之内，导致了他的事业的主观动机和客观效果之间的强烈反差。这本身说明，张之洞是一个复杂的过渡型人物——将要逝去而未能逝去的中世纪幽灵和已经降临的近代幽灵，纠缠于这位"文襄公"一身。观落叶而知劲秋，窥一斑而见全豹，通过张之洞可以明白无误地发现历史前进的无可阻遏的趋势。这正是我们今天仍然有兴趣研究张之洞这个色彩斑驳的人物的原因所在。①

1990 年，南京大学匡亚明先生组织编撰"中国思想家评传丛书"。邀约冯天瑜撰写其中的《张之洞评传》(以下简称"南京版")。冯天瑜约请笔者共同承担此项任务。

因为属于"思想家评传丛书"，"南京版"在结构上设计为上下两篇。生平篇"从清流健将到洋务殿军"，内容大致同"河南版"；思想篇"开新与卫道二重变奏"，分七章分别论述张之洞的政治风格、学术宗旨、经济构想、军事谋略、外交主张、教育思想和文化观。

关于**张之洞的政治风格**，冯天瑜认为，其鲜明特色是儒臣与能吏圆融地兼于一身。关于**张之洞的学术宗旨**，冯天瑜强调，在晚清学术史上，张之洞以其宗旨宏达、思理淹通、学派性鲜明而占有重要的一席之地。关于**张之洞的经济构想**，冯天瑜指出，它经历了一个变化过程。厕身"清流"时，张之洞"不敢为功利操切之计"，出任封疆大吏，切实负责一地事务后，认识到开辟利源，广兴实业的必要，积极谋划经济。张之洞在长期洋务实践中，逐渐形成超越中古的、完整的近代产业结构思想，"农、工、商三事互相表里，互为钩贯。"关于**张之洞的军事谋略**，冯天瑜指出，张之洞虽未曾直接率军出征，但于国防军事，颇多建树，

① 冯天瑜：《张之洞评传》，河南教育出版社 1985 年版，第 298 页。

因此朝廷谥以"文襄"是有根据的。关于**张之洞的外交主张**，冯天瑜认为，张之洞是晚清与列强交往较多的封疆大吏。他始终坚持"内政自有主权，外交须有成案"，抵御列强干涉，维护国家主权。关于**张之洞的教育思想**，冯天瑜认为，这是他整个思想体系中尤显时代光辉的精彩部分。张之洞以十年学官起步，开始官宦生涯，于教育事业心得颇深。关于**张之洞的文化观**，是"南京版"的重点内容，也是作为思想家的张之洞的本质体现。冯天瑜认为，张之洞的政治、学术、经济、军事、外交、教育诸类思想各具风采，但在其纷繁错综之间又有主旨可寻，这便是他的以"旧学为体，新学为用"为核心的文化思想。在他最重要的理论著作《劝学篇》中，这一理论得到淋漓尽致地发挥。

2020 年，湖北人民出版社结集出版"冯天瑜文存"20 卷。借此机会，冯天瑜再次修订《张之洞评传》(简称"文存版")。"文存版"亦分上下篇，上篇采自"河南版"；下篇采自"南京版"，并作进一步增补修订。具体内容是：在"军事谋略"章增添"战略眼光·新式兵学"一节，在"教育思想"章增添"癸卯学制"一节，在"文化哲学"章增添"开放观的阐发者与践行者"一节。另外，增补全书"结语"。

关于"开放观的阐发者与践行者"，冯天瑜论道：中国近代文化哲学的新旧分水岭，在于开放求新知与封闭守故套。张之洞《劝学篇》系统阐发开放主义，这是其文化观的一个重要闪光处。《劝学篇》外篇遍论研习西学的必要性与可行性，中心思想是有限度地对西学开放。他解释西方为何"智"的要诀：欧洲诸国林立，竞争激烈，"互相仿效，争胜争长"，频繁交往中，"不问而多知"。中国却相反，大一统后，独处东方，邻国多半后进，治术、学术均"无有胜于中国者"，于是中国"守其旧学，不逾范围，已足以治安而无患"。张之洞突破了一贯自以政治、文化"大一统"为傲的观念，指出这正是中国制度、文化停滞不前的原因。冯天瑜注意到，张之洞回顾清代历史，向往清初康熙朝乐于、勤于研习西学，批评道光以降的自我封闭，肯定咸丰、同治间的洋务新政。他对顽固排外与完全否定中国朝政民风这两种极端之论痛加批评，而倡导内外兼采、中西互动的有限开放观。这是洋务派文化哲学的较完整概括，超越了奕䜣、曾国藩、李鸿章的水平。①

在增补的全书"结语"中，冯天瑜论道：张之洞离世已逾百年，盖棺而未论定。清朝遗老咒骂张之洞坏了皇朝大事，新锐学者则指责他"保守""反动"，误中国改革深矣。更加意味深长的评价来自孙中山。1912 年 4 月，孙中山视察辛亥首义之区武昌，环顾首义参加者多为张之洞的文武门生，感慨道："以南皮造成楚材，颠覆满祚，可谓不言革命之大革命家。"② 张之洞的幕僚辜鸿铭则说"民国成立，系孙中山与张香涛的合作"。1927 年 6 月，清华国学院导师王国维自沉昆明湖。其同事、张之洞同僚陈宝箴之孙陈寅恪撰挽诗，其中回溯清末新政，议及张之洞：

> 当日英雄谁北斗？南皮太保方迁叟。
>
> 忠顺勤劳矢素衷，中体西用资循诱。

冯天瑜评价陈寅恪的诗句解释了张之洞文化保守主义的特别价值，堪称认知张之洞的箴言。"本书四十万字篇幅，陈寅恪咏张之洞诗句之注解。"③

可比性人物间的较衡，是加深对历史人物认识、确定其属性的重要方法。冯天瑜认为，从思想者角度类比，张之洞最恰当的比较对象是福泽谕吉。两人年龄相近，张之洞生卒年 1837—1909 年，福泽谕吉生卒年 1835—1901 年；两位都撰写了名震天下的同名著作《劝学篇》。福泽谕吉

---

① 冯天瑜：《张之洞评传》，湖北人民出版社 2020 年版，第 373 页。

② 《时报》1912 年 4 月 5 日。

③ 冯天瑜：《张之洞评传》，湖北人民出版社 2020 年版，第 382 页。

著意在提高民智，达成国民启蒙，而张之洞著系为朝廷献计；福泽谕吉著呼吁"四民平等"，张之洞著则高调颂扬忠孝；福泽谕吉著倡导独立的公民意识，张之洞著则维护君主专制的臣民意识。对比可见，"张之洞虽在开辟近代化事业方面卓有建树，其思想不乏新锐卓异之处，然基本价值观尚未跨越中古藩篱。这并非仅为张氏个人的问题，而映现出洋务运动及清末新政的窘状。"①

---

① 冯天瑜：《张之洞评传》，湖北人民出版社 2020 年版，第 382 页。

第二十一章

为了和平与正义

　　20 世纪 90 年代中期以后，冯天瑜多次赴日本访问、讲学，收获颇丰。其中重要的一项，就是通过实地观察体验，对取得近代化杰出成就的日本何以成为战争策源地，对日本对外侵略的文化渊源，有了较为明晰的认识。为纪念中日甲午战争 120 周年，冯天瑜撰文《日本侵华战略的历史文化渊源》，发表于 2014 年 5 月 28 日《光明日报》，文章激起热烈反响。高等教育出版社力邀冯天瑜就此问题撰成专书，于是就有了近 50 万言的《日本对外侵略的文化渊源》一书的问世（以下简称《文化渊源》）。

　　在全书"前记"中，冯天瑜尖锐发问："文雅执礼、勤谨而有序的日本人，何以自 19 世纪末叶以来多次发动侵略战争，并在战争中表现得特别顽强、格外残暴？又可怪异的是，第二次世界大战后 70 年日本取得卓异的经济文化成就，何以拒不反省近代历史上的战争罪行？"①

---

① 　冯天瑜、任放：《日本对外侵略的文化渊源》，高等教育出版社 2017 年版，第 4 页。

在全面解析这些问题之前，冯天瑜提纲挈领，指出日本民族性的两个偏执点，以为解密的钥匙：其一，"神国意识"笼罩的岛国情结。岛国情结表现为以下心态：自我封闭、排他意识、强烈的危机感、狂傲又不安于现状的性格。其二，缺乏善恶对立的价值观。日本的"人情"伦理既追求感官享受，又恪守义务、本分、自制诸道德准则，力求保持两者的平衡，而将善恶分野置之不顾。

冯天瑜强调：因为失却求善去恶的心灵追求，没有直逼灵魂的尖锐人生拷问，没有富于批判精神的终极伦理关怀，所以日本稀缺培育向善思想的历史文化土壤，而盛产谋略型的思想者，缺乏理性的、善性的形而上学指导，往往偏执于民族私利而剑走偏锋，扩张和暴力成为他们的主题词。当此类思想被统治者放大为国民意识时，日本的对外侵略就获得了强有力的文化支撑，于是世人便见到，一个文雅、洁净、爱美的民族那样狂热地奔向掠夺与杀戮。①

冯天瑜分八章条分缕析日本对外侵略的文化渊源。

第一章，剖析"神国论"与"皇国史观"。

明治维新以降，日本多次发动对外侵略战争，其精神支柱是建立在"神国论"基础之上的"皇国史观"。

冯天瑜指出，公元8世纪成书的《古事记》和《日本书记》是日本最古老的史书，为官方史家奉天皇敕令而作。史家利用神话传说素材，创造天皇家族一脉相承的历史谱系，构成日本肇国史的神圣叙事。《古事记》和《日本书记》共同臆造了大体一致的日本天皇神异来历。

冯天瑜注意到，承袭古老的"神国论"，日本于近世以降形成渐趋完整的"皇国史观"。皇国史观是以天皇信仰为宗旨，评断人物、事件的历

① 冯天瑜、任放：《日本对外侵略的文化渊源》，高等教育出版社2017年版，第8页。

史观。对天皇忠诚或叛逆是臧否一切人事的标准。"皇国史观"肇始于1336—1392年日本南北朝对峙时期。江户锁国时代,抗衡儒学、佛学等外来文化的"国学家"宣扬"神皇一体"观念,令皇国史观初具学术形态。水户学派完成了"神国史观"的学术建构,其要旨有三:日本乃神国;天皇乃天神之子孙;天皇万世一系,统驭日本。明治维新以后,日本政府向国民灌输"皇国史观",鼓吹天皇是天神后裔,日本民族是优等民族;全体国民应不惜牺牲生命效忠天皇;天皇应该统驭天下,征服亚洲其他劣等民族,由此采取的战争行为是"解放亚洲"的"圣战"。冯天瑜强调:皇国史观作为官方意识形态,构成日本军国主义的历史认识基础。①

第二章,**分析由遵守"华夷秩序"到自创"华夷秩序"的变化。**

冯天瑜指出,历史上的东亚,存在一种以中国为中心的"华夷秩序"。中原王朝与周边诸国形成封藩—朝贡体系。"华夷秩序"保持朝贡国的主权及领土完整,宗主国获得君临天下的满足。长期以来,日本是东亚"华夷秩序"的重要组成部分。随着国力增长、文明日新,日本统治者于中世以降产生不甘人下、急于出头之念,渐至与中原王朝分庭抗礼,挑战固有"华夷秩序",进而自称"中国""中华",试图建立以日本为中心的"华夷秩序"。

冯天瑜总结道:江户时代从思想观念层面孕育的"华夷互变"说、"日本中华"说,在近代演变为对外侵略的实际行动。日本于1894年、1931年屡屡侵华,便是明证。时至今日,日本犹有人念念于兹,这是我们应该警惕的。②

第三章,**研判"八纮一宇"及其实施。**

---

① 冯天瑜、任放:《日本对外侵略的文化渊源》,高等教育出版社2017年版,第41页。
② 同上书,第170页。

冯天瑜认为：如果说论证以日本为中心的"华夷秩序"是一种国际关系理念和外交话语建构，那么，亟欲对外扩张的日本还需要一种宏大而简明的战略目标，这便是恶名昭著的"八纮一宇"。

"八纮一宇"说出现于明治时期。"八纮"一词出于中国古籍。《列子》描述海洋之无涯时说："八纮九野之水，天汉之流，莫不注之。"《淮南子》描述陆野之阔大时说："九州之外，乃有八殥，……八殥之外，而有八纮，亦方千里。"1904 年，日本莲宗国柱会僧人田中智学引用《日本书纪》中"掩八纮而为宇"的句子，创出"天地一宇""世界一宇""八纮一宇"等词语。冯天瑜指出，日本为实现"八纮以为宇"，发动大规模对外扩张战争，始于战国末年的丰臣秀吉。天正二十年（1592 年）三月，丰臣秀吉发兵约 16 万，侵略朝鲜，很快攻陷朝鲜京城。被胜利冲昏头脑的丰臣秀吉下令进攻明朝，奈何兵力不足，野心难遂。

丰臣秀吉以后，"八纮以为宇"仍然是日本梦寐以求的目标。1934 年，陆军大臣荒木贞夫大举启用皇道派军官，阐释"八纮一宇"同"神武天皇"的关系，以证明对外侵略"有据可依"。1940 年 7 月，第二届近卫内阁制定《基本国策纲要》，将"八纮一宇"定为"皇国的立国大精神"。声言建立"大东亚共荣圈"。中日战争及太平洋战争期间，"八纮一宇"成为日本帝国的国家格言。其军政机构均悬挂两条幅，一为"武运长久"，一为"八纮一宇"。1940 年 11 月，"八纮一宇"塔在九州宫崎建成。塔高 36.4 米，是当时日本最高建筑。塔基使用从海外掠夺的石材，表示天下四方拥戴、供奉天皇。"八纮一宇"塔的图像还印刷在日本银行发行的货币上。日本战败后，塔上"八纮一宇"文字被抹除，塔区被改为"平和公园"。但是，1965 年，宫崎县政府恢复"八纮一宇"塔名。官方解释"八纮一宇体现了和平的愿望""神武天皇认为世界是一个关系良好的大家庭。"冯天瑜评论道："将昔日是军国主义国策总目标美化为天下一家的凤愿，这种篡改历史的连贯性行为，值得人们警惕。"①

第四章，研判武士道：效忠主君与尚武杀伐。

武士道是日本武士阶级的行动准则。19 世纪中叶以后，日本全社会以之作为全民伦理教育的基础。至此，武士道衍为日本军国主义的魂灵。

冯天瑜分析，武士是武士道的人格载体。武士原指六卫府武官，后演变为依附于封建领主的专习武事者的称谓。从起源看，武士初现于平安朝（794—1192 年）晚期。进入幕政封建时代，逐渐成为一个有着特殊身份标志和利益诉求的社会群体。武士文武兼习，给人一种儒雅谦逊的外在印象，但其内心视暴力为解决事端的最终手段，嗜血成性。武士轻视生命，包括他人和自己。这种惨烈的人生态度，被近代日本军国主义所利用。军方极力宣扬"武士道就是死，离开死非武士道"的理念，促使日军对被侵略国家的人民犯下令人发指的罪行，也上演日军战败不降、切腹殉国的惨剧。

冯天瑜指出：武士之道不是成文法，它是从武士生活和时代精神的结合中逐渐提炼而成，既符合统治者的社会治理需求，也适应那些非武士阶级的普通百姓修身养性标准。武士道的本义是武士伦理，但又具有宽泛的日本式道德垂范价值，养成日本民族不惧生死、残酷无情、勇武好战的特质。②

冯天瑜注意到，传统的武士道在近代获得新生，被赋予特定的时代内涵。武士制度盛行于战国时期和江户初中期。江户末期，财政紧缩，仰赖主君供给的武士生计困难，武士制度式微。进入明治时代，社会结构和社会生态发生巨大变化，武士既失世袭财产，又失世袭职务，处境难堪。武士制度消亡，但武士道却大为兴盛，这是军国主义发展导致的

---

① 冯天瑜、任放：《日本对外侵略的文化渊源》，高等教育出版社 2017 年版，第 220 页。
② 同上书，第 240 页。

结果。明治时期，日本官方强力介入，通过对神道、天皇制、武士道的近代形塑，完成了神国理念向近代军国主义的转换，武士道获得新的发展土壤。冯天瑜特别强调：近代以前，武士没有国家观念，天皇只是遥远而抽象的偶像，武士道效忠的对象是藩主、大名等封建领主；而近代有了国家观念，武士道的效忠对象从"主家"变为国家，特别是作为国家象征的天皇。效忠天皇、凸显天皇对军队的绝对控制权，是武士道近代转型的要义。

冯天瑜强调，更为可怕、可悲的是武士道不仅军规化，而且国民化。军国主义将全体日本人熏陶成时刻准备为皇国牺牲的"准军人"。1943 年，日本在军人《战阵训》之外，又刊行《国民战阵训》，极力宣扬"国民全体之武力精神"，给军国主义的嗜血本性笼罩上日本式道德光环，使武士道的普及达到高峰。

冯天瑜归纳道：由武士道推演而出的军国主义理论及其践行，对日本民族的毒害之深、对被侵略各国的祸患之重，可谓罄竹难书。①

第五章，分析日本考察禹域：从学习到觊觎的演变过程。

在东亚文化圈内，日本不是文化原发地，日本民族善于且勇于学习先进文化。考察禹域（日本称中国为"大禹之国"，简称"禹域"），学习中国文化，曾经是日本长期奉行的基本国策。

冯天瑜回顾，日本学习中国文化，最有名的是十数次"遣隋使""遣唐使""遣宋使"的派出。山上忆良、吉备真备、阿倍仲麻吕等人足迹遍涉中土，于朝野结交士子，研习汉字汉文、生产技术、典章制度、艺文哲思，大量输入中国典籍，使中国文化风靡日本上层社会。阿倍仲麻吕（汉名晁衡）与诗仙李白、诗佛王维的深情厚谊，更是传为千古美谈。简

---

① 冯天瑜、任放：《日本对外侵略的文化渊源》，高等教育出版社 2017 年版，第 310 页。

言之，古代日本人的中国踏访，是求教于先进文化的学习性考察。

冯天瑜注意到，运行两千年之久的中国向日本传输文化的趋势，到明治维新以后发生了逆转。明治维新以后的日本，因为学习西方、建设近代工业文明有成，社会发展走到中国前头，后来居上，占据了文化高势位。强盛起来的日本立即效法欧美列强，以中国为掠夺对象。此后，日本人踏查中国的热情较之古时有增无减，而其目的则由学习中国，变为觊觎、侵略中国。[1]

近代日本对华踏查，发端于 1862 年官船"千岁丸"的上海之行。关于此行，本书在"访学东瀛"一章中已有详细讨论，这里就不重复了。从 19 世纪 80 年代开始，日本着手对中国进行系统的自然—社会—人文调查。冯天瑜指出，日本军国主义出于侵略中国的战略目标所作的深入调查，最著名的是"满铁"调查部的情报工作。日俄战争胜利后，日本于 1906 年 11 月在大连设立"南满洲铁道株式会社"（简称"满铁"），又在许多地方开设分社。"满铁"专门成立调查部，对中国进行军事、政治、经济情报搜集。调查范围不限东北，还涉及关内各地。战争期间，"满铁"与日本军政机构定期碰头，交换情报，直接为日军提供服务。

冯天瑜注意到，近代日本关于中国调查的诸多系统中，历时最长、覆盖面最广的是"东亚同文会"组建的"东亚同文书院"。1901 年至 1945 年间，46 届共 4922 名东亚同文书院学生，对中国各省区做地毯式调查，线路达 700 多条。

冯天瑜痛切指出，长期以来，中日间关于对方国情，"信息不对称"。清末外交官黄遵宪的《日本国志》成书十年，被总理衙门搁置，久不流通。中国与日交锋多次，或惨败，或惨胜，昧于敌情是重要原因。因此，

---

[1] 冯天瑜、任放：《日本对外侵略的文化渊源》，高等教育出版社 2017 年版，第 313 页。

改变中日间关于对方认识度的不平衡现象，是今日国人无可推卸的责任。在调查研究的基础上，拿出深具历史感和现实洞察力的考析日本论著，已时不我待。有了这样的成果，方可与日方切磋、辩难，彼此理解。这是形成健全中日关系观的认知基础。①

第六章，**揭底社会达尔文主义日本版。**

近代日本"开国进取"，广为吸纳西方思潮，包括民权主义、自由主义、社会主义、无政府主义等。而社会达尔文主义，则是日本统治阶层格外青睐的一种。冯天瑜评价：社会达尔文主义此一来自西洋的精神烈药，既有鞭策文明进步的功效，又可导致对外扩张的执着，是近代日本走向军国主义不归路的重要思想动力。②

冯天瑜分析，日本接受社会达尔文主义，根本原因在于其与生俱来的危机意识。由于国土狭小、资源匮乏、灾害频繁，因此向外扩张、抢夺生存空间，成为大和民族的梦想。在近代日本统治集团那里，"强权即公理"深入心髓；极端民族利己主义成为对外原则；恃强凌弱视为理所当然；武力解决纠纷是外交手段。这一切皆与社会达尔文主义"弱肉强食"教义暗合，而其深层原因则植根于神国主义、武士道、日本中心主义和明治天皇"布国威于四方"是教言之中。

冯天瑜揭底：社会达尔文主义的日本版，就是集皇国思想、国家主义、武士道于一身的日本式军国主义。近代日本军国主义以"弱肉强食"为国家信条。福泽谕吉的"脱亚入欧论"作了最为传神的阐明。冯天瑜指出，作为思想者的福泽谕吉具有强烈的两面性：他既是日本近代最重要的启蒙思想家，又是颇具锋锐的军国主义者。福泽谕吉的"文明启蒙论"与"穷兵黩武论"正是其信奉社会达尔文主义的一体两面。近代日

---

① 冯天瑜、任放：《日本对外侵略的文化渊源》，高等教育出版社 2017 年版，第 357 页。
② 同上书，第 359 页。

本社会达尔文主义的另一个典型作品，是著名报人兼评论家德富苏峰的"大日本膨胀论"。

冯天瑜特别指出，不仅蔑视中国文化的"西洋派"福泽谕吉等崇奉社会达尔文主义，亲近中国文化的"东洋派"同样如此。前者往往直接宣示军事征服，充当军国主义的思想先锋，后者却在更沉潜的意义上，谋求对中国文化取而代之，并以文化母国的主子和教师自居。这后一类学人的典型是史学成就甚高的内藤湖南。1894 年底，内藤湖南发表《地势臆说》一文，从地理唯物论出发，证明文明中心转移日本的历史大势，暗示满洲之发展将取代燕京之地位。内藤湖南承认中国文明的高度成就，但认为它已衰老、烂熟，"中毒"已深，需要生机勃勃的日本来"解毒"，这是对中国的拯救，日本的文化天职正在于此。

第七章，剖析"大陆政策"及其践行。

近代日本企图用"军事—文化"双重手段，侵吞以中国为主体的东亚大陆，进而征服全世界。这一"大陆经略政策"（通称"大陆政策"）不仅是一个庞大的战争计划，更是统合军事、政治、经济、文化、外交的长期国家战略。冯天瑜强调，大陆政策的制定与实施，展现了日本军国主义的兴亡历程和主要特征。

日本大陆政策是模仿德、英帝国、又追迹古来"掩八纮而为宇"想象的产物。明治初年围绕"征韩论"的激辩，为形成大陆政策的前奏。依据"大陆政策"，日本以武力改写了东亚地缘政治。它发动甲午之战，实际统治"大韩帝国"，又侵掠台湾，吞并琉球。第一次世界大战后，日本以战胜国身份抢得德国在中国山东的特权，对外扩张胃口大开，加剧了"大陆政策"的推行。

1929 年 6 月底，日本首相田中义一召开商议加快实施大陆政策的"东方会议"。会议结束后，田中起草两万言奏折呈送天皇，"惟欲征服中国，必先征服满蒙。如欲征服世界，必先征服中国。"这份文件于 1929

年底被中国南京《时事月报》披露，举世震惊。关于《田中奏折》，历来有真伪之辨。冯天瑜认为，即使认可文件为日本参谋本部铃木贞一少佐撰写的一份关于中国问题的备忘录，然而该文件反映了日本大陆政策的本真，将明治以降日本的扩张战略条理化，目标清晰，步骤鲜明，却是毋庸置疑的。历史事实证明，此文本所议诸项，全部落实：1931 年"九一八"事变——"征服满蒙"；1937 年"七七"事变——"征服中国"；1941 年爆发太平洋战争——"征服世界"。

侵华战争、太平洋战争的结局宣告日本"大陆政策"的彻底失败。冯天瑜注意到：日本败降之际，其官方论及教训时，只承认发动对美、英的战争是错误行为，导致日本的失败。至于侵华战争，另当别论。这种态度，值得国人深思。①

第八章，批判现代日本的历史修正主义。

冯天瑜界定"历史修正主义"为"对既有史实或公认的历史结论，予以辨正、补遗、质疑或否定的观念和主张"②。现代日本右翼群体奉行的历史修正主义，"修正"的内容是近代日本的对外扩张史，尤其集中于第二次世界大战期间的日本侵略战争史。

冯天瑜指出，现代日本否认侵略罪行的历史修正主义，是右翼政治家及右翼文人编制并鼓动起来的。战后日本右翼的思想主张，主旨是维护神圣天皇制，否认外战的"侵略"性质，吹捧"圣战"，歌颂军国主义分子，企图修改和平宪法，重圆"大东亚共荣圈"的迷梦。这就是日本式的历史修正主义。

日本历史修正主义的代表人物，首推战后五任首相的吉田茂。他认为侵华无伤日本国体，无须对中国认罪；降伏于美、英，可预防国体被

---

① 冯天瑜、任放：《日本对外侵略的文化渊源》，高等教育出版社 2017 年版，第 561 页。

② 同上书，第 564 页。

共产主义颠覆是大节所在。1957 年，原甲级战犯岸信介组阁，企图重建天皇的绝对权威。20 世纪 80 年代后，曾为日本海军少佐的中曾根康弘出任首相。他公开挑战"东京史观"（即东京审判对日本侵略战争定性的历史观），称其为"自虐史观"。他率 18 名阁僚参拜靖国神社，是战后第一位以现职身份参拜靖国神社的首相。1989 年，一些日本旧军人甚至把被东京审判判处死刑的甲级战犯东条英机等七人的骨灰取出，建成"殉国七士"墓园，供人祭奠。

冯天瑜同时注意到，战后日本政治家中不乏热爱和平、反对战争、致力于中日友好的人士。战前，作为新闻工作者的石桥湛山就抨击军国主义。1956 年出任首相后，积极推进对华贸易和恢复中日邦交。1978 年出任首相的大平正芳认为，中日两国是东亚关系制衡的两大中心，妥善处理中日关系将对该地区国际环境产生重大影响，尤其会对日本与"二战"遭受侵略损害的东南亚国家建立新型关系起到示范作用。1993 年，首相细川护熙表示，日本发动的是侵略战争，引发日本政界震动。1995 年，首相村山富士就日本投降 50 周年发表讲话："我国在不久的过去一段时间，国策有错误，走上了战争的道路，使国民陷入生死存亡的危机，殖民统治和侵略给许多国家，特别是亚洲各国人民带来了巨大的伤害和痛苦。为了避免以后发生错误，毫无疑问，我们应谦虚地接受历史事实，并再次表示深刻的反省和由衷的歉意。"

在民间，也有有识之士抵制篡改历史，反对美化侵略战争的、逻辑混乱的教科书。诺贝尔文学奖获得者大江健三郎表示："南京大屠杀悲剧留给人类许多思考，我们不仅要深入研究，还要行动起来，不能让这样的悲剧重演。"作家村上春树认为，为了达到与被侵略的中国、韩国的和解，"日本需要一直道歉""道歉并不丢人"。①

---

① 冯天瑜、任放：《日本对外侵略的文化渊源》，高等教育出版社 2017 年版，第619 页。

在全书"结语"中，冯天瑜表示，详尽地解析日本对外侵略的文化渊源的很重要的现实动因是，这种文化渊源也在制约着当下中日关系的走势。因此，有必要约略瞭望中日关系的前景。冯天瑜坚信，21世纪的中日关系绝不可能重现19世纪末叶至20世纪中叶那种不堪回首的情形。因为时代变了，力量对比变了。中国越强大，越可能建立健全稳定的中日关系。因为，中国再强大也不会侵略日本，这是由中国文化的和平自卫传统决定的；又因为，钦敬强者是日本文化的传统，一个真正强大的中国，理当成为日本乐于交接的友邦，一如古之隋唐，今之美国。

在全书的"跋"中，冯天瑜郑重表露如此心声："怀着虔敬之心，将本书奉献给为和平与正义奋斗的中日两国先辈和同仁！"①

---

① 冯天瑜、任放:《日本对外侵略的文化渊源》，高等教育出版社2017年版，第711页。

第二十二章

谈笑有鸿儒

在多年的学术生涯中，冯天瑜结交了众多硕学鸿儒，旧雨新知。其间的交往，如坐春风，如沐朝阳，留下了无限的温暖与遐思。

20世纪70年代末，冯天瑜在省社联会议上认识了楚史研究大家张正明先生，"交谈间颇相契合"，后读到他的楚史论文，"从中得见研讨楚文化的博大气象"。正当此时，上海人民出版社编辑出版中国文化史丛书，主持其事的复旦大学朱维铮先生邀约冯天瑜撰写"楚文化史"。冯天瑜自认在研习中国文化史过程中，虽一直关注楚文化，但并未进入此一领域，于是向朱维铮推荐了张正明。张先生厚积薄发，很快完成书稿，交付出版，这便是享誉学界的楚史奠基之作《楚文化史》。

1979年，冯天瑜和大哥在清理先父遗物时，意外惊喜地发现了混夹在旧书堆里的父亲遗留的"史记楚世家会注考证校补"手稿。几经努力，书稿于20世纪90年代初，由湖北教育出版社出版。张正明先生慧眼识珠，立即发现这部著作的珍贵史料价值，不仅自己采用，还一再向楚史界同仁推荐。令冯天瑜十分感动的还不止此，"正明先生通过我从出版社取得两百本《史记楚世家会注考证校补》，在多次楚史会议上推售，承担烦琐事务，每隔几年，他还向我告知销售进展。"①

20 世纪 80 年代，思想解放的和煦春风，遍拂神州大地。湖北武汉地区的部分史学工作者自发形成"明清文化史沙龙"，参与者既有章开沅、萧萐父、唐明邦等老一辈学人，也有郭齐勇、肖汉明、罗福惠、许苏民、周积明等新生代中坚力量。冯天瑜承上启下，是其中的积极分子。沙龙随机在研究单位或学人家中举行，时间不定，形式不拘，人数不等，议题不限，议论纵横，锐见迭出。

1988 年，冯天瑜将沙龙中人有关明清文化研究的 18 篇精彩论文汇集成册，以《东方的黎明——中国文化走向近代的历程》为名，交巴蜀书社出版。诸论文涉及明清之际早期启蒙文化，西学东渐，近代新学兴起，王夫之、黄宗羲、章太炎、孙中山思想研究等内容。

冯天瑜在题为"中国文化的近代化问题"的代序言中，批评了"冲击—反应"模式和"中国文化本位论"，认为前者由西方中心论出发，后者由华夏中心论出发，各自从一个极端导向了民族自我中心主义。在剖析了以上二者的偏颇失误之后，冯天瑜表明，文集中各作者之间的学术观点并不尽同，但我们有一个大体近似的看法：中国文化的近代化既不是全盘西化，也不是中国传统文化的整体沿袭，而是传统文化的改造和飞跃。这一历程伴随着自然经济解体，大生产兴起，封闭状态逐渐打破，社会革命和变革此起彼伏这样一种时代的际会风云而渐次展开。在这一过程中，中国传统文化表现出它的双重性格，既有阻挠近代化进程的消极面，又有顺应近代化进程的积极面；既有对外来文化顽固拒绝的一面，又有博采异域英华的一面。而明清之际的早期启蒙文化以及清中叶（嘉

① 冯天瑜：《月华集》，湖北人民出版社 2018 年版，第 115 页。

庆、道光、咸丰间）的经世实学便是这后一侧面的突出表现。当然，在它们身上也保有前一侧面的影响。因而它们虽然尚未正式成为近代新文化，却已构成中国传统文化通往近代新学的桥梁，并提供了西学与中国传统文化彼此融合的结合点。①

1989 年春天，冯天瑜赴香港中文大学讲学。行前，武汉大学石泉教授托带信给他的老友——中大教授饶宗颐。这就成了两人结识交往的机缘。

来到中文大学，在某会议室初见饶先生。冯天瑜呈递了石泉先生的信。当时会议室人多嘈杂，未及深谈。几天之后，极讲礼数的饶先生偕其助手，约请冯天瑜在中文大学附近一座茶楼正式会面。那时的饶先生行年七十有二，精神矍铄，谈锋甚健。两人议及王国维的甲骨学和《殷周制度论》《古史新证》。饶先生得知冯天瑜父亲是王国维执教清华国学院时的弟子，连称"天瑜家学深远"。随后，两人的话题转入中国人的宗教信仰。

冯天瑜说，欧洲人信仰基督教，阿拉伯人信仰伊斯兰教，而中国虽有自生的道教、西来之佛教及种种民间信仰，但没有流行全民的宗教。饶先生略微思索，微微笑道："其实中国也有普被全社会的宗教，然百姓日用而不知。"冯天瑜觉得新颖，请问其详。饶先生娓娓道来："自先秦以来，中国人无论雅俗，都有一个最高信仰，这便是'天'。如果要给中国人普遍信奉的宗教定名，可以叫作'天教'。"

饶先生此言一出，冯天瑜立即联想起殷周以降延续不辍的"敬天法祖"观念，以及民间流传的崇天意识。其明证是，国人每发感慨，必曰"天呐"。饶先生又举出金文中"受天有大命"之类的例子，论及崇信

---

① 冯天瑜：《东方的黎明——中国文化走向近代的历程》，巴蜀书社 1988 年版，代序言，第 11 页。

"天"及"天命",是中国古已有之的传统。两人谈兴正浓,饶先生的助手轻声提醒,时刻将近,后面还有预定事项。饶先生欲罢不能,相约下次再聊。

一个多月以后,两人在新界一家面朝海湾的咖啡馆会面,话题依然是上次意犹未尽的"天教"。这次时间充裕,漫谈讨论,渐次深入。冯天瑜回忆起 1964 年前后,帮父亲誊抄书稿《商周史》第七编《周之制度及文化》,内有一章讲"周人之宗教思想",就举大量周金文实例,证明周人的崇天"无时无之,无地无之"。当时的冯天瑜不懂其中的深意。这次在香港聆听饶先生的高论,才记起先父所书,与饶先生的"天教"说颇为切近。饶先生闻之甚喜,连称"吾与前贤同识,幸哉幸哉!"又建议冯天瑜承接父辈论说,将"天教"问题的探讨继续深入下去。

饶宗颐先生的"天教"说,给予冯天瑜很大的启发。他认为,此说是"打开中国人的宇宙观、信仰观、宗教观迷局的锁钥"[1]。后来,冯天瑜在《中华元典精神》等著述中,提出中国文化的一大特色,是"循天道,尚人文",其文化主流始终与鬼神论保持距离,不至于陷入欧洲中世纪式的宗教迷狂。"天道"和"自然"是中国人文精神的底蕴。中国人信仰的"天",既是自然之天,也是神明之天。自古以来,中国人普遍信仰的是"天道生机主义",它没有把中国人引向有组织的宗教,而是构成一种富于韧性的文化统系。

1999 年 10 月,饶宗颐先生来武汉大学参加"郭店楚简国际学术研讨会",与冯天瑜重晤于珞珈山庄。饶先生题写《水龙吟》一首相赠。其词曰:

自无创见惊人,休论故纸争雄处。穷泉启椟,苍天雨粟,

---

① 冯天瑜:《人文论衡》,湖北人民出版社 2019 年版,第 37 页。

兴会标举。黄鹄依然，朱甍宾至，八方译语。看滔滔江汉，煌煌勋业，驰玉轪，逐鸾驭。

树又青青如此，笑游踪，宛如飘絮。天涯尊酒，故人高蹈，心期同许。风雨重阳，黄花对客，清吟箕踞。且忘机白首，明朝翠霭，又征骖去。

2001年，冯天瑜编辑父亲收藏的书画时，特请饶先生题写书名。不数日，赴香港讲学的陈国灿教授就带回了饶先生苍劲的魏碑体题名——"近代名人墨迹　冯永轩收藏　辛巳　选堂题"。盖白文名章"饶宗颐印"。

武汉大学历史系老教授刘绪贻，1913年出生，年长冯天瑜近30岁。谈起两人的交往，老人回忆：1993年，我读到李慎之先生发表的《"封建"二字不可滥用》，其中提到"湖北大学冯天瑜教授"已经开始"中国封建制度辨析的工程"，而且完全同意天瑜同志反对将秦至清中国社会称为封建社会的意见。慎之同志是我很尊重的、我认为极有思想的朋友，他的这些话使我产生了阅读天瑜同志有关著作的意愿。天瑜同志调来武汉大学以后，我们成为同事，有机会了解到他撰写《"封建"考论》的计划，就一直想拜读他的大作。①

《"封建"考论》出版后，冯天瑜奉赠一册，送至府上，请刘老批评指正。刘老以95岁高龄，写出评论文章，发表在《读书》杂志。文章称：

　　首先，我认为这是一本认真做学问的人下了很大的功夫、可称为科学的著作。可以说，它把自秦至清中国社会不应称为

---

① 刘绪贻：《读〈"封建"考论〉》，《读书》2008年第12期。

封建社会的道理讲得很透彻。其次，这本书对纠正我国社会科学界、理论界的一个重大误识作出了重大贡献。……再次，本书再一次有力地证明：抱着政治的目的谈学问，在政治面前胆怯做学问，都是难以接近真理而容易陷入荒谬的。……

最后，刘老以"诤友"的姿态提出两点与冯天瑜商榷。其一，"封建社会"的滥用已经约定俗成，改正起来非常不容易，作为一种补救办法，可否将自秦至清的中国社会称为"新封建社会"或"后封建社会"？其二，本书提出"宜以'宗法地主专制社会'取代'封建社会'来命名自秦至清的中国社会"。我认为这一段历史中，君主的影响和作用实在太大、太突出、太根深蒂固，对这段历史命名如果不提君主，似乎不大适宜。因此，我认为"君主专制宗法社会"似乎比"宗法地主专制社会"好一些。因为君主是最大的地主，甚至是地主的地主，君主专制也就是地主专制。①

2013年，百岁老人刘绪贻手书"咏时局"七绝一首赠冯天瑜：

求变守成议不休，良辰如水自空流。

应防一觉黄粱梦，放眼寰宇竞上游。

除了学界，冯天瑜在湖北武汉文艺界也有众多朋友。

1978年，冯天瑜在武汉话剧院初识诗人曾卓。两人在一处偏僻小屋见面。眼前这位长者（曾年长冯20岁），"脸上皱纹深刻，目光炯炯，气度于平和中蕴藏尊严。"握手之后，长者用地道的武汉话开口："我叫曾卓，话剧院曾经的编剧。"冯天瑜笑答："您是话剧院最具才华的编剧，

① 刘绪贻：《读〈"封建"考论〉》，《读书》2008年第12期。

现在只是暂时闲置。"几十年过去，交谈的内容基本失忆，但彼此一见如故，视为可交，却毫无疑问。此后十余年，曾卓的境遇逐渐改善，冯天瑜也数次变换工作单位，但曾总能很快找到冯的新通信地址，相约聚会。

冯天瑜了解到曾卓的不凡身世，更记住了他的卓异诗篇：

老水手坐在岩石上
敞开衣襟，像敞开他的心
面向大海
……
他怀念大海，向往大海：
风暴、巨浪、暗礁、漩涡
和死亡搏斗而战胜死亡……①

曾卓就是搏击于大海洪涛巨浪中的老水手。冯天瑜听到他的心声：

诗人必须在生活的洪流中去沐浴自己的灵魂。必须心中有光，才能在生活中看到诗，才能在诗中照亮他所歌唱的生活。

1970 年，尚处非常艰难境地的曾卓，歌唱一个坚毅的生命形象：

不知道是什么奇异的风
将一棵树吹到了那边——
平原的尽头

---

① 曾卓：《老水手的歌》。

临近深谷的悬崖上

它倾听远处森林的喧哗

和深谷中小溪的歌唱

它孤独地站在那里

显得寂寞而又倔强

它的弯曲的身体

留下风的形状

它似乎即将倾跌进深谷里

却又像是要展翅飞翔①

244

　　冯天瑜认识到，曾卓是革命时代的产儿，他的坎坷经历和敏锐感受，促成他对革命及其理想做出诗性反思。而植根于民众社会生活的土壤，追求人类文明发展的宏远理想，是曾卓诗歌撼人心魄的力量源泉。

　　美术理论家和国画大师周韶华，祖籍山东，但长期耕耘湖北画坛，是冯天瑜的多年好友。2006 年，周氏以望八之龄创制《荆楚狂歌》系列，由人民美术出版社推出。冯天瑜为之作序。序言称《荆楚狂歌》"描绘了南方文化的飘逸和汪洋恣肆，将巫的遐想、道的妙理、骚的绮思透过视觉形象呈现出来，给人以强劲的艺术冲击力。"冯天瑜分析《荆楚狂歌》的艺术特点，指出它不同于周氏以往作品《大河寻源》《汉唐雄风》等系列将人物隐藏于器物具象背后的表现手法，而是把人物直接推至画面，刻画出形神具备的艺术形象：提出"道生万物"的老子，独与天地精神往来的庄子，创楚骚神韵的屈原，春秋五霸之一的楚庄王。"以上四子分

---

①　曾卓：《悬崖边的树》。

别是楚八百年思想家、文学家、政治家的顶级代表，置之中国乃至世界也是上乘人选。"冯天瑜坦言，"将人物直接凸显于写意山水画，是一种尝试，也是一大难题，周氏的处理，其成败得失尚待研讨，然画面形象展现的老庄哲思、屈赋诗境、庄王壮语与人物绘像相融会的努力，是显而易见的；而以楚兵器上的勾喙寓意庄王意欲'问鼎中原'，以楚兵器上铸造的腰缠蟒蛇、手执夔龙、脚踩日月的羽人表现屈赋《国殇》的勇武精神，更是神来之笔。"①

冯天瑜与习志淦相识多年，知道他曾因"家庭出身问题"屡经磨难。然而，艰难困苦，玉汝于成。困窘的境遇磨砺了习志淦的思想锋锐，逼迫出洞察生活的睿智，锤炼了他一系列作品中高扬的现实主义批判精神。冯天瑜尤其欣赏的是，习志淦是一位能够敏锐把握时代脉搏的剧作家。《徐九经升官记》对专制特权的谴责，《药王庙传奇》对人才脱颖而出的呼唤，《膏药章》对民主自由的追求，都显示出作者思维的前沿性、战斗性，这是他的剧作具有巨大感召力的根源所在。

冯天瑜通过习志淦，纵观古今中外戏剧作家，偶有演员出身者，大多数是由文学家进入戏剧创作的。文学家构成剧作家的主体，表明剧本创作首先是文学创作。演员虽具有熟悉舞台的优势，但要进入剧本创作，则必须完成作家式的生活积累和文学修炼，冯天瑜衷心希望，新一代的剧作家千万不要把编剧工作看作简单的行业。习志淦的道路已经提供了一种范例：昭显着戏剧创作的一条铁律："生活积累—文学素养—舞台经验"三者不可或缺，而三者的互动共济是成就优秀剧作的必由之径。②

2009 年初夏，曾创作优秀剧目《五二班日志》《寻找山泉》《同船过渡》《临时病房》的剧作家沈虹光，将自己新创作的剧本《我的父母之乡》

245

---

① 冯天瑜：《人文论衡》，湖北人民出版社 2019 年版，第 354 页。
② 同上书，第 423 页。

送给冯天瑜，请他提意见。冯天瑜认真看了剧本，认为"以冰心这位出身海军世家，又有深切家国民族兴亡感的思想者为枢纽，以其记忆、感受所及，观照近代中国坎坷悲壮的历程，颇有特色。"

从提升剧本的精神高度考虑，冯天瑜建议作者，更鲜明地突出"海洋—海军"这一题旨。这是因为，近代中国面对"数千年来未有之变局"，遭遇的"数千年来未有之强敌"，都是从东南海疆开始的。在一定意义上可以说，海军弱则中国弱，海军兴则中国兴。除在情节设计上再下功夫外，可用台词诵读冰心题咏海洋、海军的篇章，或他人吟诵海洋、海军的名句。冯天瑜特别提示沈虹光，黑格尔《历史哲学》中的咏海段落，梁启超《新大陆游记》中吟咏太平洋的篇章，非常精彩，从中或可激发创作灵感。此外，还可吸收严复的生平事迹入戏（不是让严成为戏中角色，而是将其心路历程贯穿入戏），严复与冰心父亲是福州船政学堂的同学，后留学英国，学习海军。甲午阵亡海军将士多为其师友同窗。此役对严复震撼甚巨。他翻译《天演论》与此直接相关。"物竞天择""适者生存"的观念广为传播，也得甲午惨败之赐。"此类思潮似应在剧中有更鲜明、强劲的昭显。将这一段落写得深透，全剧可能得以提升。"①

论及"谈笑有鸿儒，往来无白丁"，还有一个特殊的观察角度不可缺失。

冯天瑜自幼喜爱画画，尤其钟情人物描绘。少年冯天瑜的课本、作业簿空白处，随性涂抹的各色人物图像拥挤不堪。这一爱好终身未弃。大约从 20 世纪 80 年代中期开始，冯天瑜参加国内外学术会议，与诸科文史贤哲交流，屡屡生发为之造像的兴致。每于会间休息的短暂时光为学者速写，入画的除中国大陆及台港学人外，还有欧美、日本、澳大利

① 冯天瑜：《人文论衡》，湖北人民出版社 2019 年版，第 425 页。

亚等国朋友，十年间速写不下百幅，皆用随手获得的纸张绘就，多为"模特儿"留藏，自己并无存底。其中印象深刻的是 1988 年在夏威夷大学、1999 年在北京大学两次为口述史大家唐德刚速写，留下其睿智幽默的神态。"如今唐德刚先生于美国仙逝数载，未知拙画还存在于天涯某处否？"①

　　1995 年初，有朋友送给冯天瑜两本写生簿，参会时偶尔带上，于是此后几年间是数十幅人物速写得以保存簿中。描摹对象有哲学史家张岱年、萧萐父、李德永，方克立、成中英、杜维明，作家姚雪垠，文史学家程千帆、袁行霈，思想文化史家何兆武、刘梦溪，诗人曾卓，历史地理学家石泉，历史学家章开沅、蔡美彪、张岂之、刘家和、金冲及、丁伟志、李学勤，语言学家朱祖延，日本京都学派代表人物谷川道雄，德国著名汉学家卜松山，等等。这批速写曾在《中国社会科学报》上连载。某次冯天瑜参加教育部社会科学委员会会议，文史哲经政诸学科贤达云集。会议休息时，"不少人拥上前来与我握手，余颇感诧异"，询问方知，他们近来在《中国社会科学报》上看到自己的形象，特来向绘者表达谢意。"我心中暗暗称憾：自己画技太差，否则真可留下许多学界记忆！"②

　　2009 年底，冯天瑜访问书画家、瓷艺家李寿昆工作室，参观瓷画绘制流程。李寿昆鼓励他创作瓷画。冯天瑜欣然应允，于是采取刚刚学会的釉中画法（在未上釉的泥坯上画谓"釉下"，在上一次釉后画谓"釉中"，在上两次釉并经初步炉火后画谓"釉上"），为李白、王国维、莎士比亚、托尔斯泰等造像。后来，又为孙中山、黄兴、宋教仁、秋瑾、林觉民、黎元洪等辛亥人物作瓷画。辛亥革命一百周年纪念时，这批瓷画

---

① 冯天瑜：《人文论衡》，湖北人民出版社 2019 年版，第 373 页。
② 同上书，第 374 页。

为华中师范大学博物馆及武汉市美术馆收藏。2014 年，冯天瑜随作家代表团访问俄罗斯，主持者将他手绘的李白、托尔斯泰、普希金画像瓷盘赠送俄罗斯作家协会、俄罗斯国家图书馆，受到俄方的热烈欢迎和高度评价。

　　评书表演艺术家何祚欢说："和天瑜交朋友的人都有一种自豪，却又把它深深藏着。这也许是他内敛、自省的精神给大家的一种暗示。"① 这也是熟悉冯天瑜的师友弟子、旧雨新知的共同感受。

---

① 傅才武、彭池、张薇统稿：《中国文化史探究集》，中国社会科学出版社 2011 年版，第 203 页。

第二十三章

治学理路与方法

2006 年 5 月 12 日，冯天瑜在向武汉大学社会科学委员会汇报自己的学术经历时，曾这样概括自己的学术理路：

其一，遵循"即器求道，观象索义"的学术理路，致力于微观辨析与宏观把握相结合。这里的"求道""索义"，表明冯天瑜治学的宗旨在于追寻道义，其中又兼有两重意蕴：一是梁启超、王国维当年强调的"必视学问为目的，而不视为手段"的"书呆子"求真精神，二是李大钊当年赞赏的"铁肩担道义，辣手著文章"的士大夫家国情怀。前者是后者的科学理性根基，后者是前者的终极价值体现。

其二，追踪中国文化演绎史，注重"生成"与"转型"两个环节，故特别用心于晚周、晚清这两个关键时段。"晚周"是中华文化生成的"轴心时代"，"晚清"是中华文化古典形态终结及近代转型期，是自己学术研究的展开部。

其三，文化研究理当彰显地域特征，这是把握文化"一"与"多"、个性与共性相统一的必要劳作。以 19、20 世纪之交的湖北武汉作为考察中国社会近代转型的入门处。对区域文化探究的精细考辨，有益于真切把握浩博的中国文化，此即"一斑窥豹""一叶知秋"。

其四，在国际学术交流中，潜心开掘异域史料，演运王国维"二重证据"三法之两条——"取异族之故书，与吾国之旧籍互相补正""取外来之观念，与固有之材料互相参证"，由此进行中外文化比较研究。

其五，考察概念的古今转换、中外对接，是研讨中国文化近代转型的切入口。①

冯天瑜曾在一篇记录自己"心路历程"的文章《地老天荒识是非》②里，特别论及桐城派领袖姚鼐的一段名言："学问之事，有三端焉。曰：义理也，考证也，文章也。是三者，苟善用之，则足以相济；苟不善用之，则或至于相害。"他从中得到的启示是：一个以学问为事业的人，应当有理论准备，得以攀登时代的思想高峰，对错综复杂的研究对象获得理性的真解和创造性的诠释；应当有广博的知识积累，占有丰富的材料，并具备辨析材料的能力；应当锤炼语言，长于词章，要有贾岛"二句三年得，一吟双泪流"的追求。总之，义理、考证、文章三方面，是先生"潜心探究，乐此不疲的所在"。

冯天瑜认为，就"义理"而论，阅读前贤的理论杰作是极其重要之一途。从先秦诸子、希腊群哲到现代各思想流派的代表作，均应涉猎，尤其需要钻研前贤历经岁月淘汰检验的历史哲学论著。作为"看家书"，冯天瑜"较用力于王夫之的《读通鉴论》和黑格尔的《历史哲学》二书，在史学理论与方法上从中获益匪浅。"王夫之是近代以前，中国学理系统中历史观的最高峰；黑格尔则是马克思以前，西方学理系统中历史观的

---

① 《冯天瑜文集》，武汉大学出版社 2009 年版，第 1159—1160 页。

② 载《史学家自述》，武汉出版社 1994 年版。

最高峰。冯天瑜直接从中吸取教益，在此基础上，又努力学习并把握马克思主义唯物史观的根本要义，进而在"义理"考求层面达到旁人难以企及的高度和深度。冯天瑜丰厚著述的根本精彩，正在于此。

就考据而论，冯天瑜认为，应作"考据家之考据"与"一般学者之考据"的区分。"我既钦佩乾嘉学者的渊博和谨严，又不愿追其故迹，将生命全然消耗在名物训诂和一字一句的疏证上。然而，考据精神和考据方法又是十分必需的。对一切以学术为鹄的的人来说，都有占领材料，进而对材料去伪存真、去粗取精的必要。""总之，辨析材料决非考据家的专利，而是全体学者的必修功课。对于史学工作者而言，即以'实录'为治史目标，也就格外需要相当的考据功力。"①

就文章而论，冯天瑜认为，前人对此有两种极端之论，扬雄以为是"雕虫小技""壮夫不为"；曹丕则认定是"经国之大业，不朽之盛事。""平情而论，作为表达思想的手段，词章重要，自不待言。"中国有文史不分家的传统。追求词章之美者，非唯文学家，史学家孜孜于此且文采斐然者也代有其人。"我甚钦仰前辈史家的文质彬彬，不满新旧八股的呆板乏味，虽自叹才情欠缺，却心慕手追，力图文章有所长进。叙事纪实，务求清顺流畅，娓娓道来；辩驳说理，则讲究逻辑层次，条分缕析。"② 总之，就文章而论，史学不同于哲学，而较近于文学。"除史论以外的历史著作，哲理最好深蕴于叙事背后，主题更应贮藏于事实展现和形象描绘之中。"③ 观其文章，就气势汪洋、意蕴宏阔而论，颇近任公鸿文，但更添一层古朴典雅的风采。陆机《文赋》所言"石蕴玉而山辉，水怀珠而川媚"，恰是冯天瑜文笔的最好写照。

关于治学理路，冯天瑜特别强调"贯穿古今与打通中西"的眼光与

251

---

① 张艳国主编：《史学家自述：我的史学观》，武汉出版社 1994 年版，第 33 页。
②③ 同上书，第 34 页。

境界。此意为，史家除兢兢业业于专攻方向的同时，还应当"左顾右盼"，以获得比较参数和开阔前景。唯其如此，方能求得历史问题之通解。以清代学术为例，就清学论清学，难明究竟；唯有考镜源流，对阳明心学、程朱理学、两汉今古文经学乃至先秦诸子学有一个贯通的认识，才能明白清初复宋之古，清中叶复汉唐之古，清末复西汉之古，进而上溯先秦孔孟之古的因由所在。不仅如此，先生还指出，即使研究"纯粹"的中国问题，也有必要打通中外，于比较中窥探奥秘。1998 年以后，先生有近五年时间在日本讲学并从事研究。借此良机，他与多国汉学家论难究学，开掘异域史料，在中、西、日文化的比较勘验中，将中国文化转型研究向纵深处拓展。

冯天瑜认为，治史者不能自闭门户，而应将古今中外尽收眼底。对于学者个人来说，可以侧重宏观，也可以侧重微观。前者应当吸取别人的微观考察成果，上策是自己选择切关宏旨的微观问题，从第一手材料抓起，使得宏观把握免于"空穴来风"之讥；后者有必要借鉴别人的宏观视野，上策是把自己探讨的专门问题置于纵横比较的网络之中。冯天瑜归纳道：以有限生命去了解无穷的中外古今，当然力不能企，唯一的弥补之路是学习。"学习他人比一味鄙薄他人要困难得多，却又有益得多。"长于宏观者往往批评微观研究者的细琐，长于微观者往往批评宏观研究者的空泛。其实，双方都不可忘记从对方那里汲取自己所缺乏的学养——宏观研究者应予补充的"精密"，微观研究者必须借助的"博大"。双方应当携手共进在"即器求道""观象索义"的学问途中。

关于学问根基，冯天瑜有"看家书"一说。此说起于与黑格尔研究大家张世英的交往。1985 年，张世英创办湖北大学德国哲学研究所，与冯天瑜结识，两人一见如故。常于沙湖之滨、夕照波麟间纵议古今，其乐融融。20 世纪 90 年代初，香港举行有人文社会科学诸学科学者参加的大型国际会议，两人得以重逢。会间几日，相约于傍晚漫步维多利亚公园，于徐徐海风中随性而谈。

冯：请问张先生读书经验？

张：一个有专业方向的读书人必须有"看家书"。

冯：何谓"看家书"？

张：看家书者，终身诵读之书也，安身立命之书也！

冯：先生的看家书有哪几种？

张：黑格尔的《大逻辑》与《小逻辑》。我自读大学哲学系，即精读这两部西哲经典。以后几十年，仍反复阅览不辍，并试作解析。时下我年逾古稀，还时时翻阅两书，总有新收获。

张反问：冯先生亦有"看家书"乎？

冯天瑜沉吟片刻后道：20 岁前后两三年间（1962—1964 年），先父为我讲授《论语》《孟子》《史记》，使我对文史古典生出兴趣，然以后未能坚持精读，故算不得自己的"看家书"。1978 年以后，进入中国文化史研究行列，从构建文化学体系和中国文化史统系的需要出发，广览中外文化哲学及文化史论著，有三部书逐渐突现出来，一为王夫之的《读通鉴论》，二为黄宗羲的《明夷待访录》，三为黑格尔的《历史哲学》。如果我有"看家书"，上列三种，庶几近之。

冯天瑜自省："三十余年来，我反复研读三书，既'观其大略'，获得文化学的理论架构（包括对《历史哲学》欧洲中心主义的扬弃），又采取苏东坡多遍读经典，每遍攻克一主题之法，也曾仿效欧阳修'计字日诵'法，但自己没有背诵童子功，成效不著，但毕竟熟悉了这几部经典之精义。"[1]

关于写作方法，冯天瑜有"一慢，二快，三慢"的经验，并将它与王国维的学问进路"三境界"说结合起来。

---

[1] 冯天瑜：《月华集》，湖北人民出版社 2018 年版，第 151 页。

王国维摘取晏殊、柳永、辛弃疾三位宋代词人的名句，拟为成就事业、学问的三重境界：

> 古今之成大事业、大学问者，必经过三种之境界："昨夜西风凋碧树。独上高楼，望尽天涯路。"此第一境也。"衣带渐宽终不悔，为伊消得人憔悴。"此第二境也。"众里寻他千百度，蓦然回首，那人却在灯火阑珊处。"此第三境也。①

冯天瑜结合自己研究的实践，进一步解读了学问"三境界"。创造性的著述，最重要的基础性工作是广为占有相关资料，掌握学术前史，形成对研究课题的高屋建瓴的观照，这便是"独上高楼，望尽天涯路"；而深入课题内里，精密考辨，极费心力，这便是"衣带渐宽"人"憔悴"，也是研究的准备阶段和写作的展开阶段；经过这引人入胜而又艰苦备尝的过程，豁然贯通，灵感突现，久寻未得的目标触手可及，这便是"蓦然回首，那人却在灯火阑珊处"，写作顿时顺畅起来，颇有"一日千里"之快感。根据自己多年写作的经验，这似得神助的快意之作，还须积蓄沉淀，待以时日，反复锤炼，再次经历以上第一、二、三境的循环往复，方成正果。

根据以上梳理，冯天瑜归纳自己的写作习惯为"一慢，二快，三慢"。

所谓"一慢"，是说材料搜集，题旨锤炼。结构形成，历时较长，一般须数年甚至更长时间。此一过程急不得，须以"板凳坐得十年冷"的精神"熬"下来。王国维"三境界"中的"第一境"和"第二境"皆包含其中。

---

① 王国维：《人间词话》。

所谓"二快"，是说材料大定，构思初成之后，即聚精会神，全力书写，不可拖沓，不可支离，力争文思贯通，于紧凑期内一气呵成。王国维"三境界"中的"第三境"或可于此间遭逢。

所谓"三慢"，是说文稿初成，须搁置沉淀多时，其间反复推敲修改，对其中的关键题旨一而再，再而三地经历"三境界"中的第一境、第二境和第三境，以求避免瑕疵，精益求精。①

说到精益求精，冯天瑜是"苟日新，日日新，又日新"（《礼记·大学》），永无止境，追求极致的榜样。

一般规定，作者交给出版社的文稿，应达到"齐、清、定"的要求。清样出来后，责任编辑交作者校看，要求在不动版面的前提下，改正个别错误。但是，每次拿到清样，冯天瑜总是大改特改，把自己从交稿到拿到清样这段时间里得到的新材料，形成的新认识，纳入书稿。于是，清样被改得红彤彤一片。责编拿到面目全非的清样，只得重新编排，再请作者校看。如此这般，往返数次，甚有没完没了之势。曾有熟悉的编辑对笔者"抱怨"，笔者笑着回答：解决难题很简单，不再给冯老师看就是了。

冯天瑜曾言："天将降大任于治史者，必先精思义理，苦心考据，擅长词章，并致力于三者间的'相济'，于宏大处着眼，从精微处着力，方有可能成就'表征盛衰，殷鉴兴废'的良史。"②以此心语观照其学术理路，庶几可得个中奥秘。

---

① 冯天瑜：《月华集》，湖北人民出版社 2018 年版，第 158 页。
② 张艳国主编：《史学家自述：我的史学观》，武汉出版社 1994 年版，第 34 页。

第二十四章

人文精神的透视与力行

身为人文学者的冯天瑜，一直以人文精神自省、自立、自励。他的论文集，命名"人文论衡"，其"题解"称，"笔者致力于文化学及文化史学研讨，'人文'是关注重心。"同理，他主持的武汉大学中国传统文化研究中心创办的学术集刊，也命名"人文丛刊"。至于中国人文精神的要旨，他认同梁启超、张岱年、唐君毅诸君的概括，这就是《易传》所言："天行健，君子以自强不息""地势坤，君子以厚德载物"。

20世纪90年代初，文学评论界在《读书》《上海文学》诸刊发出拯救"人文精神危机"的呼声，引发了一场关于"人文精神"概念定义、社会功用、现实状况的大讨论。

冯天瑜认为，这场讨论表明，"人文精神"从一个相当专业化的思想史术语，开始向大众话语转化，其背后是时代大势的驱动。20世纪80年代以来，改革开放壮阔推进。古老的中国经历着空前的、意义非凡的社会转型。转型包括从农业文明向工业文明转化，计划经济向市场经济转化，以及从工业文明向后工业文明转化。三大转型的积极效应，当然不容置疑。同样不容置疑的是，"其负面效应也日益彰显，诸如金钱拜物教、利己主义导致的社会冷漠、精神生活的平庸化、短期行为、欺诈坑骗的流行等，这又对社会提出了道德重建（包括经济伦理重建）的任务。这既是现代转型健康进行下去的必需，更是人的全面发展的必然要求。"①

冯天瑜指出，"人类在现代化进程中不仅创造着空前巨大的物质财富，同时也不倦地探求意义世界，试图再造更加美好的精神家园。"② 在这方面，现代化先行的西方国家的种种行为表现，为我们提供了很好的镜鉴。西方对于现代性困境的反思，肇端于资本主义迅速发展的 19 世纪。到 20 世纪下半叶，又有新的发展。现代科技大大缩短了时间和空间的距离，交通夕发朝至，信息瞬间沟通，可谓"天涯若比邻"；另一方面，人际关系却日益疏离，"比邻"若"天涯"。这种矛盾呼唤人们重新诠释人文传统，致力于科技文化与人文文化的协调发展。20 世纪 60 年代以降，西方理论界兴起以人为中心议题的研究高潮。德国哲学家海德格尔及其弟子萨特等人对现代性困境的反思，集中到对人的价值理性的肯定。"他们在作此论证时，不仅利用西方的人文主义资源，也借鉴东方（包括中国）的人文传统。这是当代勃兴的人文精神普遍性的一种表现。"

冯天瑜认为，对当下中国人而言，一旦迈开现代化步伐，必然会在领受现代化带来的历史性进步的同时，开始面对其引发的弊端。"而先期进入这一过程的西方人的感受与思考，当然对中国人具有参考意义，这正是当代勃兴的人文精神普遍性的又一种表现。"③

何谓"人文主义""人文精神"？东西方各有自己的理解、把握和表述。

---

① ② ③　冯天瑜：《略论中西人文精神》，《中国社会科学》1997 年第 1 期。

冯天瑜分析道：西方的"人文主义"与中世纪"神文主义"相对应，其思路上承希腊的古典民主和建立在原子论基础上的个性主义，下启18世纪启蒙运动的自由、平等、博爱和近世民主精神；同时又诱发享乐主义、物欲主义，以及因现世精神的扩张而导致终极关怀失落。继文艺复兴而起的宗教改革，其新教伦理鼓吹禁欲、节俭、勤业，除了批判封建独断的旧教之外，也包含着对人文主义走向现世享乐极端的一种救正。"文艺复兴的人文主义和宗教改革的新教伦理，共同构造西方资本主义精神，为西方文化的现代转型奠定了观念基础。"[①]

冯天瑜揭示，中国传统人文精神与西方人文主义的最大差异，在于对"人"的不同理解。西方人文主义强调，人是具有理智、情感和意志的独立个体，并从人性论出发，要求个性解放，摆脱封建等级观念，发展人的自由意志。而中国人的人文传统旨意，则重在"人文"与"天道"契合，虚置彼岸，执着此岸，伦理中心与经世倾向，"民本"与"尊君"构成一体之两翼，从"敬祖"衍及"重史"等。

冯天瑜引庞朴先生的一段话。作为中国人文传统的精确表述：

> 把人看成群体的分子，不是个体，而是角色，得出人是具有群体生存需要，有伦理道德自觉的互动个体的结论，并把仁爱、正义、宽容、和谐、义务、贡献之类纳入这种认识中，认为每个人都是他所属关系的派生物，他的命运同群体息息相关。这就是中国人文主义的人伦。[②]

冯天瑜剖析，中国人文传统渊深浩博，展开于宇宙论、政治论、人

---

① 冯天瑜：《略论中西人文精神》，《中国社会科学》1997 年第 1 期。
② 《中国文明的人文精神（论纲）》，《光明日报》1986 年 1 月 6 日。

生论、道德论等诸多领域，中华民族的思维特征，如经验理性、民本思想、历史感觉等，都与之相关。中国人文传统具有鲜明的"早熟"特点。

冯天瑜从语源学、历史学双重角度，分析了中国人文传统"早熟"的由来：

"人文"作为汉语词汇，最早出现于《周易》的贲卦的象辞。"刚柔交错，天文也。文明以止，人文也。观乎天文，以察时变；观乎人文，以化成天下。"这里的"人文"一词，意指人际间相互关系的准则，它的确立是仿效刚柔交错的"天文"的结果，而并非人格神的授意。冯天瑜在这里强调：这就"同希伯来《旧约》中上帝耶和华向摩西宣示的神与人的约法大不一样。如果把《旧约》的法则称之为'神文法则'，那么，《周易》的法则便是'人文法则'。"①

从历史上看，自周代以降，中国便确立了与天道自然相贯通的人文传统，形成一种"尊天、远神、重人"的取向，并深刻影响着中国文化的性格。冯天瑜点明，在"远神近人"，以人为本位这一点上，中国古已有之的人文传统与欧洲文艺复兴的主流思想有相通之处，所以，用"人文主义"翻译文艺复兴思潮 humanism 不无道理。冯天瑜强调，文艺复兴思潮 humanism 迟至 14—16 世纪才出现，而中国的人文传统早在约3000 年前的殷周时代便已萌生。周人突破殷人的"尊神重鬼"，走向近人远神，"天视自我民视"的观念应运而生。此后，《左传》《孟子》阐扬的"天道远，人道迩""民贵君轻"之类民本思想更将中国式的人文精神发挥到极致。

冯天瑜比较了中西人文精神各自的优长与缺弊：西方以强调个体价值为特征的人文传统，在现代化过程中曾充分发挥其积极效应，同时又引发若干弊端；中国强调社会人格的人文传统。缺乏走向现代的内在

---

① 冯天瑜：《略论中西人文精神》，《中国社会科学》1997 年第 1 期。

动力，却有可能在经过现代诠释后，为克服某些现代病提供启示。冯天瑜总结道，我们现在要做的是，探索中西人文精神二者统合的可能性——人既是独立的个体，又是群体的分子；高扬人的价值，重视精神文明，关注终极追求；坚持科学理性，反对迷信盲从等，以纠正"物欲横流""道德滑坡""文化失范"的现代病，引导人类走向健康、文明、和谐、富强的未来。①

冯天瑜不仅是人文精神学术内核的透视者，更是人文精神实践品格的力行者。

疫情之中，冯天瑜出人意料地发现，"天地忽然明净了许多""平日站立珞珈山顶可以看见从武汉钢铁公司方向飘散过来的滚滚烟尘，现在已然消弭。抬头仰望，三镇碧空如洗，久违了的蓝天白云回归视野；低头俯瞰，宽阔的街道竟有松鼠、黄鼠狼大摇大摆漫步。"世界范围内，曾经漂满秽物的意大利"水都"威尼斯的运河变得清澈见底；以烟尘弥漫著称的印度旁遮普邦，人们生平第一次看到北边几百公里之外的喜马拉雅雪峰。"上列情景报告一个信息：当人类减轻对环境的压迫（这次是不得已而为之），地球立即展示出夺人心魄的美丽。"冯天瑜感悟："这是疫情对我们的一次重大启蒙：善待环境，环境必还以善报；反之，人类必遭自然铁腕的回敬。"②

这使冯天瑜对现代化进程中的生态问题的严重性，平添切肤感受。他"宅"在家里，围绕生态问题，翻阅中外相关篇什，如《老子》《墨子》《周易》《荀子》《周礼》《礼记》《正蒙》《西铭》及《地球祖国》《敬畏生命》《罗马俱乐部决断力》《只有一个地球》《转折点》等等，以之观照现实，心绪万端，撰成《"封城"之际议"生态"》一文。

---

① 冯天瑜：《略论中西人文精神》，《中国社会科学》1997 年第 1 期。
② 《疫中意外发现》，《中国文化》2020 年春季号。

文章强调，生态危机是人类面临的紧迫问题，切关全人类的生存与发展；公共卫生防疫系统的建立和完善，必须上升到国家乃至全球战略层面，涉及社会、政治、经济、文化、舆情信息诸多层面。"生态"不仅指人与赖以生存的自然环境的关系问题，同时也切入经济活动和社会结构，包含"天人"和"人文"两大系统。

冯天瑜写道，我国作此生态学科研究是晚近之事，但中华先贤很早就对人与环境的相互关系阐发睿智之论，可视作"生态先见"。并论道：如果把人创造的文化比喻为一株参天大树，是自然提供了大树赖以生长的阳光、雨露和土壤。对此当念兹在兹。然而，吾辈所生时代往往背离此道。工业革命以来的三百年"人类中心主义"得到病态扩张。当下迈入后工业文明的信息化时代，工具理性更趋发达，掌握了核裂变、人工智能、生物工程等尖端技术的今人似乎可以得心应手地"改造自然"，但"人类不要过分陶醉于我们人类对自然界的胜利。对于每一次这样的胜利，自然界都对我们进行报复。"[1] 如果背弃自然法则，违背生命伦理，包括生物工程在内的科技创造，必招致自然铁腕的回敬。当下人类必须时刻自警的是——遵从自然法则，在社会活动中限抑物本倾向，复归人本精神和道法自然。理性的人类应当深怀敬畏——敬畏自然，敬畏生命，效法自然，善待自然，视万物为友朋，引人类为同胞。此即宋人张载所言："民，吾同胞；物，吾与也。"（《西铭》）

在此期间，冯天瑜依旧读书、思考、写作。不同的是，所读所思所写，均为疫情煎熬中的人们提振信心、共克时艰提供珍贵的人文精神的坚强支撑。他撰《大疫读书记》见诸报章，"供同在封城的诸君参览"。

冯天瑜重读鲁迅的《且介亭杂文·中国人失掉自信力了吗》，盛赞

---

[1] 恩格斯：《自然辩证法》。

"中国的脊梁"。1934 年，鲁迅感于社会危难之际，有些人一味指责国人丧失自信力。鲁迅反诘："说中国人失掉了自信力，用以指一部分人则可，倘若加于全体，那简直是诬蔑。"他援引古今实证后曰："我们有并不失掉自信力的中国人在。""我们自古以来，就有埋头苦干的人，有拼命硬干的人，有为民请命的人，有舍身求法的人。虽是等于为帝王将相作家谱的所谓'正史'，也往往掩不住他们的光耀，这就是中国的脊梁。"诚哉斯言！冯天瑜以本次抗疫为例，白衣战士犯难而进，向社会预警疫情，可谓"舍身求法"；本市和来自全国各省市及部队的医护人员，夜以继日，奋不顾身，抢救患者，诚然"为民请命"，挽狂澜于既倒。而农民工、社会捐助者、义工、志愿者以布衣之身，尽天下之责，他们正是撑持中国坚挺的脊梁。

冯天瑜重读唐人孙思邈的《备急千金要方》，呼吁"上医医国"。医生治病救人，乃高尚职业。而古贤以为，医者使命尚不止此，唐代药王孙思邈有金句云："古之善为医者，上医医国，中医医人，下医医病。"此语原出《国语·晋语》："文子曰：'医及国家乎？'对曰：'上医医国，其次疾人。'"认为最上等的医生为国除患祛弊，其次是疗疾、医人。近代有力行此卓论者，孙中山、鲁迅皆学医出身，而毕生尽力于疗治国家弊端，诚"上医"也。今次疫情初现，医者犯难而行，向民间报告疫情，以引起社会警觉，此为"医国"之举，堪称"上医"。我们礼敬医人疗疾之大夫，尤敬医国除弊之上医。

冯天瑜重读《左传》，重温"商贾救亡"的佳话。我国素有"重本抑末"传统，四民排列秩序"士农工商"，商贾屈居末座，在雅俗两层面往往不受待见，这其实是有失公道的。我们暂且按下商业、商人重要的、无可替代的社会功能不表，即以历史上商人的卓异表现而论，便令人肃然起敬，衷心礼赞，如春秋时期，弦高犒师的故事。

冯天瑜重读抗日战争史，又见中国商人伟绩。1938 年秋，武汉会战结束，大量军工设备，大批军、公、教人员退集于长江三峡口的宜昌，民营航运巨擘卢作孚率民生公司数十艘轮船，不惜巨大牺牲，冒着日本飞机反复轰炸的危险，将人员和物资运往四川。卢作孚及民生公司已然彪炳于世界反法西斯战争史册，卢先生昭显了中国商人的崇高精神。令人感奋的是，在时下的抗疫人民战争中，多方豪杰慷慨，各路人士出力，而民营企业员工是其中的一支生力军。

疫情期间，央视汇集一线演员，推出七十八集巨制《大秦赋》，高调赞颂秦始皇。该剧将《史记》等史书，《过秦论》等策论，《阿房宫》等文赋，《孟姜女哭长城》等民间故事所定格的秦皇嬴政抬举到政治高峰、道德圣殿；"天下苦秦久矣"一变而为"天下盼秦若久旱望云霓"。冯天瑜认为，这些奇葩之说，根源在于错误的历史观。对此，他于2021年元旦，特撰《劝君少颂秦始皇》，给予严厉批驳。

几代秦王皆奉行商鞅残民、弱民、穷民、愚民政策。中国文化本来长于"治民"，乏于"民治"，而秦制之下，民众更绝无问政权的可能，有的只是服从君令，庶民任君宰割。观诸全部史籍，不见秦王东出解民于倒悬的任何实例，而所见只有尸骨遍野、城垣尽毁。但长剧《大秦赋》一而再，再而三让嬴政声情并茂地宣称，东出一统天下，为的是拯救万民于水火，还出现楚人投奔秦国的热烈场景，这种编造实在匪夷所思。

统一列国，一合天下，是战国时人的共同愿望。秦王是这一历史大势的有力践行者，此点应该肯定。李贽在这一意义上称嬴政为"千古一帝"是可以成立的。但一切范畴都不应该绝对化，皆要置于特定的时空条件下加以评价。"大一统"亦如此。一般来说，国家大统可以休止兼并征战，有益于经济文化的发展，故我们赞同柳宗元《封建论》的言说，肯定秦制的统一措施诸如合六国文字为秦篆，统一度量衡，废封建、立郡县等，此类秦制的历史贡献不可低估。这是秦王运用"恶"的杠杆启动的历史进步，应予肯定。然而，秦代确立的专制君主集权政治传延两千年并不断强化，在中国历史上是一柄锋利的双刃剑，积极作用、消极作用皆不可低估。在近古以至近代，消极作用日益昭彰，君主专制集权成为阻碍中国社会近代转型的重大惰因。故在文明转型的近现代为君主专制大唱赞歌，把秦始皇抬到德越三皇、功过五帝的位置，让今人对其顶礼膜拜是莫大错误。

冯天瑜特别强调：历史进步的根本标志并非在政治的分合，而在文明的进步，包括生产方式、社会结构、政治制度、观念形态进步与否。将历史的正义性简单归结为政教是否大统，必陷虚妄。

冯天瑜指出，唐人柳宗元肯定秦代的统一之"制"，又批评其暴虐之"政"；明清之际黄宗羲、顾炎武对专制一统之秦制与封建分权之周制，作利弊得失的具体分析，而没有一味颂秦；近代民主主义者谭嗣同更严厉谴责残暴的秦政，认为近世中国的落后与之直接相关。回到《大秦赋》所涉时代，秦朝二世而亡，连推行秦制者也以悲剧收场。而秦以后两千多年治乱循环，治与乱皆与秦制有关；至于中国文明现代转型比西欧、日本较为困难，也与"百代皆行秦政法"直接关联。

冯天瑜最后的结论是：劝君少颂秦始皇，民治定比君治强。

很显然，冯天瑜在疫情期间的上述著述，不同于此前他的写作风格，充盈着更加强烈的批判意识和社会关怀。而此点，正是他力行人文精神之实践品格的最好实证。

人文主义以仁爱、正义、宽容、和谐、义务、贡献等为自己的思想旗帜。对于一切违背这些伦理准则的行为都在批判之列。人们熟知、习见且津津乐道的是冯天瑜先生的与人为善。不过，如果以为先生在任何时候都是温文尔雅的谦谦君子，那就大错特错了。在我的记忆中，但凡先生论及他反对、否定的人和事（多对事不对人），面容立即严肃起来，眼神立即凌厉起来，语气立即急切起来，"这话不能这么说！"或者"这事不能这么干！"。

　　无论对于过往历史抑或现实社会生活中的假冒伪劣、牛鬼蛇神、魑魅魍魉，简言之，对于一切逆事物发展规律而行，逆人类文明潮流而动的鬼蜮伎俩，冯天瑜都秉持中国士人古已有之的凛然风骨，绝不姑息，严厉批判。冯天瑜的疾恶如仇，根本在于有良知的知识分子具有的以理念世界批判现实世界的人文精神。这种批判是内在的、深沉的、厚重的，多以说理的形式出现，因此表现为雷霆震怒的并不多见。

　　先生逝去，风范永存。人文精神，山高水长！

第二十五章

平民本位与学人初心

冯天瑜出生在一个平民家庭。平民本位是他为人为学的基本立场。父亲冯永轩是他的人生楷模。

"先父洞达世事，感同民艰，深悟'民贵君轻'精义，奉行'远权贵，拒妄财'的人生哲学，终身清贫自守，又屡历坎坷，然在颠沛四方、艰难困顿中始终坚持学术研究。……深思默识，笔耕不辍，精进无已，乐以忘忧。"①

1927 年，冯永轩任教于武汉中学，常与同乡好友董必武畅论中国与世界前途。在武汉中学指导的多名学生，后成为黄麻起义的领导者，先后牺牲。"大革命"期间，冯永轩主持国共合作的党义研究所，常以教师身份启迪和资助进步青年，如相随工友詹才芳（1955 年授开国中将），鼓

① 《冯永轩集》（上），武汉大学出版社 2019 年版，前言，第 3 页。

励他们参加革命，与进步人士结下不解之缘。①

1935 年，赴新疆途中，滞留绥远。冯永轩感受："绥远表面虽似堂皇，而人民生活之苦，人民嗜好之深，听了实在痛心！""绥市之不景气，我国到处都是，但未若此地之深。人民何辜，遭此不幸。"②

某日，乐姓富豪药商请饭。因习惯不同，冯永轩不愿应酬，弟弟德清一人去了。回来说，乐先生很不高兴。冯永轩回答："我说欲使人人高兴那才难啦！"③

1942 年，冯永轩拒绝当局要求，不肯加入国民党，抵制国民党"CC系"派人入主湖北省立第二高中。

1949 年以后，董必武在中央任职，每次来汉，必会约见老友冯永轩。冯永轩被打成"右派"后，董老来汉，仍派车去矿局街，接老友相会。1961 年，冯永轩三子冯天璋被打成"反革命"，冯永轩求助董必武，董必武致信河北省省长刘子厚，过问此事。1962 年 10 月，天津市法院重审此案，冯天璋处分撤销。

某次朋友聚会，有人发问："天瑜，你那书香门第，应当有很好的家训，说来听听。"一向反应敏捷的冯天瑜竟然一时语塞，回答不出。因为冯氏家族并未制定规范的家训，父母极少宣讲"如何做人"的大道理，也没有留下朗朗上口的治家格言。

回来以后，冯天瑜久久思索，感觉冯家虽无明文家训，但实际上还是代代传袭着明晰的处世做派与为人风格。几经琢磨，他归纳提炼出六字，"远权贵，拒妄财"，并得到兄长们的一致赞同。

"父母都不具有进攻型的性格，讲究的是'君子不为'，一生守住底

① 1949 年 5 月，詹才芳率军南下，在武汉"遍寻冯先生"，因父亲当时在湖南大学任教，终未如愿。
② 《冯永轩集》(上)，武汉大学出版社 2019 年版，第 84 页。
③ 同上书，第 85 页。

线；抵御权贵和金钱的威压、诱惑，只求一个心安理得。"①

矿局街老屋正对门，住着一位国民党元老，地位甚高，1948 年当选"国大代表"。冯家多年间绝不与这一巨室来往。形成鲜明对照的是，冯家对另一对门李家却十分亲近。李家主人是中共创始人之一的李汉俊。1927 年 12 月 17 日，李汉俊被占领武汉的桂系军阀胡宗铎杀害，李夫人带着女儿一直住在矿局街。少年冯天瑜常去李家玩耍，见其家徒四壁，清贫孤苦。此外，冯家与邻居的贫寒人家如谢家、戴家孤儿寡母相处极好，时常周济。冯天瑜的母亲的一位同事周安，丧夫寡居，又半身不遂，生活艰难。冯天瑜的母亲将她迎到家中居住多年，直至送终。

冯永轩不畏权势威压，坚守正直人格，却因此受到打压迫害。1957 年夏，冯永轩的学生、时任武汉师院工会主席的高维岳，奉学院党委指示，主持教师"大鸣大放"。"反右"运动骤至，高维岳被指斥"煽动教师向党进攻"，第一批被划为"右派"。冯永轩拍案而起，说高维岳这样的老实人，按党委指示行事，"怎么成了反党？"

本来冯永轩在"运动"中，并无任何"鸣放"言论。现在他自己"跳出来"，为"右派"鸣不平且绝不认错，更不"揭发"他人，于是在 1958 年春，被戴上最后一批"右派分子"帽子，停发工资，遣送农场劳动。后来，冯永轩之子冯天琪与冯天玮到学校了解其父情况，主事者答复：冯某人本无太多反动言论，但"抗拒运动"且"态度极坏""影响极坏"，所以"非打成右派不可。"②

冯氏两代人均以教师为业。在冯天瑜兄弟五人中，除大哥任职解放军总参谋部外，二哥任教中央党校，三哥任教武昌实验中学，四哥任教青岛海洋大学，五弟冯天瑜，先后任教武汉教师进修学院、武汉师范学

①② 冯天瑜：《月华集》，湖北人民出版社 2018 年版，第 177 页。

院（后改制湖北大学）和武汉大学。

就职业属性而言，教师正是平民本位与学人初心的最好结合。青年冯天瑜因为在文史研究方面崭露头角，受到领袖毛泽东主席的表扬，但他丝毫没有因此而产生转入仕途的念想。

毛泽东主席表扬以后，各个方面都来邀请他“出山”，令人不胜其烦。正当此时，武汉市委要调冯天瑜去市委宣传部，起初被拒绝。市委书记王克文、宣传部部长辛甫亲自做动员工作。“我恍然悟到，这个不大不小的机关，几位领导干部人尚正派，是个暂栖之地。”①于是接受了组织安排，但提出两条要求：一是不搬进市委大院，二是不坐小汽车上班。在担任武汉市委宣传部副部长期间，冯天瑜带“工作队”到武汉人艺（话剧院），任务是“清查”一批中青年演员在“文革”中的造反行为。冯天瑜调研后，认为这些演员的“问题”属于教育问题，不必用阶级斗争的思维搞“清查”“斗争”，于是整天和编剧、导演、演员研讨戏目、排演戏剧。工作队副队长向上级汇报，说冯天瑜不抓阶级斗争，“不务正业”，结果受到严厉批评。冯天瑜当面点头，回到剧院依然一味排戏，和编导、演员们成了好朋友。乃至于这些人找到市委，要求调冯天瑜到人艺当院长，说“此人当院长，人艺大有希望。”后来冯天瑜离开市委机关时，市委副书记辛甫与他谈话，很认真地说：“你如果愿意，可以调你去人艺当院长。”冯天瑜听罢，一则感谢人艺朋友的抬爱，二则认为断断不可外行领导内行。

1976 年 9 月，毛泽东主席逝世。冯天瑜奉调进京守灵。在京期间，有关部门派员几次三番来宾馆房间劝说，邀请留京“工作”，冯天瑜当即辞谢，即去即回。1977 年，胡耀邦主持中共中央党校工作，拟调冯天瑜任中央党校文史研究室主任。为此，胡耀邦特令其老部下辛甫（20 世纪

① 冯天瑜：《文明思辨录》，华中科技大学出版社 2023 年版，第 262 页。

50 年代任共青团武汉市委书记）进京，当面介绍冯天瑜为人为学的情况，并将此调任确定下来。辛甫回汉向冯天瑜告知此事。"胡耀邦是我非常敬重的人，但考虑再三，私以为党校不是研究文史的合适处所，又是政治中心地，吾辈书生不宜逗留，于是谢辞。"①

1984 年和 1986 年，冯天瑜又两次推辞了湖北大学校长的任命。对于这些常人难以理解的行为，冯天瑜特别声明："进京任职、当校长的，好人多多，做出有益贡献的也不乏其例，只是我于权位无兴趣，故辞谢之，这只说明家教影响力之深，绝非自命清高，更无推广上述做法之意。"②

冯氏两代人自 20 世纪 20 年代起，致力于文物收藏与整理，百年未辍。大致可分为书画、信札、货币三大类，概称"冯氏三藏"。其中多有精品，蕴含极其丰富的社会历史文化内容，可谓价值连城。

冯氏收藏书画中，如题签"中书令臣魏徵重译妙法莲华经卷第五贞观六年二月十六日"的佛经手写字幅，经专家认定，"唐物无疑"，尤其珍贵。其他字幅的挥毫者，有沈德潜、郑板桥、姚鼐、焦循、阮元、俞樾等文士书家，有曾国藩兄弟、左宗棠兄弟、李鸿章兄弟、胡林翼、彭玉麟、沈桂芬、郭嵩焘、翁同龢、张荫桓等重臣权要，有杨守敬、康有为、陈三立、梁鼎芬、罗振玉、章太炎、梁启超、王国维、张元济等硕学鸿儒。收藏绘画的作者，有"清六家"之一的王翚、"画石第一"的周棠、与齐白石并称"南黄北齐"的黄宾虹、黄山派代表刘海粟。

冯氏收藏信札 195 通，分为六目：

一、文士论艺，书信者有书法金石学家翁方纲、思想家焦循、书法家张裕钊、文学家陈衍、教育家姚晋圻、张大千的老师李瑞清等。

---

① 冯天瑜：《文明思辨录》，华中科技大学出版社 2023 年版，第 264 页。
② 冯天瑜：《月华集》，湖北人民出版社 2018 年版，第 177 页。

二、湘淮谈兵，书信者有左宗棠之兄植、湘军主帅曾国藩兄弟、湘军大将彭玉麟、胡林翼、淮系主帅李鸿章、要员沈桂芬、丁日昌、张荫桓等。

三、左营密函，汇集左宗棠将帅之间往来信件，是研究当年西北戍边战事的宝贵史料。

四、花溪札丛，共43通，书信者有湖北文坛名宿赵章典、屠仁守、江西布政使黄祖络、江南道监察御史陈懋侯、安陆知府陈建侯兄弟、光化知县胡启爵等，书信内容反映了晚清湖北社会生活的斑斓图景。

五、新疆政书，书信者有新疆省政府代理主席朱瑞墀、新疆警察厅长张荫亭、新疆财政厅厅长潘震、塔城道尹汪步端、阿尔泰道尹周务学、甘肃督军陆洪涛等。朱瑞墀致张馨（冯天瑜大舅，时任新疆教育厅长）的信，内容非常丰富，述及新疆喀什动乱，英、俄借机干涉；北洋政府拟对德宣战；新疆政界对动荡时局忧心忡忡等情形，是研究第一次世界大战后深处欧亚大陆内地的新疆社会生态的绝好资料。

六、冯氏飞鸿，收录冯氏两代学人友朋间的往来信函，交流信息，切磋学问，生动诠释了"友直，友谅，友多闻，益矣"①的古训。

冯氏收藏古钱币，为冯永轩任教新疆、安徽、陕西、湖南、湖北时集腋成裘的精品，其中在十三朝古都西安所获尤多，基本反映了中国古代的货币演进史。从古至今，有夏商周三代贝币及龟币，春秋战国铜铸币，秦半两、汉五铢钱等称量钱，南北朝已降趋于规范化的年号钱，种类式样复杂的清代铸币，等等。地方性政权的铸币，也有收藏，如史思明所铸"顺元通宝"，李自成所铸"永昌通宝"，张献忠所铸"大顺通宝"，南明王所铸"隆武通宝""永历通宝"等。

以上"冯氏三藏"，"由仅有公教收入的学人在长达半个世纪间，孜

① 《论语·季氏》。

孜不倦地访辑，节衣缩食地购置，终于集腋成裘，蔚为艺文大观。藏品又遭逢战乱、政乱一再袭扰，历尽坎坷方得以部分保存，它们遭遇的灾厄和今日得到的善待，以一粒水珠映照出中国现代文化史的曲折与悲壮。"①

"先父每有收获，评议的多是文物何等美妙，包蕴的史料价值何等深邃，从未言及某件值钱若干，将来会增值多少倍。"②

"有人询问：冯氏藏品值金多少？余无以回答，因为自己的文物市场知识几近空白，也于此难生兴趣，引人关注的只是文物的史料价值和艺术魅力。近40多年来，余不时于清夜翻检图籍、把玩藏品，沉醉于历史现场感，在与先贤对话、想与辩难之际，思逸神超，偶尔迸放出意象奇瑰的火花，这可能是自己研习中华文化史的一种知识补充与灵感源泉。"③

1979年初，冯永轩辞世前夕，在冯天瑜的协助下，将收藏的古钱币全数及百衲本二十四史捐赠给武汉师范学院历史系，以表示对"文革"后历史系重建的支持。这批古钱币成为后来兴建的湖北大学博物馆的基本馆藏。

2018年12月，冯氏兄弟商议决定，将两代学人接力收藏的书画、信札，悉数无偿捐赠给武汉大学。学校专门建立了冯氏捐藏馆，布置陈列，并举行了隆重的捐赠开馆仪式。少长咸集，群贤毕至，共同见证冯氏父子的高风亮节，共同见证中华文明的流光溢彩。

冯天瑜生命的最后十年，几乎完全在武汉大学附属人民医院楚康楼805病室度过。领导、同事和学生前往探望，多次撞见他左手打点滴，右手依然奋笔撰述的场景。2022年12月23日，医院下病危通知书，里面

---

① 冯天瑜：《月华集》，湖北人民出版社2018年版，第191页。
②③ 冯天瑜：《冯氏藏墨·翰墨丹青》弁言，长春出版社2015年版，第11页。

记载的"目前诊断"病目有 14 项之多，包括急性心肌梗死、冠状动脉支架植入、冠状动脉搭桥、重症肺炎、结肠癌四期、中毒性多发性神经病变、高血压 2 级高危、脑萎缩脑白质病、胆囊结石、右侧人工股骨头置换、腰椎间盘突出、双眼白内障、左肾结石、低蛋白血症。冯天瑜在身患多种疾病的情况下，仍完成了大量文字工作。

学术界不是逐热避冷的名利场，不是捧角追星的娱乐圈。学术事业乃天下之公器。长期以来，从事中国文化史研究的学人为数众多，但就成果贡献与学术影响而论，能与冯天瑜齐肩者并不多见。究其缘由，他的家学渊源与天资禀赋固然是优越条件，个人的勤奋努力也是促成因素，但这些可能还不足以说明全部问题，或者说关键问题。笔者追随冯天瑜先生问学多年，感受最深的是他的学人初心，终生不渝。他始终以学术为自己的基本生活方式和生存状态，且从不受各种积极消极等外在影响的干扰，不求且不受现实"爵位"，不惧且不理莫名毁伤，专心致志，潜心治学。我们看到，学界某些成功人士功成名就之日，便是学问停滞之时。或者终日以题词、作序为业，乐于担当形形色色不负责任、只拿钞票的"主编""顾问"，或者干脆以学业"资本"去博取乌纱。冯天瑜显然与这些时下处处可见的学界"通例"格格不入。由"而立""不惑""知天命"一路走来，心无旁骛；以古稀乃至杖朝之年，依然笔耕不辍，不假手于人，不开学店，不当"老板"，借助先进的电子书写板，一字一句，一行一段，一文一著，皆自得之。观者皆以为辛苦备尝，冯天瑜却自得自幸，其乐融融。之所以如此，盖因学问之事于冯天瑜，就是生命意义的全部，或者就是生命本身。由此说来，这已经不是什么"积极拼搏"的人生姿态，而是一种从容淡定的人生境界。

冯天瑜的学术成就可研究而难以企及，冯天瑜的学术理路可揣摩而难以模仿。但是，冯天瑜以学术为生命的人生境界，现实地为我们标示出道德文章的高山景行。高山仰止，景行行止，虽不能至，心向往之！

　　2019 年 12 月，冯天瑜在武汉大学举行的冯氏学术源流研讨会上，坦诚宣示：我是站在人民一边的。在意识到自己病体的严重状况后，2022年 6 月至 11 月，冯天瑜连续 13 次对学生讲述自己的人生经历和学术志业，希望留给后人可资镜鉴的资料。2022 年 12 月 23 日，冯天瑜将自己口述史的标题定为"向着公民的无悔抉择"。这正是他一生平民本位与学人初心的真切凝练。

冯天瑜素描

如果从上大学算起，认识冯天瑜先生已有十四年。近五六年来，又追随先生学习、研究中国历史文化，同在一所，朝夕相处，多得教益，没齿不忘。蒙《芳草》同仁不弃，邀约笔者就先生学问、人品乃至趣闻轶事作一短文，以飨读者。再三推辞不允，遂勉为其难，以秃笔权作素描一幅，不知能传先生之形、神于万一否？

先生名气很大。笔者出差、开会，常遇景仰先生之名而未见其人者，打听"冯老先生"如何如何。对此，笔者即笑而答曰，对冯天瑜，称老师可，称教授可，称先生亦可，唯称"老先生"，则大不可。何则？先生乃 1942 年生人，刚"知天命"，正当壮年，此其一；且先生心态，工作激情，生活雅好，与吾辈不惑之人相比，丝毫不显"老"气，此其二。

又有询问先生模样者。先生不善照相，开会、访问、讲学，留影虽多，但神采飞扬者绝少。给人留下深刻印象的，一是因早早谢顶而显出的宽大脑门，二是略显凹陷的眼睛。先生双眼惧强光刺激，常作眯缝状，而在与人交谈时，却放射出深邃的光，同时又传递出浓浓的亲切与友善。

先生是大名人。这名，绝非时下常见广告吹嘘、廉价奉送的"著名××家"所比。由于在文化史研究领域内的杰出成就，先生于1986年被国家科委授予"国家有突出贡献中青年专家"称号；1988年，被剑桥国际传记中心收入《世界名人录》；五年后，又被该中心评为"1993年世界著名知识分子"。

对于有些人，名气大，同时就意味着派头大、讲究大、脾气大。但先生与这后几"大"，一概无缘。

按照有关规定，先生外出，可享受小车接送待遇，但他几乎从不要车接送，无论路途远近，总是骑一辆破旧自行车前往。先生自认，这"扶而蹬"比伏尔加、奥迪、桑塔纳更具优越性，方便自在，且能活动腿脚，锻炼身体，何必劳神司机，耗费公家汽油。

先生多出席隆重场合，但其衣着极为随便。会见外宾，出国访问，须着西装、打领带。但先生总记不清领带结法，左缠右绕，不得要领，于是干脆购回"一拉得"式领带若干，届时草率从事，蒙蒙老外。

先生脾气随和，待人极诚恳。住所"门虽设而常开"，从不在门口贴上"交谈勿过×分钟"之类告示，令来访者陡生惶恐之情。相识或不相识者登门，一律热情接待。学生、同事、朋友托先生帮忙，新著作序、指导论文、查询资料、推荐报考研究生，乃至介绍工作、征求儿女婚事意见，先生无不倾心相助，竭诚以待。尤其对于登门求教的后学，更是奖掖有加，不惟循循善诱，临别之际，往往取出新作，问清来者姓名，工工整整在扉页写下"××同志惠存"字样，馈赠一册，留作纪念。

先生与人为善，颇令吾辈钦佩，但有时又不免为先生担心，脾气随和到太好说话的地步，难免也有上当之虞。去年七月，笔者随先生赴珠海开会。某日黄昏，与先生等人漫步街头，被一伙兜售皮带者盯上。待我们各自为战，好不容易摆脱纠缠，再看先生，早已被蒙骗购得劣质皮带三条。众人皆为先生大上其当而惋惜，先生却道："我看他们推销也不容易。"众大笑，又问："您要三条干嘛？"答曰，"可以送人。"

不过，如果以为先生在任何时候都是温文尔雅的谦谦君子，那又错了。先生曾于大会之上，当众批评某权要人物以权谋私的劣行，并逐条驳斥其无理狡辩，义正词严，大快人心。笔者曾向先生问及当时心态，先生淡淡一笑："该说的话，总得有人出来说。"

追随先生问学多年，对其治学经历，略知皮毛。曾有某君与先生同游磨山植物园，听先生一一指点奇花异草，大感惊诧。其实，先生上大学时，所修专业正是生物学。毕业分配到武汉教师进修学院，仍与门、纲、目、科、属、种之类打交道。20世纪70年代以后，先生走上文史研究之路，成就斐然，这在相当程度上，与其家学渊源有关。其父冯永轩，早年就学于清华研究院，师从王国维、梁启超、陈寅恪、赵元任诸大师，攻读国学，后长期任教于西北大学、武汉师范学院等高校历史系。其母张秀宜曾供职湖北省图书馆，这也为先生从少年时即博览群书提供了方便的条件。当然，这些仅为外因。就内因而论，先生天性聪颖，固然重要，但更根本的，恐怕还在于先生的勤奋及对学业的投入，非常人可比。

1987年初夏，笔者随先生赴华东师大参加国际王国维学术讨论会。会议期间，有上海人民出版社编辑王有为、胡小静二君来访，邀约先生撰写一部通史性中华文化史。先生初不应允，认为自己功力未逮，研究不够。王、胡二君紧追不舍，又搬来出版社总编，恳切陈词，加之出席会议的学界同仁在旁极力怂恿，先生方答应一试。

第二天，会议组织全体代表赴浙江海宁王国维故居参观，顺便观赏天下闻名的钱塘大潮。上海到海宁距离百余公里，汽车需跑一上午。一路上，但见先生于颠簸之中，埋首思索，手不停书。中午时分，众人伫立堤岸，静候大潮到来。先生悄然递过稿纸数张，翻开一看，千余言的中华文化史写作构想，已历历在目。正当此时，大潮奔腾而至，山呼海啸，壮观至极。笔者在惊叹大自然壮阔奇观的同时，也不禁为先生奔涌的才情与只争朝夕的敬业精神所深深激动。

先生多次出境访学，归来谈起与外国及港、台学者交往的感受，说大陆学者与他们相比，论经济、生活条件，固然大差，但在时间条件上却优裕得多。人家每周上课动辄数十小时，学术研究多在晚间进行。我们既无多少授课任务，再不勤奋笔耕，多出成果，实在是上无以对国家的俸禄，下无以对自己的良心。

先生最烦也最怕开无关痛痒的会糟蹋光阴，凡接此类通知，一概置之不理。但有些会议，实在躲不脱，推不掉，只得舍命陪君子。先生学问好，声望高，大家信得过，于是每逢评定职称，总被推举为评审委员，从系、所学科组、校评委会，直到省里专家组，一当到底。不仅教委高校系列，而且省、市社会科学院系列、图书情报系列、群众文化系列，也纷纷发来评委聘书，甚至有评审会期相互撞车的。先生上午在这边发表了意见，下午又匆匆赶往那边投票表决。更不妙的是，近年来职称评定"制度化"，每年都评，先生更是难得安逸。每议及此，先生一脸的无奈，露出苦恼人的笑。

相对来讲，暑假期间，会议少，干扰少，这便成为先生写作的黄金时段。武汉的夏季，酷热难当，但先生每日工作都在10小时以上。笔者多次撞见此类镜头：先生端坐电扇之下，短裤背心，挥汗运思。见是熟人，先生并无礼仪方面的顾忌，与笔者议论风生，每为研究得意之处乐而开怀。后有学校图书馆馆长陈君，体谅先生艰辛，于图书馆大楼地下室内，辟出一间，供先生借用。于是先生大表感激，每日"穴居"，工作进度益增。

先生以中国历史文化为研究对象，尤其对于中华文化的生成机制、生态环境及其从古代向近代的转换，见解更为专精。对于中华文化的特质，先生不仅要"知其然"，而且要"知其所以然"，于是独辟蹊径，从地理环境、经济形态、社会结构及元典精神诸方面，探赜索隐，钩深致远。同时又注重与世界各国、各民族文化参照比较，纵横捭阖，由是著书立说，成一家言。

先生治学虚怀若谷，故能海纳百川，有容乃大。某日，先生应邀作"中华原典精神"学术讲座，论述《诗》《书》《易》《礼》《春秋》等典籍对中华文化的深远影响。听众之一胡君，于会后致函先生，建议以"元典"取代"原典"。先生阅毕，以为"陈义甚高"，欣然接受，并因此铺陈，论列"元"之十种意蕴，又在交付出版的书稿中附加一注，说明情况，"特此感谢一字之师"。或者会有人问，这"一字之师"何许人也？答曰，非专家教授，乃学校图书馆不满三十的一毛头小伙。

先生文风，清新典雅，每于行云流水之中，给人辞丰意雄的体味。"石韫玉而山晖，水含珠而川媚"，读先生之文，有如登临峨眉秀峰，泛舟漓江清流，其味隽永，其乐陶陶。对比时下多故作高深玄妙，以为非佶屈聱牙、云山雾罩不足以言学术者，更感先生真名士手笔，大家风范。

先生日日徜徉于五千年古国文明"郁郁乎文哉"的氛围之中，有儒雅之风，而无学究"冬烘"之气，某些爱好，还相当"时髦"。

足球乃当今世界第一运动，痴迷者数以亿计，先生即其中积极分子。世界杯足球大赛，中央电视台五十二场直播，先生五十二场全看，一场不漏。即便凌晨转播也照看不误。只不过怕影响夫人休息，将电视机转移至客厅，调小音量而已。光看不过瘾，还要"侃"，不惟津津乐道马特乌斯如何，古立特如何，里杰卡尔德又如何，而且还就比赛双方的布阵方略，战术选择品评得失，头头是道。先生一好友之子，秉笔于《武汉晚报》体育部,得知先生这一嗜好,于某日登门,引发先生大侃一通,整成"冯天瑜侃球经"一文,刊载于晚报周末版,引起一片迷惑:此冯天瑜非彼冯天瑜否?

如果说对于足球,先生像绝大多数球迷一样,只侃不练的话,那么对于乒乓球,先生则操演兴趣甚浓,虽够不上技艺精湛,却也身手不凡。研究所新添置乒乓球台一张,众人跃跃欲试,立下规矩,胜者坐擂,负者下台。混战一场,结果大出意料,先生竟然将所内同仁(较先生年轻八九岁至二十岁不等)悉数挑落马下,擂主地位岿然不动。众人不服,大叫此系轻敌所致,重整旗鼓,将先生打下擂台。先生胜固可喜,败亦欣然,连称筋骨活动已开,痛快痛快。

先生是名人,也是凡人,少不得与衣食住行等"俗"事打交道,这一切又离不开一个"钱"字。

关于"钱",《人间指南》编辑部余德利君有一至理名言:钱不是万能的,但没钱是万万不能的。先生对此极表赞同,而且加以自己的理解和发挥。先生常言,做学问之人,钱太少不行,钱太多也不行。此话怎讲?且听论证:钱太少,温饱不得解决,"著书都为稻粱谋",哪里还顾得上研究学术。但如若钱太多,又容易被花花世界所吸引,耐不得寂寞,坐不住冷板凳,同样也做不成学问。有此见解,先生对赵公元帅,并无特别礼拜。先生著作颇丰,但从未因稿酬厚薄与出版社方面议论短长,总是人家给多少接多少,完全处于"消极被动"地位。

先生"经济头脑"之缺乏,还有诸多表现。由于夫人身体不好,先生"承包"采买等外勤。但他永远摸不清市场行情,也报不出明细账目。买菜从来不比、不挑、不还价,上当与否,全凭撞大运,看卖菜的阿婆、小贩"良心好坏"。好在夫人宽大为怀,从不追究责任,先生也落得个省心省事。

不唯买菜算账稀里糊涂,一般而言,先生对数字的记忆、感悟能力也比较糟糕。从来记不住电话号码，也记不准列车时刻。某日一朋友对先生开玩笑，说是谁要成心将先生您蒙得晕头转向，最行之有效、立竿见影的办法，就是连续不断地进行数字轰炸。先生颔首，连称极是极是。

但是，在某些特殊方面，先生的记忆能力，又大超常人水平之上。他对世界各国的地理位置，版图形状，人口多少，面积几何，国民生产总值若干，均烂熟于心。美、俄、英、法、德、日等大国自不待言，就连中南美洲的厄瓜多尔、危地马拉之类小国，也能一一道出，如数家珍。有人将信将疑，当面测试，结果丝毫不爽。笔者也曾不解：地理位置、版图形状之类，少有变化，记忆当属不难；但人口、国民生产总值等等，增长不居，如何记得？求教于先生，答曰：注意搜集，不断补充、更新即可。笔者默然，清人章学诚曾论曰，学者之心，"当如活水泉源，愈汲愈新，置而不用，则山径之茅塞矣"。验之先生，更见此言不虚。

先生书房为笔者经常光顾之地。八九个大书柜，塞得满满当当，但仍有不少书本、报刊堆积于地，仅留窄窄一条过道，从房门通向座椅。宽大的写字台上，横七竖八、层层叠叠摊开书本、笔记、稿纸。冒昧地套用一个时髦的词汇，房内呈典型的"无序"状态。倒是书房壁上，清清爽爽，别无装饰，单悬书法家黄亮手书对联一副："曾三颜四，禹寸陶分"。

笔者请闻其详。先生释曰，上联典故出自《论语》。"曾三"，是说曾参"吾日三省吾身"：替别人办事是否尽心尽力？与朋友交往是否真诚？老师传授的学业是否温习？"颜四"，是说颜回自认不敏，但决心按照老师孔子教导的"四勿"去做，非礼勿视，非礼勿听，非礼勿言，非礼勿动。下联典故出自《淮南子》和《晋书》。"禹寸"，是说大禹不重尺之璧（宝玉）而重寸之阴（光阴），因为"时难得而易失也"。"陶分"，是说晋人陶侃，励志勤力，常谓"大禹圣者，乃惜寸阴，至于众人，当惜分阴"。

　　笔者闻此,恍然而悟。

　　中国知识分子,向来讲究道德文章。先生承继先贤,以"曾三颜四、禹寸陶分"自勉自励,意在追求一种高洁、充实的人生境界,其心光明,可对日月,其行正直,可昭后学。先生之人品有口皆碑,学业卓然而成,根基大约正在于此。

原载《芳草》1994 年第 10 期

冯天瑜学术小传

冯天瑜（1942—　），国内知名且在国际上有重要影响的文化史研究专家，武汉大学人文社会科学资深教授，现任教育部人文社会科学重点研究基地——武汉大学中国传统文化研究中心主任，被国家科委授予"国家有突出贡献的中青年专家"，教育部哲学社会科学委员会委员，湖北省首届人文社会科学"荆楚社科名家"。

著有《上古神话纵横谈》《中国思想家论智力》《明清文化史散论》《中国文化史断想》《辛亥武昌首义史》《中国古文化的奥秘》《中华文化史》《张之洞评传》《中华元典精神》《文明的可持续发展之道——东亚智慧的历史启示》《中国学术流变论著辑要》《"千岁丸"上海行——日本人1862年的中国观察》《新语探源——中西日文化互动与近代汉字术语生成》《"封建"考论》《晚清经世实学》《解构专制——明末清初"新民本"思想研究》《中国文化近代转型管窥》《月华集》《辛亥首义史》《中国文化生成史》等专著。另在《中国社会科学》《历史研究》《近代史研究》《中国史研究》《学术月刊》《文史哲》《北京大学学报》《光明日报》等发表论文数百篇。

　　曾讲学、访学于美国加利福尼亚大学、夏威夷东西方中心，香港中文大学，日本早稻田大学、爱知大学、法政大学，国立新加坡大学，德国特里尔大学，韩国成均馆大学，澳大利亚悉尼大学。

一、成长过程与问学经历

　　（略）

二、研究领域及学术成就

　　冯天瑜先生数十年学术生涯，成就斐然。大致归纳，分属于中国文化史研究，明清文化转型研究，湖北地方史志研究和历史文化语义学研究四大领域。

1. 中国文化史研究

　　在国内学术界，冯天瑜先生是最早关注、投入中国文化史研究领域，并取得卓异成就的学者之一。这方面的代表作有《中国古文化的奥秘》（湖北人民出版社1986年版）、《中国文化史断想》（华中理工大学出版社1989年版）、《中华文化史》（上海人民出版社1990年版）、《中华元典精神》（上海人民出版社1994年版）、《中国文化史纲》（北京语言学院出版社1994年版）、《中国文化生成史》（武汉大学出版社2013年版）。

　　关于文化史的研究对象与任务，冯先生认为，文化史是史学向宽阔领域拓展的产物。它把人类文化的发生发展作为一个总体对象加以研究，从而与作为社会知识系统某一分支发展史的学科，如文学史、史学史、哲学史、科学技术史相区别。文化史研究尤其注意于人类创造文化时主体意识的演变历史，从而又与研究客观社会经济形态的经济史、研究社会状貌的社会史相区别。

　　先生辨析道：文化的实质性含义是"人类化"，是人类价值观念在社会实践过程中的对象化，是人类创造的文化价值，经由符号这一介质在传播中的实现过程，而这种实现过程包括外在的文化产品的创制和人自身心智的塑造。

先生进而指出，与宇宙自然史相比，人类文化史短暂如"白驹过隙"，但与人的个体生命相比，则相当悠久。文化史研究的任务在于综合考察文化发生发展这一汪洋恣肆的进程，探究看似白云苍狗、莫测变幻的文化运动的规律。具体而论，文化史不仅要研究文化的"外化过程"，即人类"开物成务"，创造物质财富，改造外部世界，使之不断"人化"的过程，而且要研究文化的"内化过程"，即文化主体人自身在创造文化的实践中不断被塑造的过程，同时还要研究外化过程与内化过程如何交相渗透，彼此推引，共同促进文化有机整体的进步。

关于文化史在历史科学中地位的确立和发展，冯先生认为，世界各民族的历史学都有一个领域逐渐扩大的过程。古代史学主要限于政治史，以及与之紧密联系的军事史。从世界范围来看，把史学从政治史、军事史扩大到文化史、经济史、科技史，是欧洲启蒙时代史学的重大贡献之一。从此，文化史开始成为一门独立的历史学科。启蒙思想家伏尔泰把历史看作理性与迷信的斗争过程，力主将人类社会生活的各个方面都纳入历史研究的范围。他本人的史学实践便活生生地展现了文化史研究的丰姿。伏尔泰以后的两个世纪间，西方如雨后春笋般出现了大批文化史研究的成果。

先生特别强调，坚持马克思主义的唯物史观，是确立文化史在历史科学中的地位，推进其健康发展的认识前提。马克思指出，人类在创造世界的实践中创造了自己，实现了自然的"对象化"，其基本形式是劳动。劳动创造了"第二自然"，也就是文化，从而将人类与自然区分开来。这是对文化本质属性的深刻揭示。基于此要点，先生批评了两种与科学的唯物史观相对立的错误倾向。其一，是"文化决定论"，主要流行于西方学术界；其二是庸俗的"经济决定论"，在国际共产主义运动中产生过不小的影响。"文化决定论"认为思想或价值观念是社会行为的终极动因，文化的发生发展只是自身运动的结果，或者仅仅由自然环境、种族特征所决定。庸俗的"经济决定论"则把人及其创造的文化看作由经济范畴操纵的傀儡。

先生郑重地论道：只有肯定"文化"在历史中本来所具有的旺盛活力，科学地阐释历史进程中文化与经济、政治的辩证关系，肯定历史主体——实践着的人的创造性功能，肯定上层建筑、意识形态既受制于经济基础、社会存在，又具有独立性和巨大的反作用力，才能恢复马克思主义历史科学的完整形象，才能生动、丰富地描绘出文化史的全貌，准确、深刻地揭示文化史自身的运动规律。①

冯天瑜先生文化史学研究的重大理论贡献是引入了文化生态学说。先生将生态学的基本范畴"生态环境"借用于文化史的研究，以之作为分析不同民族文化特征生成条件的理论基础。

先生指出：20 世纪 70 年代以来，生态学的研究重点逐步从主要考察自然生态系统过渡到主要考察人类生态系统。这种研究与文化学相结合，产生了文化生态学。文化生态学是以人类在创造文化的过程中与自然环境及人造环境的相互关系为对象的一门学科，其使命是把握文化生成与文化环境的调适及内在联系。"文化生态"指相互交往的文化群体凭以从事文化创造、文化传播及其他文化活动的背景和条件，文化生态本身又构成一种文化成分。人类与其文化生态是双向同构关系，人创造环境，环境也创造人。

先生继续论道：人是在"自然场"与"社会场"相交织的环境中创造文化的。"自然场"指人的生存与发展所赖以依托的自然界，"社会场"指人在生存与发展过程中结成的全部社会关系的总和，可大略

①　冯天瑜、何晓明、周积明：《中华文化史》导论，上海人民出版社 1990 年版，第 41 页。

分为经济和社会组织两方面。人类各民族的生态环境，是自然场和社会场的整合，可以从自然环境、经济环境、社会组织环境三个层次进行分析。①

立足于以上理论基础，先生这样概括中国文化生态的特征：其一，从地理环境看，养育中国古代文化（或曰传统文化）的是一种区别于开放性的海洋环境的半封闭的大陆—海岸型地理环境，其地域辽阔，地形地貌繁复，气候类型完备，提供了多样化发展的空间条件；其二，从经济土壤看，中国文化植根的是一种不同于工商业经济的家庭手工业与小农业相结合的自然经济，并辅之以周边的游牧经济，这促成了中国农业文明的若干特征，如务实精神、恒久意识、中庸之道、安土乐天的生活情趣，等等；其三，从社会结构看，中国文化依托的是一种与古希腊、罗马的城邦共和制、元首共和制、军事独裁制，中世纪欧洲和日本的领主封建制以及印度种姓制均相出入的家国同构的宗法—专制社会，它导致了中国文化的伦理—政治型文化范式。②

经过 20 余年的思考、提炼，在《中国文化生成史》中，冯先生将文化生态三层次说进一步修订为文化生态四因素说，即地理环境、经济基础、社会结构、政治制度。两相比较，重大区别是将社会制度环境一目，进一步细化，分为社会结构、政治制度两目。这一重要修订的学理意义在于，明确提出并强调，以宗法制、地主制、专制帝制相交织为特征的皇权政治，是构成中国文化生态的重要一维。

关于中国文化史的分期标准和分期方法，冯先生认为，中国文化的发展轨迹与西方大有不同，特点是地域、民族、国家和文化四者合为一体。在中国，文化的整合通过国家集权来实现，文化的延续通过改朝换

---

① 冯天瑜、何晓明、周积明：《中华文化史》，上海人民出版社 1990 年版，第 8—9 页。
② 同上书，第 18 页。

代来实现，文化的辐射通过疆域的盈缩来实现，文化的涵化通过夷夏互动来实现。地域、民族、国家和文化四者的统一性和连续性，使得中国文化不像西方文化那样，由于种族斗争之胜败和政治中心之转移而造成文化的突发性中绝或大跨度转移，因而中国文化史也不能像西方文化史那样简单地划分为古代、中世纪和近现代三段。中国文化史的阶段划分，应有自身的标准。这种标准应从四个方面加以考虑：一、中国文化独有的延续性和自我完结性；二、关注中国文化与外来文化之间的整合、互补过程，以确定中国文化的世界地位；三、充分关照文化内涵四层面（物质、制度、行为、心理）协同发展的辩证过程；四、特别注意中国文化内部自身运动的规律。

综合考虑以上诸因素，先生认为中国文化的发展可分为六个阶段，即：（1）前文明期：智人到大禹传子。这是中国文化的史前期，包括旧石器时代和新石器时代，相当于中国古史的传说时代；（2）文明奠基及元典创制期：夏、商、西周至春秋战国。这是中国文化的元典时代，它奠定了中国文化的初步构架，后来影响中国文化乃至整个东亚文化千年发展的许多特征在此阶段已初步显现；（3）一统帝国文化探索、定格期：秦汉。这是古代帝国的完成期和上古文化的总结期，它完成了对先秦多元文化的一统整合；（4）胡汉、中印文化融合期：魏晋南北朝至唐中叶。这一阶段，中国文化开始大范围地与东亚、西亚、南亚文化进行涵化整合，同时，发生了中国文化的中心向东向南的转移过程；（5）近古文化定型期：唐中叶至清中叶。唐宋之际发生了社会大变革和文化大转型，规范了中国文化史后半段的大致框架，显示出走出中古文化故辙的种种动向，孕育了某些近代文化因子；（6）中西文化交汇及现代转型期：清中叶迄今。这一阶段，资本主义西方列强用炮舰和商品打开中国封闭的国门，中国文化第一次遭到"高势位"文化的入侵，中国文化与西方文化的冲突、调适、融合过程异常艰难和痛苦，但这一过程同时也赋予中国文化新的发展机遇，中国文化进入全面的现代转型期。①

从学理上讲，中国文化史研究的核心任务是认识与把握中国文化特质与中国文化精神。在此方面，冯天瑜先生的研究成果精辟透彻，别开生面。

先生认为，农业—宗法社会养育出来的中国文化，是一个以伦理意识为中心的系统。它的特质主要包括：

其一，道德学说成为维系社会秩序的精神支柱和各类观念的出发点、归结点。中国文化的道德型特色具有双重意义。从积极一面讲，它是鼓舞人们自觉维护正义、忠于民族国家的精神力量；从消极一面讲，它又有精神虐杀的效能，等级关系的伦理化、凝固化，成为卑贱者的枷锁。

其二，宗法社会提供了强大的传统力量，伦理学居于文化的核心部位又大大强化了文化的凝聚力，因此，中国文化表现出顽强的再生力与无与伦比的延续性。

其三，从历史发展脉络看，中国经历了由先秦时代的文化"多元化"到秦汉以后文化"大一统"的演进过程。

其四，中国的伦理道德观念所概括的主要是世俗社会人际关系的规范，并没有与宗教意识相混淆，而与政治学说相依存。这与欧洲的情形大相径庭。在中国，入世思想构成社会主导心理，从而避免了全民族的宗教迷狂。

其五，中国文化对人伦政治的高度关注，形成政治型文化，限制了自然哲学和科学技术的发展。

其六，中国文化在思维方式上的特点是趋于寻求对立面的统一，长于综合而短于分析。具体表现为朴素的整体观念，注重直觉体悟。这既反映了宏观把握世界的慧眼独具，也表明在科学实证精神和数量分析方

① 冯天瑜：《中国文化史分期刍议》，《学术月刊》1998 年第 3 期。

面存在的缺陷。①

2. 明清文化转型研究

在研究中国文化史的过程中，冯天瑜先生察觉到明清时代是中国文化由古代转型为近现代的关键段落，具有特别重要的历史意义和研究价值。因此，他将明清文化转型研究作为自己学术活动的重心之一。这方面的代表作有《明清文化史散论》(华中工学院出版社 1984 年版)、《"千岁丸"上海行——日本人 1862 年的中国观察》(商务印书馆 2001 年版)、《晚清经世实学》(上海社会科学院出版社 2002 年版)、《解构专制——明末清初"新民本"思想研究》(湖北人民出版社 2003 年版) 等。

在明清文化转型研究领域，冯天瑜先生建构起独特的学术理论体系，包括文化转型的概念、动力和模式。归结起来，就是重视明清时期中国传统社会内部的转型因素，不赞成西方中心论的"冲击—反应"模式以及由此演延而来的"全盘西化论"，同时，也不赞成"华夏中心论"，强调明清文化转型的根本动力是中华元典精神，转型的实现是中国内部近代因素与西方近代文明相互激荡和融合的结果，转型过程是文化的民族性与时代性统一的体现。

冯先生认为："所谓文化转型，是指社会生活的各个领域、各个层面的整体性变革。如果说，历史的多数时期都发生着文化的局部性量变，那么，文化转型期，则指文化发生全局性质变的阶段。今天我们所讨论的现代转型，是指从自然经济为主导的农业社会向商品经济占主导的工业社会演化的过程。"② 其显著标志是，有生命动力系统 (人力、畜力) 为无生命动力系统 (矿物燃料、水力、核能) 所接替，机器生产取代手工劳作。在制度文化层面，彼此隔绝的静态乡村式社会转化为开放的

---

① 冯天瑜、周积明：《中国古文化的奥秘》，湖北人民出版社 1986 年版，第 74—118 页。

② 冯天瑜：《中国文化现代转型刍议》，《理论月刊》1996 年第 1 期。

动态城市社会，礼俗社会变为法理社会，人际关系由身份变为契约，宗法—专制政体为民主—法制政体所取代。在观念文化层面，神本转向人本，信仰转向理性，宗教转向科学，教育大众化。社会重建和文化重建的任务，分别由中产阶级的形成与壮大，知识分子的形成与壮大而逐步得以实现。

关于中国明清时代文化转型的模式，冯先生认为属于"次生型"或"后发型"。明清时代，中国文化实际上存在一个自身发展的进程，后来被西方打断，才开始了艰难的转型。"这种转型是在西方文化强行侵入，打断中华文化自身进程的情形下发生的。"① 冯先生特别强调，中国社会及文化的现代转型，是亿万中国民众在长达 3 个世纪间经历着的伟大社会实践。如果仅就观念文化的转型而言，以下几个阶段值得注意：一是明清之际，早期启蒙思想兴起；二是清道光、咸丰年间，经世实学和今文经学构成传统文化走向近世新学的桥梁；三是同治、光绪前中期，洋务新政，改良思潮兴盛；四是清末到"五四"新文化运动，近世新学渐成主潮，新知识分子走上历史舞台；五是 20 世纪 70 年代至今，改革开放大潮加快现代化进程，中国现代化呈现前所未有的光明前景，同时又面临诸多挑战。②

冯天瑜先生特别重视明清时期中国文化内部转型动力和近代性因素的研究。他指出：自明中叶（16 世纪）开始，中国社会及文化已隐然呈现走出中世纪的某些征兆。长江中下游及东南沿海地区，工场手工业和商品经济渐成规模。观念领域也初露启蒙动向，如黄宗羲对专制君主的总体性抨击，对学校议政、工商皆本的热烈倡导。此外方鹏等人对戕害女性的"节烈观"的批判，戴震对"以理杀人"的深沉谴责，也有启蒙

① 冯天瑜：《中国文化现代转型刍议》，《理论月刊》1996 年第 1 期。
② 冯天瑜：《中国文化近代转型管窥》，商务印书馆 2010 年版，第 8 页。

意义。乾嘉考据学虽然弥漫着古典气息，但也洋溢着理性——实证精神，其对经学传统的解构作用也为观念文化的转换准备着条件。①

另一方面，冯先生对阻碍明清时期中国文化转型的消极因素也作了透彻分析。他认为，当时中国文化的整体结构具有抗御现代转型的顽强功能。在经济层面，农业——家庭手工业稳固结合的自给自足体系难以打破；在政治层面，君主专制政体得到科举制、郡县制的有力支持，还在不断强化；在社会结构层面，中央集权的官僚机器与基层家族——宗法组织纵横交织，使独立、自治的市民社会全无生存空间；在观念层面，外儒内法、儒道互补的格局，与以上经济、政治、社会状况彼此适应，达到自足状态。因此，就整体而言，明清时的中国社会及文化依然徘徊在中古轨道，中国尚自处于 15、16 世纪以来已经开始的世界性现代化进程。②

在明清时期中国文化转型研究领域，冯天瑜先生的研究重点有三，即晚明社会风尚及西学东渐、明末清初新民本思想和晚清经世实学。其共同特点是着意探讨中国文化内部的近代性的价值取向。这突出反映了他对于流行于世的"西方中心论"的批判性思考，也反映了他对于博大精深的中国文化精神内核的创造性发挥。

3. 湖北地方史志研究

冯天瑜先生一向认为，文化史研究理当用心于彰显地域特征。作为湖北本土成长起来的学问大家，冯先生对于桑梓的养育之恩，铭记于心，其最好的回报则是潜心研究湖北地方史志，以服务于家乡的文化事业、社会发展，时代进步。数十年来，他积极参与湖北及武汉地方志的修撰工作，付出了艰辛的劳作。先后担任湖北省地方志副总纂、武汉市地方志编纂委员会副主任，出任《湖北省志人物志》《武汉市志人物志》《黄

---

① ② 冯天瑜：《中国文化近代转型管窥》，商务印书馆 2010 年版，第 5 页。

鹤楼志》的主编。而在学术著作方面，这一领域的代表作有《辛亥武昌首义史》（湖北人民出版社 1985 年版）、《张之洞评传》（南京大学出版社1991 年版）、《辛亥首义史》（湖北人民出版社 2011 年版）。

早在 20 世纪 80 年代初，冯天瑜先生即撰文探讨湖北成为辛亥革命"首义之区"的原因。此后，他持续关注并不断深化相关研究，先后出版了《辛亥武昌首义史》和《辛亥首义史》。特别是为纪念辛亥革命 100 周年而推出的巨著《辛亥首义史》，以 80 余万字、300 多幅珍贵图片，真实再现了辛亥武昌首义波澜壮阔的历史进程。该著借鉴法国年鉴学派的历史研究"长时段"理论和恩格斯晚年提出的"历史合力"论，认为仓促之间爆发的武昌首义实际上肇因于持续于中长时段的社会变革。辛亥首义是革命党人与立宪派、从清廷离析出的汉官、袁世凯集团、清廷权贵集团、西方列强多方博弈的结果。因此，在研究时段上，推衍到 19 世纪 60 年代汉口开埠，尤其是张之洞 1889 年以后主持的"湖北新政"，关注其兴实业、办文教、练新军、开交通等近代化事业所造成的经济、社会及观念形态的深刻变化。在研究对象上，不仅详尽梳理湖北革命党人的活动，而且对立宪派、汉族官僚、满洲亲贵、西方列强的诸般举措也有深入分析。该著在精心构筑宏大叙事框架的同时，还对过去记载错误或模糊不清的历史关键细节探微考辨，例如：湖北第一个革命团体是吴禄贞主持的花园山聚会而非科学补习所；《大江报》时评《大乱者，救中国之秒药也》的作者是黄季刚而非詹大悲；汉口宝善里革命机关失事是 10 月 9 日而非 10 月 8 日；打响辛亥第一枪的是程正瀛而非熊秉坤，等等。

在研究辛亥首义为何发生于革命党人力量并不特别强大的湖北武昌的过程中，冯天瑜先生注意到其与张之洞治鄂有着非常重要的关系。张之洞祖籍河北南皮，1889 年后出任湖广总督，在此苦心经营近 20 年，殚精竭虑，成效卓著，将湖北武汉地区建成富于近代气息的全国先进之区，他本人亦有"劳歌已作楚人吟"的感叹诗句。由于张之洞其人对于湖北及武汉地区近代化事业的突出贡献，冯先生的地方史志研究自然将其列为重点研究对象。在《张之洞评传》中，冯先生以张氏"身系疆寄之重四十年"的不凡政治生涯为经，以其学术、经济、军事、外交、教育和文化思想为纬，以办"洋务"、倡"中体西用"说为重点，全面廓清这位身处古今中西大交汇时期的"过渡型"历史人物思想变化和发展的脉络，深刻揭示其思想、个性、行为的种种矛盾，点明其集儒臣与能吏于一身，兼开新与卫道于一体的人生之旅的特征，准确评判其在中国近代历史上的特定地位。冯先生特别指出，辛亥首义之所以成功于湖北武昌，在相当程度上可以说是张之洞开办洋务、力行新政，"种豆得瓜"的必然结果，是历史辩证法的伟大胜利。

4. 历史文化语义学研究

在长期的文化史研究过程中，冯天瑜先生深刻地领悟到，"中外历史上产生的术语，是学术发展的核心成果，人类在科学及技术领域的每一项进步，都以术语的形式在各种自然语言中记载下来，一个专业的知识框架，有赖结构化的术语系加以构筑。因而，术语，尤其是术语系，成为科学知识和技术知识的宝库，是精密思维得以运作、学科研究得以开展的必要前提。"[1] 进入 21 世纪之后，冯先生集中投入精力，开展历史文化语义学研究。这方面的代表作有《新语探源——中西日文化互动与近代汉字术语生成》（中华书局 2004 年版）、《"封建"考论》（武汉大学出版社 2006 年版）等。

关于"历史文化语义学"的内涵，冯先生解释道："语言是人类历史中形成的文化现象，故语言从来与历史文化脱不开关系。而在构成语言

---

[1]　冯天瑜：《新语探源——中西日文化互动与近代汉字术语生成》，中华书局 2004 年版，第 12 页。

的语音、语法、语义三要素中，语义的历史性和文化性又最为深厚。""我们今天研习的语义学，承袭训诂学辨章学术，考镜源流的传统，又赋予现代语用性与思辨性，较之偏古典语义的训诂学，其探讨领域更为深广，包括字音、字形与意义的关系、语言与思维的关系、语义构成的因素、语义演变的法则等等都在其研讨范围。而这种研究既然与意义发生关系，也就必然与历史及文化相交织，因为意义深藏在历史与文化之中。……陈寅恪'凡解释一字，即是作一部文化史'的名论，昭示了'历史文化语义学'的精义。我们探讨时下通用的关键词的演绎历程，其意趣并不止于语言文字的考辨，透过运动着的语言文字这扇窗口，我们看到的是历史文化的壮阔场景，故这种考辨展开的是婀娜多姿的文化史。这一艰巨而饶有兴味的工作，显然需要多学科的学者联手共进，相得益彰，决非仅属某一学科的禁域。"①

在《新语探源——中西日文化互动与近代汉字术语生成》一书中，冯先生从汉字文化圈这一大背景出发，考察了汉字文化与日本的互动关系，与西方文化（尤其是佛教文化）的交流关系，分析了历史上汉字"借词"的诸种情形，展示了语言变迁背后所蕴含的历史文化动因。冯先生重点分析了明末清初、清末民初近代新语的生成状貌，既研究这些新语的字音和字形，更探讨它们与"意义"的关系。该著对"革命""文化""文明""经济""形而上"等词语的个案考察，引证了许多珍贵资料，新意迭出。

冯天瑜先生历史文化语义学研究的最重要成果是约 50 万言的巨著《"封建"考论》（武汉大学出版社 2006 年初版，2007 年第二版）。针对学术界长期以来对"封建"一词的误用、泛用，冯先生首先确认"封建"

---

① 《"历史文化语义学"刍议》，载冯天瑜等主编：《语义的文化变迁》，武汉大学出版社 2007 年版，第 1 页。

本义及西义，在此基础上，梳理"封建"概念演绎的轨迹，对其作历时性的动态研究，考察这个原本创制于中国，又在近代中国及日本借以对译 feudal 的新名，在中国逐步演化的具体过程，尤其用力于探讨几个导致概念变更的关键时段（清民之际、五四时期、大革命失败后几年间、五种社会形态说流传中国时期）的社会—文化生态，以及在此环境下的语义迁衍。冯先生的目的是，从概念的历史性演绎及中外对接的过程中窥探"封建"被泛化的社会—文化因缘，并提供一种取代泛化"封建"的改良设想。

冯天瑜先生的研究结论是：周秦之际以下直到晚清，中国历史的走向，虽有曲折起伏，然其"非封建"趋势则是清晰的。因此，用"封建"来命名这两千余年的中国社会形态是不正确的，应当更正。关于新的历史阶段、历史分期如何命名，冯先生提出四条命名标准，即：制名以指实、循旧以创新、中外义通约、形与义切合。根据这一标准，冯先生认为，秦至清两千余年的中国社会形态，宜命名为"宗法地主专制社会"，亦可简称"皇权时代"。而整个中国历史的分期，可大致划为原始时代——封建时代——皇权时代——共和时代。

三、学术理路与治学心得

（略）

原载《国际儒学联合会顾问学术小传》，
中华书局 2017 年版，第 71—88 页

冯天瑜主要著作名录

1. 冯天瑜:《冯天瑜文存》二十卷,湖北人民出版社 2016—2021 年版。

2. 冯天瑜:《孔丘教育思想批判》,人民出版社 1975 年版。

*3. 冯天瑜:《上古神话纵横谈》,上海文艺出版社 1983 年版。

*4. 冯天瑜:《中国思想家论智力》,湖北人民出版社 1983 年版。

*5. 冯天瑜:《明清文化史散论》,华中工学院出版社 1984 年版。

6. 冯天瑜、贺觉非:《辛亥武昌首义史》,湖北人民出版社 1985 年版。

7. 冯天瑜:《张之洞评传》,河南教育出版社 1985 年版。

8. 冯天瑜、周积明:《中国古文化的奥秘》,湖北人民出版社 1986 年版。

9. 冯天瑜主编:《东方的黎明:中国文化走向近代的历程》,巴蜀书社 1988 年版。

10. 冯天瑜:《中国文化史断想》,华中理工大学出版社 1989 年版。

*11. 冯天瑜、周积明：《从殷墟到紫禁城》，武汉出版社 1989 年版。

12. 冯天瑜、何晓明、周积明：《中华文化史》，上海人民出版社 1990 年版。

*13. 冯天瑜、彭池、邓建华：《中国学术流变——论著辑要》，湖北人民出版社 1991 年版。

*14. 冯天瑜、何晓明：《张之洞评传》，南京大学出版社 1991 年版。

*15. 冯天瑜：《中华元典精神》，上海人民出版社 1994 年版。

*16. 冯天瑜：《人文论衡》，武汉出版社 1997 年版。

17. 冯天瑜主编：《黄鹤楼志》，武汉大学出版社 1999 年版。

*18. 冯天瑜：《"千岁丸"上海行——日本人 1862 年的中国观察》，商务印书馆 2001 年版。

*19. 冯天瑜：《月华集》，中国社会科学出版社 2001 年版。

*20. 冯天瑜、黄长义：《晚清经世实学》，上海社会科学院出版社 2002 年版。

*21. 冯天瑜：《〈劝学篇〉〈劝学篇书后〉注评》，湖北人民出版社 2002 年版。

*22. 冯天瑜、谢贵安：《解构专制——明末清初"新民本"思想研究》，湖北人民出版社 2003 年版。

*23. 冯天瑜：《新语探源——中西日文化互动与近代汉字术语生成》，中华书局 2004 年版。

24. 冯天瑜、[日] 刘建辉、聂长顺主编：《语义的文化变迁》，武汉大学出版社 2007 年版。

25. 冯天瑜、杨华、任放：《中国文化史》，高等教育出版社 2007 年版。

26. 冯天瑜：《冯天瑜文集》，武汉大学出版社 2009 年版。

27. 冯天瑜、刘柏林、李少军：《东亚同文书院中国调查资料选译》，社会科学文献出版社 2010 年版。

*28. 冯天瑜：《中国文化近代转型管窥》，商务印书馆 2010 年版。

*29. 冯天瑜：《"封建"考论》(修订版)，中国社会科学出版社 2010 年版。

*30. 冯天瑜、邵学海：《江河万古流——中国文化巡礼》，湖北美术出版社 2010 年版。

*31. 冯天瑜、张笃勤：《辛亥首义史》，湖北人民出版社 2011 年版。

*32. 冯天瑜：《天光云影》，北京师范大学出版社 2011 年版。

*33. 冯天瑜：《中国文化生成史》，武汉大学出版社 2013 年版。

34. 冯天瑜：《翰墨丹青——冯氏藏墨》，长春出版社 2015 年版。

35. 冯天瑜：《冯氏藏札》，长春出版社 2017 年版。

36. 冯天瑜、任放：《日本对外侵略的文化渊源》，高等教育出版社 2017 年版。

37. 冯天瑜：《学人侧影——冯天瑜手绘》，湖北人民出版社 2017 年版。

38. 冯天瑜：《冯氏藏币》，长春出版社 2018 年版。

39. 冯天瑜：《袭常与新变——明清文化五百年》，上海人民出版社 2018 年版。

40. 冯天瑜整理：《冯永轩集》，武汉大学出版社 2019 年版。

41. 冯天瑜、聂长顺：《三十个关键词的文化史》，中国社会科学出版社 2021 年版。

42. 冯天瑜、马志亮、丁援：《长江文明》，中信出版集团 2021 年版。

43. 冯天瑜：《中华文明五千年》，北京大学出版社 2022 年版。

44. 冯天瑜：《文明思辨录》，华中科技大学出版社 2023 年版。

45. 冯天瑜：《周制与秦制》，商务印书馆 2024 年即将出版。

注：以上著作中带 * 者，收入《冯天瑜文存》。

后 记

2019 年冬天，我萌生了撰写《冯天瑜学述》的想法。禀告先生，获得首肯。随后的几周，先生安排时间，亲授相关内容。我做了笔录，同时录音。

突然降临的新冠疫情延续三年，打断了正常的写作进程。

2023 年 1 月 12 日 10 时 41 分，在与病魔顽强抗争近十年后，先生离开了与他的生命同为一体的学术事业，离开了他相亲相爱的师友、学生、家人，离开了他倾情关注、审慎批判、热烈拥抱的文明世界。

在痛悼先生的日子里，我想到的是，尽快完成《冯天瑜学述》，才是对先生最好的纪念。

2023 年 2 月 22 日重新动笔，到 8 月 25 日完稿，进展顺利。

感谢上海人民出版社，慨然接受了书稿，并以极快的速度安排出版。

感谢孙瑜先生、杨清女士的辛勤劳作。

感谢武汉大学杨华教授、傅才武教授的热忱帮助。

先生之学，根深叶茂；先生之风，山高水长。

谨以此习作，献给先生在天之灵。

何晓明

2023 年 10 月

图书在版编目(CIP)数据

冯天瑜学述/何晓明著. —上海:上海人民出版
社,2024
ISBN 978-7-208-18633-0

Ⅰ.①冯…　Ⅱ.①何…　Ⅲ.①冯天瑜-纪念文集
Ⅳ.①K825.81-53

中国国家版本馆 CIP 数据核字(2023)第 207165 号

责任编辑　杨　清
封扉设计　人马艺术设计・储平

冯天瑜学述
何晓明　著

出　　版　上海人民出版社
　　　　　　(201101　上海市闵行区号景路 159 弄 C 座)
发　　行　上海人民出版社发行中心
印　　刷　上海盛通时代印刷有限公司
开　　本　720×1000　1/16
印　　张　19.25
插　　页　10
字　　数　246,000
版　　次　2024 年 1 月第 1 版
印　　次　2024 年 7 月第 2 次印刷
ISBN 978-7-208-18633-0/K・3339
定　　价　108.00 元